国家哲学社会科学规划项目

国家社会科学基金项目（批准号：13BYY072）

王慧莉 著

汉英关系从句加工研究

Research into the Processing of Chinese and English Relative Clauses

上海外语教育出版社

外教社 SHANGHAI FOREIGN LANGUAGE EDUCATION PRESS

图书在版编目（CIP）数据

汉英关系从句加工研究 / 王慧莉著. -- 上海：上海外语教育出版社，202
国家哲学社会科学规划项目
ISBN 978-7-5446-6991-7

Ⅰ.①汉… Ⅱ.①王… Ⅲ.①汉语—从句—句法—对比研究—英语 Ⅳ.①
H146.3 ②H314.3

中国版本图书馆 CIP 数据核字 (2021) 第 208943 号

出版发行：**上海外语教育出版社**
　　　　　（上海外国语大学内）　邮编：200083
电　　话：021-65425300 (总机)
电子邮箱：bookinfo@sflep.com.cn
网　　址：http://www.sflep.com
责任编辑：田慧肖

印　　刷：常熟高专印刷有限公司
开　　本：635×965　1/16　印张 20.75　字数 345 千字
版　　次：2024 年 1 月第 1 版　2024 年 1 月第 1 次印刷

书　　号：ISBN 978-7-5446-6991-7
定　　价：68.00 元

本版图书如有印装质量问题，可向本社调换
质量服务热线：4008-213-263

前言

　　句子加工涉及词汇、句法、语义、知识等不同因素的相互作用,研究者经常使用关系从句这一特殊而复杂的结构来探讨影响句子加工的相关因素。本书主要采用神经语言学的研究方法——事件相关电位(event-related potential, ERP),基于国内外关于汉语关系从句加工优势的争议,进一步验证汉语关系从句加工优势的结论;基于二语关系从句加工研究报道较少的情况,研究英语二语学习者关系从句的加工优势,为这一领域的研究做补充;进一步加强影响关系从句加工的相关因素研究,具体包括生命性信息、智力水平、知识结构、句法结构等,从而反映影响句子加工的相关因素。

　　本书的主要研究内容如下:

(一) 句法为主的关系从句加工模式

　　本书建立以句法为主的关系从句的加工模式,具体包括:1) 汉语关系从句的行为实验对主语关系从句加工优势机理的诠释;2) 汉语关系从句的 ERP 实验如何揭示宾语关系从句加工的优势以及影响该优势的因素;3) 英语(二语)关系从句的 ERP 实验的主语加工优势分析及模式研究。

（二）汉英关系从句加工的相关因素

本书还综合被试的智力水平、一语和二语之间的竞争干扰强度、二语熟练程度、知识类型、文化背景的差异、N400 和 P600 成分等因素，确定影响汉英关系从句加工的主要相关因素，具体包括：1）生命性对汉语关系从句加工优势的影响；2）汉语关系结构语境下的 N400 预测性效应研究；3）智力水平在汉语关系从句加工中的作用；4）与关系从句加工相关的 Wh-问句主语和宾语加工优势研究。

本书基于国家社科基金项目结题成果（获"优秀"等级），感谢项目参加人李强、曹硕、郭涵宁、崔中良、乐伟、李建嵘、马丽雯、孟凌、邴文铎、曲爽、尹丽静和吴淼在项目完成过程中所做的贡献。该成果已入选《国家社会科学基金项目优秀成果选介汇编》。

本书的研究成果可为中国 EFL（English as a Foreign Language）和 ESL（English as a Second Language）学习者的二语学习和习得提供建设性建议。汉英关系从句在不同层次的差异，究其根源，可追溯到西方和中国传统的哲学思想。西方哲学中的实在论和中国传统哲学思维的"一体性"和"关系性"特征直接影响关系从句的句法结构，使之存在中心词和关系从句或关系结构的前置和后置的差异。对 EFL 和 ESL 学习者来说，理解不同思维差异对于英语学习会起到促进作用，可以帮助他们减少英语学习中的口语和写作表达错误，从而在掌握地道的英语表达方面达到事半功倍的效果。

缩略语表

英文缩写	英 文 全 称	中 文 译 名
ACT-R	Adaptive Control of Thought-Rational	理性思维的自适应控制系统
AFS	Active Filler Strategy	活跃填充语策略
ANOVA	Analysis of Variance	方差分析
DLT	Dependency Locality Theory	依赖位置理论
DO	Direct Object	直接宾语
EEG	electroencephalogram	脑电信号
ELAN	Early Left Anterior Negativity	早期左前负波
ERP	event-related potential	事件相关电位
fMRI	functional Magnetic Resonance Imaging	功能性磁共振成像
FSIQ	Full Scale Intelligence Quotient	总智商
GEN	Genitive	属格
HEOG	horizontal electrooculogram	水平眼电
ICA	Independent Component Analysis	独立成分分析
IO	Indirect Object	间接宾语
LAN	Left Anterior Negativity	左前负波
LDH	Linear Distance Hypothesis	线性距离假说

汉英关系从句加工研究

英文缩写	英 文 全 称	中 文 译 名
LMEM	Linear Mixed-Effect Model	线性混合效应模型
LORETA	Low Resolution Electrical Tomography	低分辨率电磁断层扫描技术
LPC	Late Positive Complex	晚期正成分
LTM	long-term memory	长时记忆
NP	Noun Phrase	名词短语
NPAH	Noun Phrase Accessibility Hierarchy	名词短语可及性等级
NAVS	Northwestern Assessment of Verbs and Sentences	西北动词语句成套测验
OCOMP	Object of Comparison	比较宾语
OOR	Object Object-extracted Relative Clause	宾语抽取式宾语关系从句
OPREP	Object of Preposition	介词宾语
ORC	Object-extracted Relative Clause	宾语抽取式关系从句
OSR	Object Subject-extracted Relative Clause	主语抽取式宾语关系从句
OSV	Object-Subject-Verb	宾语—主语—谓语结构
OV	Object-Verb	宾语—谓语结构
PET	Positron Emission Tomography	正电子发射断层扫描技术
PIQ	Performance Intelligence Quotient	操作智商
RC	Relative Clause	关系从句
RT	React Time	反应时
SDH	Structural Distance Hypothesis	结构距离假说
sLAN	sustained Left Anterior Negativity	持续性左前负波
SLI	specific language impairment	特殊型语言障碍
SOA	stimulus onset asynchrony	刺激发生异步性
SOR	Subject Object-extracted Relative Clause	宾语抽取式主语关系从句
SPLT	Syntactic Prediction Locality Theory	句法预测局域性理论
SPS	Syntactic Positive Shift	句法正漂移
SPSS	Statistical Product and Service Solutions	统计产品与服务解决方案
SRC	Subject-extracted Relative Clause	主语抽取式关系从句

英文缩写	英　文　全　称	中　文　译　名
SSR	Subject Subject-extracted Relative Clause	主语抽取式主语关系从句
SU	Subject	主语
SVO	Subject-Verb-Object	主语—谓语—宾语结构
VEOG	vertical electrooculogram	垂直眼电
VIQ	Verbal Intelligence Quotient	言语智商
VO	Verb-Object	谓语—宾语结构
VP	Verb Phrase	动词短语
WAIS	Wechsler Adult Intelligence Scale	韦氏成人智力量表

目录

表 录

图 录

第
一
章

绪　论

第一节　研究背景

　　心理语言学家通常认为,语言理解包括词汇、句子、篇章三个层面的理解,其中词汇理解是基础,句法和字义组成句子,语篇信息、背景知识等辅助理解篇章中心思想。句子作为语言表达运用的基本单位,在人脑中的加工过程十分复杂,涉及词汇、句法、语义、语境等不同类型知识的相互作用。在对句子加工的研究中,关系从句作为一种特殊和复杂结构的句子,成为研究者经常使用的句子类型与研究的重点课题。

　　根据关系从句所修饰名词在关系从句中的成分,关系从句可分为主语关系从句和宾语关系从句两类。心理语言学关于关系从句加工的研究主要集中于这两类关系从句的加工难度差异的对比,这种加工难易程度就是通常所说的加工优势。主语关系从句加工优势在中心词前置(head-initial)语言中具有普遍性,例如英语(Ford, 1983; King &

Just，1991；King & Kutas，1995；Müller et al.，1997；Caplan et al.，2002；Traxler et al.，2002；Gibson et al.，2005）、荷兰语（Frazier，1987；Mak et al.，2002）、法语（Frauenfelder et al.，1980；Holmes & O'Regan，1981；Cohen & Mehler，1996）、西班牙语（Betancort et al.，2009）、德语（Schriefers et al.，1995；Mecklinger et al.，1995；Bader & Meng，1999；Fiebach et al.，2001）、希伯来语（Friedmann & Novogrodsky，2004；Arnon，2005）以及匈牙利语（Macwhinney & Pléh，1988），但在中心词后置（head-final）语言中存在分歧：1）在以韩语（Kwon et al.，2006，2013；Yun et al.，2010）和日语（Miyamoto & Nakamura，2003；Ishizuka et al.，2003，2006；Ueno & Garnsey，2008；Nakatani & Gibson，2010）为代表的 OV（Object-Verb，宾语—谓语结构）语言中，主语关系从句加工优势具有普遍性；2）在以汉语为代表的 VO（Verb-Object，谓语—宾语结构）语言中，主语关系从句加工优势不具普遍性，一些研究支持主语关系从句加工优势（Lin & Bever，2006；Chen et al.，2008；Packard et al.，2010；刘涛等，2011；Wu et al.，2012；Vasishth, et al.，2013；Jäger，2015），另外一些研究则支持宾语关系从句加工优势（Hsiao & Gibson，2003；Su, et al.，2007；Chen & Ning，2008；周统权等，2010；张强、杨亦鸣，2010；王慧莉、邴文铎，2013；李倩南，2014；Sung, et al.，2016；Wang, et al.，2017）。

对于二语关系从句的研究，目前的结论基本一致：主语关系从句加工优势具体体现在日语（Kanno，2007；Shirai & Ozeki，2007）、英语（Eckman et al.，1988；Polinsky，2011）、意大利语（Croteau，1995）、法语（Hawkins，1989）、韩语（O'Grady et al.，2003；Jeon & Kim，2007）、希腊语（Papadopoulou & Clahsen，2003）以及汉语（Li, et al.，2016）等语言上。研究还表明，二语加工无疑受到诸如二语熟练程度、句法语义知识等因素的影响。近年来，英语作为二语的关系从句加工研究也有文献报道（Wang, et al.，2015）。

就研究技术而言，不少关系从句的研究采用了神经科学的事件相关电位（event-related potential，ERP）技术，对和句法与语义再分析相关的 P600 以及和语义加工相关的 N400 两个成分进行分析，大部分实验出现了 P600 效应（King & Kutas，1995；Müller et al.，1997；Carreiras et al.，2010；Packard et al.，2010；Wang, et al.，2012），少数实验出现了 P600 和 N400 的综合效应（Wang, et al.，2017；Yang et al.，2010；刘涛等，2011），一项汉语关系从句的研究出现了"的"标志前的更负的 N400 成分（张强、杨亦鸣，2010）。

因此,对于目前关系从句的研究,我们可以得出以下结论:

1)大多数研究集中在句法层面,很少涉及语义层面。

2)对于中心词前置和部分中心词后置(如日语和韩语)的语言,主语关系从句加工优势具有普遍性;而对于中心词后置的汉语来说,该结论不具普遍性,甚至同一个研究者对不同对象的研究也出现了不同结论。

3)基于 ERP 的研究主要表现出 P600 效应,有的研究出现了 P600 和 N400 的综合效应,证明了句法加工离不开语义的参与。

4)二语关系从句的研究为数不多,二语关系从句加工涉及更多的跨文化因素,包括不同的思维方式、一语和二语之间的相互干扰、二语熟练程度等。

因此,本书将在综合被试的智力水平、一语和二语之间的竞争干扰强度、二语熟练程度、知识类型、文化背景差异、N400 和 P600 成分等相关因素的基础上,多方位地探讨汉语(一语)和英语(二语)关系从句的加工优势。

第二节　研究概述

一、主要内容

(一)基于科学计量学和信息可视化方法的文献综述研究

本书基于定量的研究方法对关系从句加工的文献进行了综述,表明关系从句加工优势的研究是一个主要的研究热点。具体做法包括:通过运用科学计量学和信息可视化方法,对关系从句领域的已有研究进行定量分析,并运用可视化的手段展示该领域的研究进展以及未来的发展趋势;借助 CiteSpace 软件实现对关系从句领域现有研究的文献共被引分析、突现检测分析和信息可视化分析。研究结果表明,目前关系从句领域的 11 个研究聚类可进一步归纳为 7 个主要研究方向:关系从句的歧义研究,关系从句的推定代词研究,基于工作记忆的主语关系从句加工优势研究,基于工作记忆的宾语关系从句加工优势研究,关系从句加工的脑机制研究,非典型发展人群对关系从句的理解研究,句子理解策略相关研究。此外,言语治疗、关系从句的语法结构和美国英语中的关系从句是关系从句研究早期阶段的三个研究方向,而关系从句领域未来的研究趋势将更倾向于探讨关系从句加工优势的解释、加工机制的形成原因、汉语关系从句的理解加工、启动效应研究和干扰效应等,研究方法更倾向于采用心理语言学、神经科学和统计学等学科的常用方法。

(二) 汉语关系从句加工研究

1. 汉语(一语)关系从句加工的宾语抽取优势研究

这一研究采用了事件相关电位技术,对四种汉语关系从句(主语抽取式主语关系从句、宾语抽取式主语关系从句、主语抽取式宾语关系从句、宾语抽取式宾语关系从句)的加工优势进行了检验。实验结果表明,宾语抽取加工优势既存在于主语关系从句中,也存在于宾语关系从句中。主语关系从句中,在主句的宾语位置和其后的词(C1)上,主语抽取式关系从句的 P600 效应较宾语抽取式关系从句更显著,反映了句法建构中题元结构的影响优势和整个句子的加工优势所在,支持了经典语序理论(Canonical Word Order Theory)。宾语关系从句中,在句子的第三个词上,主语抽取式关系从句的 N400 和 P600 效应大于宾语抽取式关系从句,反映了意义干扰的影响,并支持了经典语序理论;在句子的第四个词上,主语抽取式关系从句的 N400 效应较宾语抽取式从句更显著,证明了实时语义加工难度有可能被之前的语义加工难度覆盖;在先行词和其后的词(C1)上,主语抽取式关系从句的 P600 效应强于宾语抽取式宾语关系从句,显示了 LPC(Late Positive Complex)效应,并支持了并行功能解释(Parallel Function Account)和视角转换解释(Perspective Shift Account)。

2. 汉语关系结构语境下的 N400 预测性研究

在汉语关系结构的限制性语境条件下,预测机制对于调节 N400 波幅起了主导作用。当具有很强约束性的句法结构形成语境时,该结构后所接词汇的事件相关电位成分 N400 的波幅减少。对于这一现象当前学界存在两种观点:被动激活观点认为,波幅的减少代表着对长期语义记忆呈现的广泛性被动激活;另一种基于语境预测的观点则认为,波幅的减少表现了对即将出现的语言输入的特定预测。而这两点分别如何影响 N400 波幅减少的程度也仍存在争议。我们的研究通过在更为激励预测活动的实验性语境中构建语义上关联的汉语关系结构与词语的配对,将对于这一争议的讨论引入汉语关系结构语境的范畴。在保持语义关联不变的前提下,我们通过控制相关配对的所在比例,调节关系结构启动成分对于目标词语的预测效度。实验采用了语义范畴探测检测任务以激励被试在排除对实验内容偏好的前提下对材料进行语义加工。实验结果表明,相关目标词语的 N400 波幅减少量在相关性的高比例组块条件下要大于低比例组块条件。这一结果印证了被试基于自身的世界知识对即将呈现的输入进行预测，会产生 N400 效应。

（三）英语二语关系从句研究

1. 英语（二语）关系从句加工的主语抽取优势研究

英语（二语）关系从句的 ERP 研究验证了主语关系从句加工优势。此项研究采用事件相关电位技术，考察了汉英双语者（汉语为母语）对主语位置主语抽取式和主语位置宾语抽取式的英语关系从句的加工过程。实时语言加工及脑区活动监测结果表明，汉英双语者对英语关系从句的加工支持主语关系从句加工优势，其原因在于英语的关系从句标记性比汉语更强，双语者的工作记忆能力相比英语母语使用者更低，从而使汉英双语者对英语的关系从句的加工更趋向于英语母语使用者的加工模式。研究结果在关系从句的每个位置和主句的动词位置都表现出差异，我们运用实验的结果对当前有关关系从句的优势解释进行了检查，发现基于指称距离的解释和工作记忆的解释适用于本研究发现。ERP 实验结果显示，在两种关系从句类型中出现的填充语和空位加工过程早期出现了 LAN(Left Anterior Negativity)成分，在填充语和空位的依存关系加工结束时出现了 P600 成分，但对于词义敏感 ERP 成分——N400 成分却没有较清晰地呈现，可能的原因是实验中采用的单一位置嵌入使得依存距离较短，不足以诱发较明显的 N400 效应。

2. Wh-移位句子加工的 ERP 研究

此项研究运用了 ERP 方法，考察了中国英语学习者对英语 Wh-问句的加工优势。英语 Wh-问句的句法结构和汉语相比存在着很大差异，这一点和英汉关系从句的差异具有一致性，在具体加工过程中同样出现了不对称的现象，具体表现为宾语特殊疑问词前置的 Wh-问句的加工优势。实验以英语 Wh-问句为语料，在被试对英语 Wh-问句是否符合语法规则进行在线任务判断时，就主语特殊疑问词前置的长句子、主语特殊疑问词前置的短句子、宾语特殊疑问词前置的长句子、宾语特殊疑问词前置的短句子四种语句的加工过程进行比较分析，并检验句子结构的复杂程度、句子结构中填充语—空位依存关系中的距离以及特殊疑问词的格标效应三个因素对中国的英语学习者加工英语 Wh-问句的过程是否产生作用及是否具有规律性。行为实验的结果显示，中国的英语学习者在阅读理解英语 Wh-问句时判断时间最长，正确率最低，而在阅读理解宾语特殊疑问词前置的短句子时判断时间最短,正确率最高。事件相关电位的结果与行为实验的结果相对应并显示了一致性。较其他三种刺激句而言,被试在对主语特殊疑问词前置的长句子加工过程中,LAN 成分表现出了更强的激活。加工机制也有所不同,在不同的时间区域内波幅表现出了明显差异。依存关系中填充语和空位之间距离较短的句子体现了一定的加工优势,宾语特殊疑问词前置的 Wh-问句较主语特殊疑问词前置的 Wh-问句而言,更具有加工优势。引起相关优势的原因在于句法工作记忆和整合记忆消耗,因此可以用"整合资源解释"和"依赖位置理论"来解释。

(四)影响汉语关系从句加工的因素研究

1. 生命性信息与汉语关系从句加工

本研究通过控制汉语关系从句中两个论元的生命性,证实了生命性信息对关系从句加工产生了重要影响。本研究基于两个实验,实验一采用的刺激句中从句动词的两个论元均为生命性名词,目的是研究主语关系从句与宾语关系从句的加工差异。实验结果显示,两类关系从句在从句区域表现出显著的差异性,具体表现为主语关系从句诱发了更大的 ERP 波幅,由此推断其理解难度更大。但是,本研究在关系标志"的"以及中心语的位置没有发现两类从句存在差异。宾语关系从句在主句动词位置诱发了比主语关系从句更明显的 P600 成分,据此推断此时宾语关系从句理解加工难度更大。实验二控制了从句动词的论元生命性,刺激句中从句主语为生命性名词,从句宾语为无生命性名词。在关系从句标志"的"以及"的"之前的关系从句区域,主语关系从句都显示出更大的 ERP 波形,比宾语关系从句更难加工。但是,在中心语和主句动词位置,实验结果则显示宾语关系从句更难加工。这一结果符合视角转换解释,原因在于无生命性名词更少作为句子中心语出现。通过比较两个实验的结果,本研究证明生命性信息有助于论元角色的指派,因而影响汉语关系从句的加工。论元生命性差异使得角色的指派更加容易,并且改变了主语关系从句和宾语关系从句的加工难度差异。在一些词语区域它降低了从句的加工难度,而在另一些区域则增加了加工难度。两个实验的结果证明了生命性信息对汉语关系从句加工的重要作用,即在加工一开始生命性就被阅读者作为理解句意的重要线索。

2. 智力水平与汉语关系从句加工的相关性

智力水平与汉语关系从句加工之间有显著相关性。本研究通过韦氏成人智力量表对被试进行测验,并设计和实施了汉语关系从句加工的行为实验。实验结果表明,智力水平与汉语关系从句加工之间有显著相关性。首先,汉语关系从句的反应时和智力水平显著相关,尤其是被试的总智商和言语智商。汉语关系从句的反应时和操作智商之间没有发现明显的相关性。其次,汉语关系从句加工的正确率和言语智商显著相关,和总智商还有操作智商之间没有明显的相关性。总之,汉语关系从句加工和言语智商相关程度最大。考察汉语主语关系从句的加工和智力水平间的关系可知,反应时和正确率都和言语智商相关。汉语宾语关系从句的加工也是如此。不同之处在于,汉语宾语关系从句加工的反应时和总智商也具有相关性。根据相关系数,汉语宾语关系从句加工的反应时和言语智商的相关性要大于汉语主语关系从句加工的反应时和言语智商间的相关性,这一结果涉及关系从句加工的优势问题,表明加工宾语关系从句的难度要大于加工主语关系从句。这两种汉语关系从句的正确率和言语智商之间的相关性基本处于同一水平。再将具体的智力因素纳入考虑范围后我们发现:反应时和常识、数字符号以及数字广度三项分测验相关,相关程度最高的是数字广度测验;正确率仅和领悟测验相关。四项分测验可以分别反映出不同的智力因素,包括语言理解、工作记忆以及加工速度等能力,对汉语关系从句加工的影响。实验结果表明,和汉语关系从句加工最相关的智力因素是工作记忆能力,而工作记忆能力正是影响关系从句加工优势的主要因素。

二、基本观点

1) 汉语(一语)和英语(二语)基于句法的关系从句在加工模式上存在着差异,这种差异决定了探索语义在从句加工中作用的必要性。

2) ERP 技术可基于词汇完形概率,根据三种情况下(预期词、事件相关词、事件无关词)N400 波幅的变化说明语义在汉英关系从句加工中的作用:当预期词和语境一致时,N400 波幅较小;当预期词与语境无关时,N400 波幅较大;当非预期词和预期词之间没有语义关系时,N400 波幅会减弱。但是,如果与事件相关而与语境不相关的刺激词和与事件不相关的刺激词诱发了相同 N400 波幅,就说明语言知识限制了事件知识的在线激活。

3) 把刺激句分成主语关系从句和宾语关系从句两类,主要是为了考察关系从句加工优势。结合前人的研究结果来看,将句法(P600)和语义(N400)结合起来可以更好地解释关系从句的加工优势。

4) 选择汉英双语者作为被试可以帮助研究关系从句句式结构差异、不同思维方式及其他跨文化因素等在二语关系从句加工中的作用。

三、研究方法

（一）基于神经科学的 ERP 实验

此项实验采用 ERP 方法考察 N400，以汉英主语关系从句和宾语关系从句为刺激，说明语义在关系从句加工中的作用，并结合和对比前人 ERP 研究中出现的与句法相关的 P600 效应，总结关系从句加工的句法语义综合机制。

（二）基于心理学的智力测验

为了提高实验结果的信度，笔者采用国际通用的韦氏成人智力量表作为分析被试表现和判断智力水平的依据。

四、全书结构

本书共九章。第一章是绪论，主要从研究背景和研究概述两个方面对全书进行总体的介绍。第二章是汉英关系从句概述，首先对汉英关系从句进行了定义和分类，然后从定性和定量两个方面对汉英关系从句研究进行了综述。第三章至第八章为汉英关系从句的实证研究，其中第三章和第四章主要研究汉语（一语）和英语（二语）关系从句加工优势，得出了汉语关系从句的宾语抽取优势和英语关系从句的主语抽取优势的结论。第五章至第八章主要研究影响关系从句加工的相关因素，包括生命性、智力水平以及结构变体在关系从句加工中的作用。第九章是结语与展望，主要内容包括研究的主要发现、价值和意义、局限性及将来的研究方向。

第二章

汉英关系从句概述

第一节 汉英关系从句的定义和分类

一、关系从句的定义

关于关系从句的定义,研究者们持不同的观点。Hartmann & Stork(1972)认为关系从句是一个由关系代词或关系副词引导的从句。Keenan & Comrie(1977)则将关系从句定义为一个更大集合(域)的子集。定义的不同显示出研究者们对关系从句的研究有着不同的侧重方面。国外对关系从句的定义是从类型学和语义功能的角度来进行的。一般来说,英语关系从句由关系代词或关系副词引导,关系代词如 that、who、whom、which 和 whose,关系副词如 where、when 和 why。关系从句指修饰名词或名词短语的从句,又称为"定语从句"。

关系从句在国内一般被称为"定语从句"。定语从句用来修饰一个名词或一个句子,是一个嵌入在名词短语中的子句(李功平,2013)。我们可以从两方面解释关系从句:一是从语义角度把关系从句理解为修饰一个句子的中心词(head noun),且这个词为名词;二是从句法的角度把关系从句理解为关系从句的空位与整个句子的中心词相关。关系从句分为限定性和非限定性两种,既可表示对中心词的限定和修饰关系,又可在不同语境中表示不同语义关系(谢孝兰,2002;杜成,2004;黄媛,2016)。在翻译过程中,许多汉语关系从句不能被简单地译为定语,因为汉语关系从句不需要关系代词、关系副词等连接手段,而是往往根据时间或逻辑关系组成句子,在很大程度上依赖语序。因此,如果前置的定语是后发生的事件,就不符合汉语的表达方式和思维方式。基于此,一些语言学家建议把包括定语从句在内的这类句子统称为"关系从句"(慎益,2003;黄媛,2016)。

二、关系从句的分类

关于关系从句的划分,研究人员观点各异。传统的方式是将关系从句划分为两类,即限定性关系从句和非限定性关系从句,这依赖于从句与主句联系的紧密程度以及从句所修饰的中心词(张秋杭,2014)。本书所涉及的大部分关系从句是限定性关系从句。

除了传统的关系从句分类方式,也有其他一些被前人广泛采用的关系从句分类方法。Keenan & Comrie(1977)将关系从句分为六类,分别是主语(Subject, SU)关系从句、直接宾语(Direct Object, DO)关系从句、间接宾语(Indirect Object, IO)关系从句,介词宾语(Object of Preposition, OPREP)关系从句、属格(Genitive, GEN)关系从句、比较宾语(Object of Comparison, OCOMP)关系从句。

一般说来,"重心"和"嵌入"作为两个变量,可以改变关系从句的句法特点。"重心"指的是中心词在关系从句中的语法功能,比如作为关系从句的主语或宾语。在相关研究中,相比"嵌入","重心"得到语言学家更为广泛的关注。根据不同的"重心",也就是中心词在关系从句中的不同语法功能,研究人员通常把关系从句分为主语抽取式关系从句(Subject-extracted Relative Clause, SRC)和宾语抽取式关系从句(Object-extracted Relative Clause, ORC),分别简称为主语关系从句和宾语关系从句。例(1a)中,中心词"猫"是关系从句的主语,因此该从句是一个主语抽取式关系从句。例(1b)中,中心词"老鼠"是关系从句的宾语,因此该从句是一个宾语抽取式关系从句。

（1）a. 追着老鼠的猫是一只黑猫。（SRC）

     b. 猫追着的老鼠跑开了。（ORC）

"嵌入"指的是关系从句在整个句子中的位置，比如中心嵌入式或右分叉式（郭娟，2004；Ellis，1994）。中心嵌入式是指关系从句位于整个句子的主语位置；右分叉式是指关系从句位于句子的宾语位置，其中心词是整个句子的宾语。例（2a）中，关系从句"爸爸批评的男孩"是整个句子的主语，因此，它是一个中心嵌入式关系从句。例（2b）中，关系从句"爸爸批评的男孩"是整个句子的宾语，其中，中心词"男孩"也是整个句子的宾语，因此，它是一个右分叉式关系从句。

（2）a. 爸爸批评的男孩被妈妈安慰。（中心嵌入式）

     b. 妈妈安慰爸爸批评的男孩。（右分叉式）

根据 Kuno（1974）的感知难度假说，关系从句可以结合"重心"和"嵌入"两个变量分为四种类型：主语抽取式主语关系从句（Subject Subject-extracted Relative Clause，SSR）、宾语抽取式主语关系从句（Subject Object-extracted Relative Clause，SOR）、主语抽取式宾语关系从句（Object Subject-extracted Relative Clause，OSR）和宾语抽取式宾语关系从句（Object Object-extracted Relative Clause，OOR）。主语抽取式主语关系从句是指无论是中心词在关系从句中，还是关系从句在整个句子中，都扮演主语的角色。宾语抽取式主语关系从句是指中心词在关系从句中是宾语，但关系从句在整个句子中是主语。主语抽取式宾语关系从句是指中心词在关系从句中扮演主语的角色，但关系从句在整个句子中是作为宾语出现的。在宾语抽取式宾语关系从句中，无论中心词在关系从句中还是关系从句在整个句子中都扮演宾语的角色。例如：

（3）a. 体谅球迷的球星劝说了警卫并且得到了谅解。（SSR）

     b. 球迷体谅的球星劝说了警卫并且得到了谅解。（SOR）

     c. 警卫劝说了体谅球迷的球星并且得到了谅解。（OSR）

     d. 警卫劝说了球迷体谅的球星并且得到了谅解。（OOR）

在汉语中，"的"可作为关系从句的标志词。例（3a）中，中心词"球星"充当主句动词"劝说"的主语，同时由"的"作为标志词，是主语抽取式关系从句"体谅球迷"的中心词。例(3b)中,中心词"球星"充当主句动词"劝说"的主语,同时由"的"作为标志词,是宾语抽取式关系从句"球迷体谅"的中心词。例(3c)中,中心词"球星"充当主句动词"劝说"的宾语,同时由"的"作为标志词,是主语抽取式关系从句"体谅球迷"的中心词。例(3d)中,中心词"球星"充当主句动词"劝说"的宾语,同时由"的"作为标志词,是宾语抽取式关系从句"球迷体谅"的中心词。

下面是四种英语关系从句的例子:

(4) a. The banker that irritated the lawyer met the priest and talked a lot. (SSR)

　　b. The banker that the lawyer irritated met the priest and talked a lot. (SOR)

　　c. The priest met the banker that irritated the lawyer and talked a lot. (OSR)

　　d. The priest met the banker that the lawyer irritated and talked a lot. (OOR)

英语中"that"可作为关系代词,引导关系从句。例(4a)中,中心词"banker"充当主句动词"met"的主语,同时由"that"作为关系代词,是主语抽取式关系从句"irritated the lawyer"的中心词。例(4b)中,中心词"banker"充当主句动词"met"的主语,同时由"that"作为关系代词,是宾语抽取式关系从句"the lawyer irritated"的中心词。例(4c)中,中心词"banker"充当主句动词"met"的宾语,同时由"that"作为关系代词,是主语抽取式关系从句"irritated the lawyer"的中心词。例(4d)中,中心词"banker"充当主句动词"met"的宾语,同时由"that"作为关系代词,是宾语抽取式关系从句"the lawyer irritated"的中心词。

三、汉英关系从句对比

(一) 汉英关系从句句子结构差异

考虑到语言本身的语法规则,我们注意到汉英关系从句的结构差异表现为以下四个特征:

1. 关系从句在主句中的嵌入不同

汉语为左分叉式语言,关系从句出现在其所修饰的中心词之前,而英语是右分叉式语言,关系从句紧随中心词之后。从语序角度来看,英语和

汉语的基本语序都是 SVO(Subject-Verb-Object,主语—谓语—宾语结构)
(Yip & Matthews,2007)。但是两种语言的句法结构存在很大差异,具体
如表 2.1 所示:

表 2.1 汉英关系从句结构对比

关系从句类型	汉　　语	英　　语
SSR	[_V NP] de NP V NP	NP [that_ V NP] V NP
SOR	[NP V_] de NP V NP	NP [that NP V_] V NP
OSR	NP V [_V NP] de NP	NP V NP [that_ V NP]
OOR	NP V [NP V_] de NP	NP V NP [that NP V_]

注:NP 即 noun phrase,名词词组;V 即 verb,动词;VP 即 verb phrase,动词词组;de 即
"的"。

2. 关系代词不同

汉语关系从句不像英语关系从句,有 that、who 和 whom 等关系代词
或其他关系副词作为引导词,而是通常以关系从句句末的"的"作为标记。
例如:

(5) a. The manager [that _ hated the secretary] called the CEO.
(SSR)

　　b. The manager [that the secretary hated _] called the CEO.
(SOR)

　　c. The CEO called the manager [that _ hated the secretary].
(OSR)

　　d. The CEO called the manager [that the secretary hated _].
(OOR)

　　e. [__追着老师的]那个男孩踢足球。(SSR)

　　f. [老师追着__的]那个男孩踢足球。(SOR)

　　g. 男孩看[__抱着孩子的]那个阿姨。(OSR)

　　h. 男孩看[阿姨抱着__的]那个孩子。(OOR)

3. 推定代词的省略不同

英语关系从句中,推定代词(resumptive pronoun)(如句子"The mouse

chased the cat that the dog bit it. "中的代词"it")必须省略,而在一些语境下的汉语关系从句中仍可保留推定代词。

4. 一致原则的不同

相比汉语关系从句,英语关系从句的语法结构受到更多限制。英语的一致原则可以为解析者提供特定语法模式信号,随着关系从句结构的输入,句法分析能够得到更为明显的信号。从这一角度来看,比起汉语关系从句,英语关系从句的标记性更强。

(二) 汉英关系从句句子结构差异的哲学解释

语言的结构与认知的样态有密切的关联,而认知的样态被详细地表现在哲学思想中。英语和汉语作为两种广泛使用的语言也代表了两种文化和哲学,即西方哲学和中国哲学。

首先,西方的哲学传统从古希腊开始就强调通过理性的形而上的方式追求世界的本原,哲学家将一些元素、理念、逻辑、语言等作为世界的本原、终极实在或者本质。因此,西方哲学中一直存在一种实在论研究,后来的认识论研究的最终目的也是追寻人们如何认识"实在",即使当代哲学也仍然如此,如 Lakoff & Johnson(1980)早期将其哲学称为"经验实在论"。由此,西方哲学表现出一种主客分离的对象性的二元论思想,将实在看作固定世界、存在和生活的基点。这种哲学思维方式也明显地反映在语言中。由于实在论思想的影响,英语语言使用者将主语、谓语和宾语看作独立的实在,把它们作为句子的中心成分,而其他成分则附属于中心词并围绕在其周围。关系从句在英语中具有独特性,它不同于其他语法成分,而是拥有独立的主、谓、宾等中心成分和独立的句子特征,但是又以整个句子的中心词为中心,可以被称为"卫星句"。关系从句的独立性使其与中心词之间需要关系词来连接,因此,即使关系从句有完整的一套中心成分,但在整个大的句子中其地位并不如中心词。英语关系从句后置还与实在论思想中的"关系具有外在性"有关,正因为关系是外在的,因此英语语言使用者会首先将中心词引出,之后再添加一种关系性在这个中心词的实在之上。

其次,中国传统哲学思维的特点是"一体性",主要通过直觉或者直观的方式来体悟世界,因此,它是一种注重"天人合一""体用不二"的非对象化思维方式。人的存在融于世界之中,世界上的存在物并非单纯的存在,而是一种事物,也不存在孤立的实在,而是处于一种关系之中的实在。各个存在之间的关系不是一种外部的、人为的或者强加的关系,而是实在之间本身就具有的。中国哲学注重"混而为一"的"关系",因此,关系是中国哲学的一个中心范畴,如"阴"与"阳"之间的交合互动就是一种先天就具有的关系。这种关系性的哲学思想也反映在语言中。汉语的中心词并不如英语的中心词那么突出,各个词汇之间的关系主要是按照一种体验式的经验逻辑相互联系。因此,在汉语中,关系从句并不像英语中关系从句的位置,它与中心词之间并不需要关系词来连接,这两个部分是一种自然的联系。汉语关系从句表现为中心词后置,也与汉语注重关系有关。汉语将关系句前置,是因为汉语的关系从句与中心词之间并不是附属关系,而是并列关系,将关系从句前置能引出一种关系,而后中心词的出现才能完全将整个关系和意义显现出来。在汉语中,关系是一张网,它的地位要比网孔之间的实在更重要,因此,汉语将关系从句放在中心词前面就是先抛出这张网,然后再在这个关系网中去表达中心词在这个网中的位置,从而显现意义。

最后,英语与汉语背后不同的思维或哲学思想也反映在书写方式上。英语作为一种拼音文字,文字与指称可分离开来,能够灵活地添加词缀和变形从而组成新的词汇,之后应用于不同的情景、时机和关系中,所以其句法是一种具有稳定特征的独立存在。英语的关系是外在的,需要依据不同的情况而改变词性或者增加词缀来代表这种关系。而汉语由象形文字演化而来,文字与指称的事物不能完全分离,只能进行组合,不同文字的组合就代表了不同的意义。同时,不同词语之间的关系是一种内在的关系,不需要外在的变化就能改变这种关系,这样同样的句子在不同的情景和时机中就具有了完全不同的意义。汉语不需要关系词就可以通过组合的方式或者内在的逻辑关系表达意义,因此较为简约,但也会出现更多歧义。由于汉语关系的内在性,汉语语法具有不稳定性和多样性,不能完全抽离出来而独立存在,而是依存于词或句子的意义中。

第二节　汉英关系从句研究综述

关系从句是修饰名词的从句,有时也称定语从句。关系从句是一种普遍的语言现象,存在于各种语言中,在日常生活中被频繁使用。关系从句由于具有独特的结构,并且在不同类型语言中存在显著的结构差异,自20世纪80年代以来一直受到国内外认知语言学、心理语言学、神经语言学等领域研究者的关注,作为用于解释语言认知、语言认知心理和神经机制的一个典型案例。

　　根据关系从句所修饰的名词在关系从句中的成分,关系从句可以分为两类:一类是主语关系从句,另一类是宾语关系从句。多数情况下,主语关系从句要比宾语关系从句更容易加工,这就是主语关系从句加工优势。这种优势在中心词前置语言中具有普遍性,但是在中心词后置语言中存在分歧:1) 在以日语、韩语为代表的 OV 语言中,主语关系从句加工优势具有普遍性;2) 在以汉语为代表的 VO 语言中,主语关系从句加工优势不具有普遍性,只受到部分研究的支持,还有一些研究则支持宾语关系从句加工优势。

　　本书采用两种方法进行汉英关系从句研究的综述。一是基于传统的文献检索方法,将相关数据库的文献进行主观归类和分析,基于"中心词前置语言的关系从句研究""中心词后置语言的关系从句研究""关系从句加工优势的解释"和"基于 ERP 的关系从句加工研究"四个方面进行综述;二是基于科学计量学,使用 CiteSpace 研究软件对相关文献进行多角度的定量分析,识别出该领域的主要研究前沿和重要研究文献,进而从一个全新的角度来审视关系从句研究的进展和未来发展趋势。

一、基于传统的文献检索方法的汉英关系从句研究综述

(一) 中心词前置语言的关系从句研究

　　主语关系从句加工优势在中心词前置语言中具有普遍性,例如英语(Ford, 1983; King & Just, 1991; King & Kutas, 1995; Müller et al., 1997; Caplan et al., 2002; Traxler et al., 2002; Gibson et al., 2005)、荷兰语(Frazier, 1987; Mak et al., 2002; Desmet et al., 2002, 2006)、法语(Frauenfelder et al., 1980; Holmes & O'Regan, 1981; Cohen & Mehler, 1996)、西班牙语(Carreiras & Clifton, 1993; Betancort et al., 2009; Cruz-Pavía & Elordieta, 2015)、德语(Mecklinger et al., 1995; Schriefers et al., 1995; Bader & Meng, 1999; Fiebach et al., 2001)、希伯来语(Friedmann & Novogrodsky, 2004; Arnon, 2005)以及匈牙利语(MacWhinney & Pleh, 1988)。但是在一项对巴斯克语的主语关系从句研究(Carreiras et al., 2010)中,结果并没有支持主语加工优势,而是显示加工宾语关系从句更容易,这是主语关系从句加工优势在中心词前置语言中的一个特例,研究者们对主语关系从句加工优势的普遍性提出了质疑,提出语言加工的复杂性取决于不同语言的语法特异性。

（二）中心词后置语言的关系从句研究

与英语关系从句等中心词前置的关系从句相对,汉语关系从句和日语、韩语关系从句类似,属于中心词后置关系从句。到目前为止,以日语和韩语为研究对象的关系从句研究,结论基本一致,显示主语关系从句加工优势具有普遍性。但是,以汉语为研究对象的关系从句研究尚未达成一致结论。

在以韩语(O'Grady et al., 2003;Kwon et al., 2006;Yun et al., 2010;Kwon et al., 2013)和日语(Ishizuka et al., 2003;Miyamoto & Nakamura, 2003;Ishizuka, 2005;Ishizuka et al., 2006;Kanno, 2007;Ueno & Garnsey, 2008;Nakatani & Gibson, 2010)为代表的 OV 语言中,主语关系从句加工优势具有普遍性。

然而,在以汉语为代表的 VO 语言中,主语关系从句加工优势不具普遍性,主要有两种不同的观点:一种观点以美国麻省理工学院的 Hsiao & Gibson(2003)为代表,支持宾语关系从句加工优势。其他学者的研究也证明了这一观点(Hsiao & Gibson, 2003;Chen & Ning, 2008;Chen et al., 2008;张强、杨亦鸣,2010;周统权等,2010;Lin & Garnsey, 2010;Gibson & Wu, 2013)。另外一些学者的研究结果(Lin & Bever, 2006;Li et al., 2010;Packard et al., 2010;刘涛等,2011;Vasishth et al., 2013)支持了主语关系从句加工优势。主语关系从句加工优势得到了名词短语可及性层级假说(Mitchell et al., 1995)的支持,因为主语总是处于被首先接近的位置,并且可以反映出"心理理解倾向"。同时,主语关系从句加工优势也得到了 Hale(2001)的经验/频率说的支持。他们的观点基于跨语言事实,主语关系从句出现的频率要高于宾语关系从句。

Hsiao & Gibson (2003)通过自定步速阅读任务(self-paced reading task),考察了汉语 SSR 和 SOR 的单一嵌入和双层嵌入的加工难度。结果表明 SOR 结构比相应的 SSR 结构更简单。二者的区别主要在于关系化标记词(relativizer)之前 NV/VN 的不同位置。Hsiao & Gibson (2003)通过存储资源理论(storage-based resource theories)和经典语序理论来解释研究结果。但是 Lin & Bever(2006)强烈质疑这一研究结论。质疑主要表现在三个方面:第一,Hsiao 和 Gibson 发现的宾语关系从句优势是在普通关系从句的标记之前的区域和双层嵌入宾语关系从句的某个区域。对于普通关系从句,关系化标记词之前产生差异的研究不足以反映关系从句加工的不同。因为这些句法片段和普通句子片段相似,很难指代关系从句。他们所报告的宾语关系从句优势最多说明了句法片段的论元缺失,因此反应时较长。第二,Hsiao 和 Gibson 对于双层嵌入情况之间的比较

（即主语关系从句中再嵌套主语关系从句和宾语关系从句中再嵌套宾语关系从句）较为混乱，因此，这样的比较是无效的。在汉语中，前者（双主语嵌入）涉及填充语（filler）和空位（gap）的中心词依赖，而后者（双宾语嵌入）则涉及线性顺序依赖。后者的情况相比前者较为简单，其原因并不是宾语关系从句本身更简单，而是线性顺序依赖使得这些双层嵌入宾语关系从句加工起来更容易。第三，Hsiao 和 Gibson 在筛选实验材料的过程中没有较好地控制无关变量，实验中使用的动词缺乏句法歧义控制。20组句子中的 40 个动词里，除了后接名词性宾语的动词之外，有 7 个采用接句子补语的动词，13 个采用接动词补语的动词，而对主语和宾语在关系从句的位置的可及性进行的实验应该避免语法上存在歧义的动词。总之，Lin 和 Bever 认为 Hsiao 和 Gibson 的宾语关系从句加工优势结论是不成立的。张强、杨亦鸣（2010）认为，Lin & Bever（2006）对 Hsiao & Gibson（2003）的三个质疑中，第一个是不合理的。因为，汉语关系从句中的语序比较特殊，从句往往位于中心词的前面。关系化标记词前的句子成分的加工或者主语关系从句论元的缺失，本来就是关系从句加工的一个部分，很难在实验中进行排除。但是他们指出，其他两个方面的质疑值得注意并且需要加以控制。

为了重新评估汉语中的主语和宾语关系从句加工优势，Lin & Bever（2006）针对普通汉语单一嵌套主宾语关系从句重新进行了基于自定步速阅读任务的实验，实验只采用后接名词宾语的动词。在一个 2×2 双因素设计（two-factorial design）中，他们考察了关系从句类型（主语抽取式关系从句和宾语抽取式关系从句）和修饰目标（targets of modification）（修饰主语的关系从句和修饰宾语的关系从句）两个因素对主语和宾语关系从句加工的影响，发现主语关系从句具有更明显的加工优势。加工主语关系从句的关系化标记词和中心词的速度较快，反映出填充语——空位的整合。Lin 和 Bever 提出了"增量最简解析器"（the Incremental Minimalist Parser）理论来解释汉语中主语关系从句的加工优势。该理论基于 Chomsky（1995，2000）提出的最简方案（Minimalist Program）和（Philipps，1996，2003）提出的工具性假说（instrumentality hypothesis），认为句子结构是由左到右逐步构建的，汉语的关系从句是中心词后置的，因此在解析汉语关系从句时，解析器（parser）直到关系化标记词"的"出现时才能辨识出第一批输入的词汇，并把它们作为关系从句的一部分。在接收到关系化标记词时，解析器在嵌入缺失位置上创建了一个语迹。在主语位置上的语迹更容易被探测到，是因为它们在结构上层级更高，比宾语语迹更容易被关系化标记词接触到。

基于 Hsiao & Gibson(2003)的实验,陈宝国、宁爱华(2008)对汉语主语抽取式关系从句和宾语抽取式关系从句做了进一步研究。他们采用了自定步速阅读任务,考察了句子加工过程中工作记忆负载和句子成分整合难度对宾语关系从句加工优势的影响。陈宝国和宁爱华的实验不同于Hsiao 和 Gibson 的实验,但与 Lin 和 Bever 的实验相似,他们的材料中增加了 OSR 和 OOR 的刺激句子。实验结果表明,在某种程度上,主语抽取式关系从句比宾语抽取式关系从句更难理解,特别是当关系从句修饰的中心词做主句的宾语时,这种加工困难较为明显(孙晓霞、成晓光,2011)。他们从工作记忆负载和句子成分整合难度两个方面分析了原因。由于被试对关系从句中的两个词(嵌入动词和关系从句的宾语)和 OSR 中的主句动词(main verb)的整合较为困难,导致阅读时间更长;而在 OOR 中,当被试读到关系从句的主语的时候,句子意思的整合没有出现困难,因为这符合汉语一般的 SVO 语序,只有读到关系从句的动词时才出现整合难度。然而,加工难度在"的"出现时开始减弱,因为被试已经预测到了正确的句子结构。很显然,当读到关系化标记词"的"和关系从句中心词的整合内容时,宾语关系从句比主语关系从句需要整合的内容更多。

Chen et al.(2008)比较了高水平工作记忆阅读者和低水平工作记忆阅读者对 SSR 和 SOR 的加工情况,结果支持了主语关系从句加工优势,同时也发现了低水平工作记忆阅读者在加工 SSR 时比加工 SOR 时花费的时间更多。但是这种差异在高水平工作记忆阅读者中并不存在。

周统权等(2010)做了三个相关实验,包括在关系从句主/宾语[+生命性]条件下的句子图片匹配理解、在关系从句主/宾语[+人称代词]条件下的汉语关系从句理解判断以及在关系从句宾语[−生命性]条件下的句子图片匹配理解,考察两位失语症病人的汉语关系从句加工优势、关键名词的生命性效应和人称代词效应。实验材料既包括 SRC,也包括 ORC。结果表明,SRC 比 ORC 的加工更难,从而证明了汉语宾语关系从句加工优势的存在,不支持所谓的主语关系从句加工优势语言普遍性假说。他们还发现关键名词和人称代词的生命性影响的确存在,这两种效应不受语言限制。基于句法复杂性的神经特定表征理论,周统权等(2010)提出了论元跨越假说(Argument Crossing Hypothesis)来解释结果,证明了跨越动词的论元转移结构比不跨越动词的结构加工更困难,并结合其他涉及论元移动的复杂句法结构的加工情况来进一步佐证了该假说的概括性和强大解释力。

（三）关系从句加工优势的解释

对于关系从句加工优势的解释，主要有以下五类说法：距离论（Distance-based theories）、共性论（Universal-based theories）、角色变换论（Role-shifting-based theories）、频率论（Frequency-based theories）和语义论（Semantic-based theories）。

1. 距离论

关于主语关系从句加工优势和宾语关系从句加工优势的讨论，常常涉及指称距离。指称距离指的是 that 等关系化标记词（也称为"填充语"）与主语关系从句中的主语或宾语关系从句中的宾语在关系从句中的规范位置（也称为"空位"）之间的距离。如例（6）：

（6）a. 主语关系从句

中心词　←　关系从句（RC）　→

The banker［that ＿ irritated the lawyer］met the priest and talked a lot.

　　　　　　填充语　空位

b. 宾语关系从句

中心词　←　关系从句（RC）　→

The banker［that the lawyer irritated ＿］met the priest and talked a lot.

　　　　填充语　　　　　　　　空位

填充语与空位相互依赖，因为填充语的解释往往和空位联系在一起（Yun et al., 2010）。从填充语—空位的相互依赖关系来看，主语关系从句加工优势可以简单解释为：在主语关系从句中，填充语与空位彼此相邻，而在宾语关系从句中，填充语与空位之间插入了更多词语。直线距离指的是填充语与空位之间插入的词语数。

从层次句法结构的角度来看，比起主语空位，宾语空位更深地嵌入短语结构，这说明在宾语关系从句中，空位与填充语之间插入更多节点。这种距离称为"结构距离"，它反映了短语的结构属性。结构距离可以与解析者所解析的词语联系在一起。如图 2.1 所示，宾语抽取式关系从句的属性要比主语抽取式关系从句更为复杂。

基于关系从句解析中指称距离的探讨，研究人员提出以下四种关于主宾不对称的解释，包括线性距离假说（Linear Distance Hypothesis,

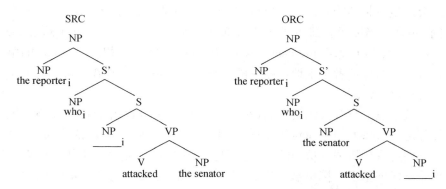

图 2.1 英语主语抽取式关系从句和宾语抽取式关系从句的句法结构

LDH）、相似性干扰解释（Similarity-based Interference Account）、整合资源解释（Integration Resources Account）和依赖位置理论（Dependency Locality Theory，DLT）。

（1）线性距离假说

线性距离假说由 Tarallo & Myhill（1983）和 Hawkins（1989）提出，具体是指随着空位和填充语之间距离的增加而句子加工难度也相应增强。英语主语关系从句加工相比宾语关系从句加工容易的结论主要可以被这一理论解释。

（2）相似性干扰解释

Gordon et al.（2001）指出：插入两个名词短语会增加宾语关系从句的加工难度，但不会增加主语关系从句的加工难度。如例（6a）和例（6b）中的 the banker 和 the lawyer，它们具有相似的表面特征（都属于"人"的范畴）。但在例（6b）中两个名词短语之间的指称距离要比例（6a）短，所以插入词的干扰更加明显。在例（6b）中，读到 the banker 和 the lawyer 之后，读者必须牢记它们，直到遇到输入动词 irritated，甚至主句结束，才能完成对论元角色的指派。因此，宾语关系从句比主语关系从句需要更多的加工耗损。由于两个名词短语之间距离较远，所以主语关系从句插入词的干扰有所减弱。

（3）整合资源解释

句子加工有三个要求：1）某个嵌入从句必须中断主句；2）关系从句必须将题元角色（thematic role）合理指派到名词短语中，这一指派会增加关系从句的理解难度；3）在工作记忆中辨析宾语关系从句和主语关系从句的复杂程度。根据这一点，Gibson（1998，2000）提出宾语关系从句加工会产生更长的填充语—空位距离,从而消耗更多的整合资源。例如,在例(6b)中,当读者遇到动词时,为了理解整个句子的意思,他必须跨过 the lawyer,追溯 irritated(the banker)的主语(填充语)。而相反,例(6a)的整合过程不需要读者艰难地追溯主语。整合资源解释为主语关系从句加工优势提供了证据。

基于以上整合资源解释,Gibson (1998, 2000)提出了句法预测局域性理论(Syntactic Prediction Locality Theory, SPLT)。此理论认为,读者会立即选择分析关系从句的关系代词。句法预测局域性理论认为读者分析关系代词基于记忆负载。以此理论为基础,完成当前合乎语法的句子的输入需要读者记住每一个需要的组成部分,这个过程要耗损和记忆每个组成部分相关的记忆负载。当读者遇到一个关系代词时,他/她所面临的主语关系从句和宾语关系从句组成部分数量不一致。为完成对一个主语关系从句的理解,读者要记住两个组成部分:一个主语名词词组和一个动词。但是就理解宾语关系从句来说,读者要记住三个组成部分:一个主语名词词组、一个宾语名词词组和一个动词。

根据句法预测局域性理论,我们可以发现,记忆负载是影响关系从句加工的主要因素之一。这种观点认为主语关系从句和宾语关系从句的加工难度是不一样的。加工宾语关系从句会增加记忆负载(Frazier & Fodor, 1978;Wanner, 1978;Ford, 1983;MacWhinney, 1987;King & Just, 1991)。基于记忆的观点得到了很多语言学家的研究支持(Kuno, 1974;Diessel & Tomasello, 2000;Izumi, 2002;Kidd & Bavin, 2002;Kidd, 2003)。

(4) 依赖位置理论

Gibson(1998)提出,在句子加工中,影响加工耗损、整合耗损和记忆耗损的两个主要因素是位置与工作记忆需求。整合耗损指的是将新输入词嵌入现有句子结构所需的努力。在结构整合中,当 VP 和 NP 之间没有插入项时,二者无须整合耗损;当有插入词时,每个插入的名词和动词都要消耗一个能量单位,直至整合完毕。总之,依赖位置理论为主语关系从句加工提供了另一种解释。

总结以上四种解释,填充语—空位距离所造成的加工困难,与工作记忆负载密切相关。距离越长,工作记忆负载越重。距离论从认知资源耗损总量的角度,解释了英语宾语关系从句更难理解的原因。

2. 共性论

关系从句加工优势的另一种解释是基于语言本身的特点,包括经典语序理论、可及性层级假说（Accessibility Hierarchy Hypothesis）和论元跨越假说。

（1）经典语序理论

经典语序理论由 MacDonald & Christiansen （2002）以及 Reali & Christiansen（2007）提出，主要观点是：句子的语序越常见，语言使用者越容易进行解析。还是以下面的英语关系从句为例：

（7）a. The banker that irritated the lawyer met the priest and talked a lot. （SRC）

　　 b. The banker that the lawyer irritated met the priest and talked a lot. （ORC）

在英语中，主语关系从句的规范语序是 SVO，所以比起宾语关系从句中的 OSV（Object-Subject-Verb，宾语—主语—谓语结构）不规范语序，读者更熟悉主语关系从句的加工。因此，加工主语关系从句的耗损要低于宾语关系从句。经典语序与直线和结构距离相关。

（2）可及性层级假说

由于不同的语言具有不同的常规语序，所以我们可以做出跨语言辨析预测。从更宏观的角度来看，感知不同语言共性的可及性层级结构，可以帮助我们形成理论以解释跨语言主/宾不对称性。Keenan & Comrie（1977）提出名词短语可及性层级假说，目的在于对所有人类语言做出概括。某些名词短语插入词语构成关系从句的顺序如下：主语>直接宾语>间接宾语>间接宾语>属格宾语>比较宾语。在该层次结构中的层次越高，句法模式越容易加工。

（3）论元跨越假说

根据论元跨越假说，跨越动词的移位论元结构比不跨越动词的移位论元结构加工起来更难。汉语属于中心词后置的语言，被提取的从句中心词总是在从句的最右端。基于该假说，汉语主语关系从句中的从句主语（外论元）需要从动词前的句首位置移动到动词宾语后位置，因此加工起来比较困难：这种移位的结果引发了结构的潜在歧义，也就是，汉语中的"V N1 的 N2"可以识解为动词短语（VP）"V（N1 的 N2）"，也可以识解为定中结构（NP）"（V N1 的）N2"（对应主语关系从句结构），当 N1 和 N2 都为有生命名词时，这种潜在歧义便成为现实歧义。而与之对应的宾语关系从句中，宾语关系从句与其底层结构"N1 V N2"的语序排列一致，动词对两个论元 N1 和 N2 的角色指派得以顺利进行,动词前的名词作施事,动词后的名词作受事,因此,汉语中普遍存在宾语关系从句比主语关系从句加工容易的现象(周统权等,2010)。

英语的关系从句结构与汉语不同,被抽取的中心词位居从句的最左端。根据论元跨越假说,英语主语关系从句的主语不必跨越动词,只要在原底层结构的主语—动词之间插入标记词(who/that/which 等)(如:The woman kisses the man … → The woman who kisses the man …)即可,所以加工起来容易。而与之对应的宾语关系从句的宾语则必须跨越动词和底层结构的主语,爬升到句子的最左端位置才能生成目标结构(如:The man kisses the woman … → The woman who the man kisses …),所以加工起来难度更大。因此,论元跨越假说预期英语中存在主语关系从句加工优势,即英语主语关系从句比宾语关系从句的加工更容易。因此,不论是中心词前置语言还是中心词后置语言,主、宾语关系从句的加工差异都可以用论元跨越假说得到合理的解读,论元跨越假说似乎更具语言普遍性(周统权等,2010)。

3. 角色变换论

在句法结构中,每个位置上的词都起到一定的题元作用。随着语义/语法发生屈折变化,句子加工会出现关系从句解析困难。相关理论包括并行功能解释、活跃填充语策略(Active Filler Strategy, AFS)、自由竞争模型(Unrestricted Race Model)和视角转换解释。

(1) 并行功能解释

Sheldon(1977)称填充语在宾语关系从句中的移位增加了理解难度。如果同一名词短语在关系从句和主句中具有相同功能,如例(7a)的"the banker",那么这个句子显然比较容易理解。在例(7a)中,"the banker"在主语关系从句和主句中始终充当主语,而例(7b)中的"the banker"在宾语关系从句中充当宾语,在主句中充当主语,这就造成功能角色的不统一,难以理解。这一差异可能是造成主语关系从句加工优势的原因之一。

(2) 活跃填充语策略

活跃填充语策略最早由 Frazier(1987)提出。该理论是从句法的复杂性角度来探讨主语关系从句和宾语关系从句之间的差异。根据转换生成语言学理论,主语关系从句的关系代词由主语位置移到句首位置,宾语关系从句的关系代词由宾语位置移到句首位置。活跃填充语策略认为,当读者在关系从句中遇到一个填充语,最早可能安排的位置就是主语位置。

Tavakolian(1981)的研究支持此观点。这种策略在主语关系从句中可以说得通,但在宾语关系从句中就会出现问题,因为主语位置已被占据。这将导致读者选择立即分析关系从句的关系代词。活跃填充语策略是基于关系从句的句法特征,没有考虑到语义因素对关系从句加工的影响。

Clifton & Frazier(1989)也支持活跃填充语策略,假设读者具有把主句主语看成关系从句主语的倾向。在解析宾语关系从句时,当读者发现被误导,他必须把整个加工过程颠倒过来。这种耗时且复杂的理解自我修正行为,使得宾语关系从句更加难以加工。

（3）自由竞争模型

自由竞争模型由 Traxler et al.（1998）提出,此模型在选择分析器上是多变的,这一点与活跃填充语策略不同。如果备选的句法结构是模糊的,那两种句法结构就会被并行计算分析。最终要根据构建速度决定哪一个会被采用。构建最快的句法结构将会被分析器采用。有时不得不进行重新分析,因为其他可能的句法结构也会被采用,随后的信息与已采用的信息不一致。就主语关系从句和宾语关系从句而言,分析器有时将句子按主语关系从句分析,有时按宾语关系从句分析。它们之间的不同之处在于,主语关系从句在速度的较量中赢的频率更高,因为主语关系从句比宾语关系从句更易加工（Traxler et al., 1998; Van Gompel et al., 2000）。

（4）视角转换解释

视角转换解释由 MacWhinney & Pleh(1988)提出。视角转换解释实际是对 Sheldon(1974)提出的并行功能解释的改进。并行功能解释和自由竞争模型不能解释为什么并行结构在主语位置上比在宾语位置上更起作用,视角转换解释给予了详细的论述。视角转换解释认为,当句法的主语与读者的角度一致时,读者对句子的加工就更容易。主语关系从句中不需要视角转换。但是在宾语关系从句中,主句的主语和从句的主语不一致,因此,当读者遇到了宾语关系从句的主语时,就会再次返回到主句的主语,进行视角转换。视角转换较为耗时,导致读者在加工宾语关系从句时面临更多的困难。视角转换解释主要区分四种关系从句,分别是主语抽取式主语关系从句、主语抽取式宾语关系从句、宾语抽取式主语关系从句和宾语抽取式宾语关系从句。同时,该理论对这四种关系从句的加工难度做了预测,认为这四种关系从句的加工难度遵循如下的顺序:主语抽取式主语关系从句>宾语抽取式主语关系从句>宾语抽取式宾语关系从句>主语抽取式宾语关系从句。视角转换解释对汉语做了和英语相同的预测(杜盼,2014)。

4. 频率论

Shopen(1985)、Mitchell et al.（1995)和 Hale(2001)认为,关系从句类型出现得越频繁,越容易加工。从跨语言角度来看,根据语料库证据,主语关系从句确实比宾语关系从句更为常见。例如,在宾州英语树库的布朗语料库(Brown Corpus of the English Penn Treebank)中,主语关系从句和宾语关系从句的频率分布分别是 86% 和 13%,在德国 NEGRA 语料库(Skut et al., 1997)中分别为 74% 和 26%(Korthals, 2001),而在汉语树库中分别为 57.5% 和 42.5%(Gordon et al., 2001)。基于此,我们不难看出主语关系从句的使用优势。

5. 语义论

许多语言学家都将注意力集中在句法的复杂程度和记忆负载上,也有一些语言学家尝试从语义的角度解释关系从句加工的问题。语义中有很多和关系从句加工相关的因素,例如,生命性(animacy)就被认为是影响关系从句加工的重要因素。

制约模型(Constraint-based Model)认为,在关系从句加工的最初阶段,没有句法因素参与(Trueswell et al., 1994)。为验证该模型,Trueswell 等人做了一系列实验。实验旨在考察生命性因素对读者加工不同类型关系从句的影响。实验刺激句共分为两种条件:句首名词短语与其后的动词一致、句首名词短语与其后动词不一致。实验结果表明,读者对作为动词主语的名词在语义上的不和谐很敏感,会利用已有信息选择正确的分析路径来分析句子。他们得出的结论是,语义因素可以超越句法加工的偏见。关于语义因素对关系从句加工的影响,还有许多研究(Gordon et al., 2001; Mak et al., 2002; Traxler et al., 2002)都提到过。

(四) 基于 ERP 的关系从句加工研究

1. 关系从句加工相关的 ERP 成分

神经科学中的 ERP,即事件相关电位,是一种脑诱发电位,也被称为"认知电位"。具体而言,ERP 是指当人们对某刺激进行认知加工时大脑皮层记录到的脑电位。下面介绍与关系从句加工相关的五个 ERP 成分。

(1) P300

P300(也称为 P3)是一种在决策制定过程中诱发的脑电成分。它被认为是一种内源性电位(endogenous potential),其出现不受刺激的物理特性的影响。P300 成分的波幅较高，一般为 5—20 μV，有时可达 40 μV，不经叠加就能在单次刺激后的脑电信号（electroencephalogram，EEG）中看出，其最大波幅出现在大脑顶叶。作为 ERP 中最典型、最常用的成分，P300 被认为和人类的认知活动密切相关，如注意、辨别以及工作记忆等。P300 的潜伏期反映了对刺激的评价或分类所需要的时间（Polich & Kok，1995）。一般来说，事件的可能性越小，其诱发的 P300 波幅更大，波幅反映了心理负荷的量，即被试投入任务中的脑力资源的多少。

（2）N400

N400 是一个锁时（time-locked）的负向波，峰值出现在刺激呈现后的 400 ms 左右，主要分布在中央顶叶，且在大脑右半球略大。N400 是正常大脑对于词和其他有意义的（或有潜在意义的）刺激所产生的反应。这些刺激包括视觉和听觉文字、语言符号、图片、人脸、外环境声音和气味。研究者们普遍认为一个词的使用频率会影响 N400 的波幅。在其他条件不变的情况下，高频词相对低频词诱发较小的 N400 波幅。在一个句子中，完形概率（cloze probability）是影响 N400 波幅大小的重要因素（Delong & Kutas，2005）。完形概率是指目标词完成和补全特定句子框架的概率。Kutas & Hillyard（1980）发现一个词的 N400 波幅跟它的完形概率几乎成逆向线性关系（inverse linear relationship）。也就是说，当一个词在语境中的预期（anticipation）越高，相对于预期低的词来说，其 N400 波幅就越小。总之，这些研究结果表明，前期的语境构建使得符合语境的后续词汇的加工变得容易，因此其诱发的 N400 波幅较小。反之，语义违例（被视为异常指数）情况则会诱发十分明显的 N400 效应。此外，N400 波幅对长时记忆信息提取的难度十分敏感。从这个角度来看，N400 不仅可以作为语义加工的指标，也可作为当前信息与输入词的关联难度的指标（Kutas & Federmeier，2010）。

Kutas & Hillyard（1980）首先发现 N400 成分与语义认知加工过程相关，N400 的发现在很大程度上促进了 ERP 在心理语言学中的应用，同时也促进了语言加工的脑机制方面的研究。

（3）P600

P600 是出现在刺激触发后的持续正波，在刺激呈现后的约 600 ms 达到波峰。P600 通常出现在中央顶部电极区（即头皮中央后部），被视为句法违例和句法加工复杂度的标志。根据其功能特征，P600 也被称作句法正漂移（Syntactic Positive Shift，SPS）。诱发 P600 的句法违反类型包括：短语结构违例，次范畴（subcategorization）违例，数、时态、性别和格是否一致违例,远距离挂靠限制违例(Phillips,2010;Mehravari et al.,2015)。

研究者们试图解释什么样的加工过程能够诱发 P600。句法违例现象和花园小径句(garden path sentence)经常诱发 P600,因此,有理论提出 P600 反映了修正过程(试图"解救"由于结构上的错误而无法正常进行加工的句子)和重新分析过程(试图重组由于花园小径句而产生错误的句子结构)。然而,其他一些模型指出,P600 的产生并不一定会反映这些过程,它反映的只是在建立连贯句子结构时所需花费的全部认知负荷,或者说它反映的只是创建或破坏句法结构的一个总体过程(而不是专门为了修复句子产生的),涉及可能比句法、语义更高的认知原则,因为语言与其他认知加工可能是共通的(周长银,2017)。

(4)LPC

LPC,又称为"晚期正成分",在刺激触发后的 400—500 ms 出现并持续几百毫秒,在顶区诱发的波幅最大。LPC 成分在外显识别记忆(explicit recognition memory)的研究中起到重要作用。此外,LPC 也是 ERP 新/旧效应的重要部分,其中可能包括对类似于 N400 的早期成分的调解。相似的正波有时也被称为 P3a、P3b、P300、P600。这里我们用 LPC 来指代这个晚期正成分。Friedman & Johnson(2000)指出,LPC 通常以宽幅正波的形式呈现,在刺激出现后的 400—800 ms 之间被诱发。波幅最大的时候出现在顶内侧,并且在左半脑的记录区(recording site)有增长的趋势。在遇到出现过的尤其是被正确划分成"旧"信息的信息时,LPC 的波幅增大;而"新"信息诱发的波幅则较小,该变化可指示回忆加工(recollective processing)。

根据与记忆相关的心理学文献,长时记忆(long-term memory,LTM)通常被分为两种:语义记忆和情景记忆。语义记忆存储在长时记忆中,不需要相关的具体的编码(encoding)信息,因此代表个体所获取的一般性知识。情景记忆作为一个具体的情景存储于长时记忆中,需要包含与这些记忆相关的具体的背景信息,比如编码的时间和地点。在提取信息时,根据对某个情景获得的信息量大小,情景记忆通常可分为两个类别:熟悉度和回忆。熟悉度指的是个体对曾经看过的一个事件的总体感觉,不包括其中的细节。回忆指的是在编码时,某个与记忆语境相关信息的时间和地点。虽然它们被分为两个类别,但对于它们是否代表两种不同加工方式,或者是否为大脑功能控制的不同实体,还是只是同一个功能下的连续体中的不同阶段,仍然存在争议。

LPC 成分与情景记忆相关,常应用于考察重复(repetition)或者识别(recognition)的 ERP 实验。在这两个实验范式中,研究发现重复或识别刺激的 ERP 与新出现刺激的 ERP 在很多方面存在差异,尤其是二次呈现的刺激与 500—800 ms 之间的刺激后(post-stimulus)呈现相关,这一效应即被称为 LPC,也被称为 P300、晚期正波或者"顶叶新/旧效应"(parietal old/new effect)。

(5)(E)LAN

ELAN(Early Left Anterior Negativity)和 LAN(Left Anterior Negativity)分别指早期左前负波和左前负波,均出现在左脑前侧区域,是句法加工的重要指标。ELAN 成分的潜伏期大约为 100—300 ms,在 150 ms 左右达到波峰;LAN 成分则在 200 ms 左右达到峰值。(E)LAN 对词类违反或短语结构违例的语言刺激较为敏感。因此,(E)LAN 常常被用作句法加工的重要指标。在句子解析的序列模式或句法优先模式中,大脑工作的第一步是组织输入词语,并建立语言切换等本地短语结构。这一步完成后才能开始加工语义信息。(E)LAN 则是这一步骤的指标。该模型预测:只有当本地短语结构的最初根基成立,语义加工才能生效。这一点已经通过两种大脑反应进行测试:反映短语结构建构的(E)LAN 和反映语义加工的 N400。具体而言,引出(E)LAN(短语结构违例)的句子不会引出 N400,因为构建短语结构是语义加工的先决条件。此外,(E)LAN 是题元角色处理、词汇语义和句法信息相互映射的重要指标(Friederici,1995)。

2. 英汉关系从句加工的 ERP 研究综述

P600 的诱发基于以下三种情况:形态句法违例(Osterhout & Holcomb,1992;Hagoort et al.,1993)、句法歧义(Hagoort et al.,1999;Frisch et al.,2002)以及句法复杂性的重新整合(Kaan et al.,2000)。Phillips et al.(2005)对 P600 与填充语—空位依赖之间的关系进行了综述,认为在填充语—空位依赖条件下,结构的整合可以通过 P600 探测。在这种条件下,整合难度越大,诱发的 P600 波幅也越大。因此,线性距离和结构距离的长短对 P600 波幅大小会产生相应的影响。

张强、杨亦鸣(2010)使用 ERP 实验,检验了 SSR 和 SOR 的加工机制,支持了宾语抽取优势。与自定步速阅读任务的结论不同,实验发现关系从句的每个部分,包括中心词的位置,都存在差异,但主句动词和主句宾语的位置没有区别。具体的 ERP 实验结果如下:SSR 的 N1 比 SOR 的 V1 诱发了更大的 N400 波幅,表明 SSR 加工更困难;SSR 中"的"比 SOR 中"的"诱发了潜伏期更长的持续负波,时间窗为 380—700 ms,该结果也证明了宾语抽取的加工优势；此外，SSR 比 SOR 的中心词诱发了更大的 N400 波幅。研究支持了 Ford（1983）提出的工作记忆解释（Working Memory Account）、Hsiao & Gibson（2003）提出的依赖位置理论、O'Grady & Lee（2001）提出的同构映射假说（Isomorphic Mapping Hypothesis）、O'Grady et al.（2003）结构距离假说（Structural Distance Hypothesis，SDH）、MacDonald & Christiansen（2002）的经典语序理论以及 Gordon et al.（2001）提出的相似性干扰解释。但上述研究结论与句法和语义角色变换和频率等理论相矛盾，如 Sheldon（1974）的并行功能解释、Clifton & Frazier（1989）的活跃填充语策略以及 MacWhinney & Pleh（1988）的视角转换解释等。

Yang et al.（2010）将 OSR 和 OOR 作为实验材料研究关系从句加工的认知神经机制，验证句子加工过程中的普遍性和特异性。实验结果表明，与其他以结构为基础的语言的加工的结果相同，汉语句子理解也需要一个神经网络，这一神经网络对语言输入的顺序性或者层级性反应敏感，其认知加工过程类似于其他结构依赖型语言，反映出语言加工的普遍性。主语抽取式关系从句在关系从句嵌入动词位置诱发出 P600，反映了短语的重构过程；宾语抽取式关系从句则产生 N400 效应，反映了语义重组的过程。宾语抽取式关系从句的中心词位置诱发了一个位于中央额区的持续负波，显示出语义衍生和指称建立所产生的综合效应。低分辨率电磁断层扫描技术（Low Resolution Electrical Tomography，LORETA）源定位（source localization）显示了脑后区（例如 BA 22/39/19/41/42）的主导作用，支持了结构映射（P600）和语义衍生（N400）二者在句子表征发展过程的整合，与记忆统一性（memory unification）和控制模型（control model）结论一致（Hagoort，2005）。当多重指称的题元角色规范（thematic-role specification for multiple referents）可能需要额外的认知和记忆资源时，额—颞网络（frontal-temporal network）（如 BA 47/38）中左侧额区在句子加工后期变得活跃，出现一个持续的额—中央区负波。ERP 数据显示早期的词汇加工在整合过程中起着很重要的作用，但也挑战了汉语语篇阅读主要依靠语义表征衍生的语义—语境加工理论。

Packard et al.（2010）采用四种不同类型的汉语关系从句作为刺激材料，其结果为宾语关系从句加工优势提供了支持证据，并提出主要原因是填充语—空位整合在主语—空位的关系从句中，比在宾语—空位的关系从句中诱发了更大的 P600 波幅。

二、基于文献计量学的汉英关系从句研究综述

从前文可知,关系从句是存在于诸多语言中的一种语法现象和语法手段,该领域的研究是目前语言学家的重要研究焦点之一,国内外的很多学者都对其进行了不同角度的研究。一些研究从二语习得的视角出发(Hopp,2014;李金满,2015;Tiehua,2016;吴芙芸、吕骏,2016),另外一些研究采用心理学的实验方法(Traxler et al.,2002,2005;常欣等,2014;Sun et al.,2016),还有一些研究从儿童对于关系从句的理解角度出发进行研究(De Villiers et al.,1979;何晓炜、喻浩朋,2013)。就研究的语言种类而言,大部分研究以汉语和英语为研究对象,也有一些对其他语种的研究,如韩语(闫超,2016)、西班牙语(Fernández,2003)、日语(Nakamura & Arai,2015)等。目前语言学界对关系从句的研究呈多样化趋势,已经涉及除语言学以外的其他多个学科领域,如心理科学、认知科学、神经科学、治疗学、教育学等,研究的语言种类也更加多种多样。

目前,国内外也有一些学者针对该领域的已有工作进行了总结研究。邝文铎、王慧莉(2013)主要从主、宾语关系从句加工难度,汉语关系从句加工难度和关系从句加工优势的理论解释三个角度对主、宾语关系从句的加工难度研究比较进行了回顾。胡晓丹(2016)梳理了汉英双语者英语关系从句认知机制的研究,其中主要包括印欧语系关系从句的研究及相关理论解释、汉语关系从句加工的研究、生命性等其他因素对关系从句加工的影响研究、二语习得者句子加工研究。目前国内更多的研究关注对国内或者国外关系从句习得研究状况的总结与梳理(黄娟、宋松岩,2010;孙荷芊,2011;蒋瑛,2013;徐飞,2016)。国外研究中,Gimenes & Baudiffier(2010)对心理语言学框架下的主、宾语关系从句加工难度研究进行了综述研究,还根据频次效应和记忆效应理论对已有实验研究的结果进行了解读。Gennari & MacDonald(2009)梳理和总结了关系从句产出加工和理解加工之间的关系研究,Hochstadt(2009)则回顾了帕金森症患者对于关系从句的加工和定势转移(set-shifting)研究。

可以看出,目前国内外有关关系从句的综述研究主要凭借研究者对于该领域的先验知识对关系从句某一方面的研究进行回顾和总结。与以上研究不同的是,本研究通过运用集数据挖掘、科学计量和信息可视化功能于一体的 CiteSpace 研究软件(Chen,2006),对关系从句领域的研究文献进行多角度的定量分析,识别出该领域的前沿研究话题和重要研

究文献,进而从一个全新的角度来审视关系从句的研究进展和未来的发展方向。

(一) 数据采集

根据研究内容,本研究所使用的文献数据均来源于汤森路透的 Web of Science 数据库(2017)中的科学引文索引(Science Citation Index, SCI)和社会科学引文索引(Social Science Citation Index, SSCI)数据。我们以"relative clause*"①为主题词(topical term),在 SCI 和 SSCI 数据库中检索出 1961—2016 年间发表的与关系从句相关的英语研究文献,文献类型选择期刊论文(article)、会议论文(proceeding paper)和综述(review),共得到 1 158 条文献记录,每条记录包含作者、题目、摘要、关键词和参考文献等信息。

本研究利用文献计量学中的文献共被引方法、突现检测算法和科学知识图谱(knowledge domain visualization)方法对检索出的关系从句研究文献的 30 224 条引文进行了数据挖掘以及定量分析。

文献共被引分析方法是文献计量学研究中的一个经典计量方法,它以论文的引用关系为分析对象,旨在通过分析文献之间共同被引用的现象来揭示某一科学研究领域的知识基础与研究结构,以及研究前沿随时间演变的过程。

突现检测算法(Kleinberg, 2003)旨在分析在有限或者无限时间段内,文档中的突发高强度特征。与单纯统计词语出现频率的方式不同,该算法采用了概率自动机原理,状态对应单个词汇出现的频率,状态转移对应该词在某一时间点附近发生的显著变化,即突现。本文运用该算法来探测某一研究领域内引文被引频次的突然增长,即引文突现(郭涵宁,2013)。

科学知识图谱是对科学知识的一种描绘,也是信息可视化方法中的一种。它利用强大的人类视觉和空间认知来帮助人们从头脑中组织,并且通过电子的方式来使用和处理庞大而复杂的信息空间,运用复杂的数据分析和可视化技术,通过从数字到直观图像的转化对定量结果进行图像展示,描绘科学知识之间的结构关系及其发展历程,并预测科学技术知识前沿的发展态势等(郭涵宁,2013)。

本研究使用用于文献数据挖掘及分析的 CiteSpace 研究软件,首先对

---

① *代表可能出现的复数形式。

关系从句研究文献进行文献共被引分析,并对分析结果进行可视化的展现,然后运用突现检测算法识别出突现文献,并对可视化结果进行内容解读。

(二) 关系从句领域的文献共被引及研究聚类分析

为了探索关系从句领域的研究现状和前沿变化,本研究对该领域研究的 30 224 篇引文之间的引用关系进行了分析,时间跨度为 1961—2016 年,每 7 年一个跨度。阈值设置为每个时间跨度中被引次数最高的前 100 篇引文,最终得到了关系从句研究领域的文献共被引网络(见图 2.2)。该网络由 459 个节点和 3 122 条连线组成,节点大小对应引文的被引次数,颜色则体现为该篇引文被引的时间变化。网络中的连线颜色深浅代表了引文之间共同被引用的年份,节点间的连线颜色由深至浅渐层变化,体现为研究在时间段上从早期到近期的演变。在图 2.2 中,关系从句领域研究文献被引用次数最高的 10 篇文献显示其节点标签。

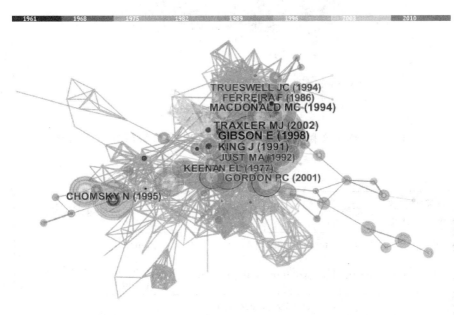

图 2.2　关系从句领域文献共被引网络

接下来,本研究使用 CiteSpace 软件中的聚类算法对图 2.2 的文献共被引网络进行了聚类分析,得到了关系从句研究聚类图谱,见图 2.3。从

图 2.3 可以看出,该领域自 1961 年以来共有 11 个研究聚类,表 2.2 列出了每个聚类的具体信息。其中轮廓值(silhouette)代表了聚类的质量,该值越高,则表明聚类的质量越高。表 2.2 显示,所有聚类的轮廓值均高于 0.6,其平均值为 0.852,接近于 1。与此同时,表 2.2 还显示了不同聚类算法下的聚类内容标签,通常基于 LLR 算法的聚类标签质量最为理想。

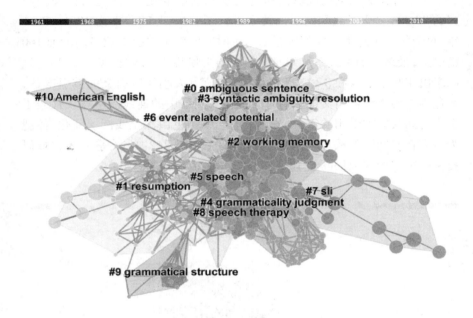

图 2.3 基于文献共被引网络的关系从句领域研究聚类图谱

表 2.2 关系从句领域的 11 个研究聚类

所属聚类	节点数量	轮廓值	TF * IDF 聚类标签	LLR 聚类标签
0	69	0.645	representation｜object	ambiguous sentence
1	69	0.797	accessibility｜verb inflection	resumption; resumptive pronoun
2	61	0.818	l2 sentence processing｜neuropsychological evidence	working memory
3	59	0.769	individual difference｜focus particle	syntactic ambiguity resolution
4	53	0.858	argument structure	grammaticality judgment

所属聚类	节点数量	轮廓值	TF＊IDF 聚类标签	LLR 聚类标签
5	38	0.815	individual difference｜localization	speech；deficit
6	37	0.798	working memory｜null hypothesis	event related potential
7	22	0.959	sentence interpretation｜european portuguese	SLI；children
8	18	0.941	minimum distance principle	speech therapy
9	13	0.986	noun phrase accessibility｜grammatical structure	grammatical structure
10	10	0.983	structure overgeneralization error	American English

　　通过对每个研究聚类的内容分析,本研究进一步将这 11 个聚类进行了归纳,分别为关系从句的歧义研究(聚类 0 和聚类 3),关系从句中的推定代词研究(聚类 1),基于工作记忆的主、宾语关系从句加工优势研究(聚类 2),关系从句加工的脑机制研究(聚类 6),非典型发展人群对关系从句的理解研究(聚类 5 和聚类 7),句子理解策略相关研究(聚类 4),言语治疗研究(聚类 8),关系从句语法结构研究(聚类 9)和美国英语中的关系从句研究(聚类 10)。

　　首先,关系从句的歧义研究是关系从句领域最受关注的研究方向,主要包括歧义句研究和句法歧义的消解研究。眼动实验是关系从句的歧义句研究最常采用的方法。Jacob & Felser (2016)通过使用眼动追踪技术,研究了英语一语者和英语二语者对临时歧义句的加工比较,研究发现两组被试在句法排歧中均显示出了花园小径效应,他们都频繁地对直接宾语做出了错误的分析,一语者和二语者在句法敏感度和语义错误信号中显示出相似的句法分析,然而他们在句法的再分析加工过程中显示出显著的不同。Filik et al. (2005)通过眼动实验研究来验证一个有关关系从句句法歧义分析的假设(转引自 Sedivy, 2002)。除眼动实验方法外,研究者还使用了其他研究方法进行关系从句歧义研究,如利用自定步速阅读任务来研究局部歧义的德语关系从句加工机制(Schriefers et al., 1995),探究了歧义句法分析相较于非歧义句法分析具有时间优势的机制和原因,以及运用事件相关电位技术来研究句法歧义,并发现 P600 可以作为语言理解过程中能否识别句法歧义的一个指标(Frisch et al., 2002)等。

有关句法歧义的消解研究也是学者们关注较多的一个研究方向。MacDonald et al. (1994)研究了句法歧义消解的词汇本质,结果表明词汇消歧和句法消歧可以通过相同的加工机制来解决,而不是惯常研究所认为的不同机制,该研究突破了以往的语言理解理论,提供了一种全新的语言理解理论。Spiveyknowlton et al. (1993)对不同种类的语义和语篇语境对临时歧义关系从句加工的影响进行了研究。研究表明,与很多已有研究相反,在在线阅读理解过程中,所有类型的语境都对句法歧义消解产生早期影响。Spiveyknowlton 等人运用歧义消解研究中的"制约模型"来对研究结果进行了解释,认为语境的影响是由语境制约强度、语境相关性和可选择语法的可用性来决定的。Trueswell(1996)提出歧义动词的分词形式所出现的频率在省略型关系从句的歧义消解过程中有着十分重要的作用。此外,也有学者从一语和二语的角度来研究句法歧义的消解,如英语一语者和英语二语者关系从句的挂靠歧义消解机制的不同(Juffs,1998;Felser et al., 2002)。

其次,关系从句中的推定代词研究也是关系从句领域的一个主要研究方向。英语、法语等很多语言都通过关系词来构成关系从句,然而关系词的选择因语言不同而异,一些语言不存在这种关系词,则选择空位来构造关系从句,英语中也有很多空位现象,如"the woman I saw"(钟正凤,2016)。也有一些学者将"推定代词"称为"复指代词"(陈宗利、王恒英,2007)。Friedmann et al. (2009)通过两个实验研究了在特定词汇限制的句子中,含有推定代词和不含有推定代词是否会影响一语为希伯来语的被试对中心主语和中心宾语的理解。结果表明,被试能够很好地理解中心主语,然而对中心宾语的理解却有一定的困难,即使给出额外的推定代词也不能改善其对中心宾语的理解。另一项来自对希伯来语关系从句中推定代词和空位的调查研究表明,希伯来语一语者普遍认为直接宾语的推定代词没有空位自然,特别是在书写形式中,而关系从句在主句中的位置对推定代词的接受度没有影响(Meltzer et al., 2015)。Lau(2016)研究了广东话中推定代词和空位在语言产出和语言理解过程中的作用,该研究采用广东话单语儿童为被试,结果表明被试在语言理解过程中,含有推定代词或者空位都不能很好地促进被试的理解,然而被试在实验过程中却从不采用空位策略。此外,还有很多学者也都对不同语言的关系从句推定代词进行了相应的研究(Willis, 2001;Wei, 2010;Rahmany et al.,2014)。

除了以上两个研究子领域以外,工作记忆的研究(聚类2)也是关系从句研究者们较多关注的另一个研究方向,其中更多集中在主、宾语关系从句加工难易程度的探讨。在关系从句加工难易程度问题上,目前有两大解释性理论,即基于经验的理论和基于工作记忆的理论,前者的理论核心是句子加工难度取决于理解者先前的语言经验,而后者认为句子加工难度取决于理解者的工作记忆资源的限制,它涉及理解句子过程中存储和加工两个方面(吴芙芸,2011)。Keenan & Comrie(1977)提出了名词短语可及性层级假说,在该层级上列出的名词性短语成分中,主语最容易关系化,而宾语则相对较难,表明主语关系从句在理解加工上要比宾语关系从句更容易。Keenan & Comrie(1977)的理论可以归属于基于经验的理论(吴芙芸、吕骏,2016)。工作记忆理论以 Gibson(1998)的研究为代表,他所提出的句法预测局域性理论解释了主语关系从句的加工复杂性要低于宾语关系从句,这是由于前者所需的记忆存储资源要少于后者,因此处理起来要更为简单。King & Just(1991)通过实验研究了工作记忆和句法加工个体差异之间的关系,实验结果表明句法加工的个体差异主要取决于语言理解加工过程中工作记忆容量的大小,宾语关系从句的理解需要更多的工作记忆容量,因此宾语关系从句要比主语关系从句加工更难。Traxler et al.(2002)的三项眼动实验也表明了主语关系从句加工的优势,他们使用了工作记忆理论、句法因素和视角转换解释对结果进行了阐释。除此之外,还有其他很多研究都利用工作记忆理论证明了主语关系从句加工优势以及工作记忆容量在语言理解和加工过程中的重要作用(Just & Carpenter, 1992; Miyake et al., 1994; Gordon et al., 2001)。然而 MacDonald & Christiansen(2002)却反驳了上述理论,认为主、宾语关系从句加工优势的差异并不是由于记忆容量的不同,而是取决于生理因素和先前的语言经验。除此之外,Mak et al.(2002)探讨了主、宾语关系从句中心名词的生命性特征对两种关系从句加工难度的影响。

随着神经科学和心理学的发展,关系从句的研究越来越多地采用了来自神经科学和心理学的研究方法和技术,展开了关系从句加工的脑机制研究(聚类6)。很多研究采用了 ERP 技术。King & Kutas(1995)的 ERP 实验研究不仅支持了主语关系从句加工优势,而且也表明不同理解能力的被试加工主、宾语关系从句时也存在着显著差异。此外,在单个词汇层面,宾语关系从句的动词位置显示出了一个左前负波;在多个词汇层面,主语关系从句显示出了一个慢速的额区正波。很多其他研究也采用了 ERP 技术进行实验,验证不同语言的主语关系从句加工优势(Ueno & Garnsey, 2008; Kwon et al., 2013)。除此之外,还有其他神经科学实验技术与方法被运用到关系从句加工研究中,比如 Just et al. (1996)进行了语言复杂性的实验研究,他们运用回波平面功能磁共振成像技术(echo-planar functional magnetic resonance imaging)探测到了语言理解过程中左脑语言区域的明显激活,他们的实验也验证了主语关系从句加工优势。Stromswold et al. (1996)运用正电子发射断层扫描技术(Positron Emission Tomography, PET)对被试进行句子阅读和接受度测试时的局部脑血流量进行了检测,实验发现在做复杂句法的语义合理性判断时,布罗卡区的脑血流量明显增大,他们认为所有的句子加工都发生于左侧外侧联合皮质,关系从句加工发生于布罗卡区的岛盖部(pars opercularis)。

除了以上几大研究子领域以外,关系从句领域学者们还关注非典型发展人群(atypical developmental population)对关系从句的理解研究(聚类5和聚类7),如失语症患者对关系从句的理解。研究发现布罗卡失语症和传导性失语症患者不能进行句法加工,但可以进行语义加工(Caramazza & Zurif, 1976; Zurif et al., 1993),然而韦尼克失语症患者却能比较正常地进行句法加工(Zurif et al., 1993)。语法缺失是失语症患者语言障碍的表现形式之一,一些研究也针对该种类型的失语症患者对不同结构关系从句加工的规律进行了研究(Caplan & Futter, 1986; Hickok et al., 1993)。Wang & Thompson (2016)运用中国版西北动词语句成套测验(Northwestern Assessment of Verbs and Sentences, NAVS)对中国失语症患者进行了测试,结果发现他们在对主语关系从句理解加工上表现出更大的难度,并且更难理解宾语 Wh-问句。此外,还有一些研究对帕金森症患者对关系从句的理解进行了探讨(Hochstadt, 2009; Troche & Altmann, 2012)。对右脑损伤患者的句法能力研究显示,该种类型的患者在对关系从句的理解上表现正常(Balaban et al., 2016)。有关语言障碍患者特别是患有特殊型语言障碍(specific language impairment, SLI)的儿童对关系从句的习得研究也是学者们的研究热点之一。Friedmann & Novogrodsk (2004)的研究表明,SLI 儿童对宾语关系从句的理解有困难,而对主语关系从句的理解表现正常。关于 SLI 儿童对关系从句理解的研究涉及很多方面,如英语为一语的 SLI 儿童关系从句产出的错误类型研究(Frizelle & Fletcher, 2014)、词频对 SLI 儿童理解关系从句的影响研究(Leclercq et al., 2014)、丹麦 SLI 儿童对关系从句的理解和产出研究(De López et al., 2014)、SLI 儿童的关系从句填充语—空位研究(Hestvik et al., 2010)等。

需要特别提到的是句子理解策略相关研究理论(聚类4)。尽管该聚类在图 2.3 中显示为关系从句领域较早期的研究,但是该聚类的研究包含了关系从句理解研究中很多重要的理论和解释,如"并行功能解释"(Sheldon,1974)、"最短距离原则"(Chomsky,1995)、语法功能词在句子认知中的重要作用(Kimball,1973)、花园小径模型及其加工的两阶段理论(Bever,1970;Frazier & Fodor,1978)等。

除了以上重点回顾的几个研究聚类以外,图 2.3 还显示了关系从句研究早期阶段的几个研究方向,如言语治疗研究(聚类 8)、关系从句语法结构研究(聚类 9)和美国英语中的关系从句研究(聚类 10)。从表 2.2 可以看出,这三个研究聚类的节点数量相比其他聚类来说相对较少,即学者的关注度较小。

(三)关系从句领域重要文献分析

1. 关系从句领域高被引文献分析

为了更清晰地看到被引次数最高的前 10 篇文献,本研究将这 10 篇文献的具体信息列于表 2.3,其中包括 9 篇研究论文和 1 部研究著作。被引次数最高的研究为"Linguistic Complexity:Locality of Syntactic Dependencies"(Gibson,1998),该研究提出了句法预测局域性理论,该理论主要包含记忆代价和整合代价两个方面,记忆代价主要与句法规则相关,它可以用为完成一个符合语法的完整语句所需要的句法种类数量来衡量。整合代价则指新输入的词语需要按照某种结构关系进行整合存储与记忆中时所需要付出的代价,而整合代价的多少与句法依存距离的远近有关。记忆代价越大,可用于完成语言整合的可用资源就越少,整合的步骤也越多,所需要的时间也就越长。Gibson 的研究也成了基于工作记忆理论的主、宾语关系从句加工优势研究的基础(吴芙芸,2011)。被引频次排在第二和第三位的文章分别是"Individual Differences in Syntactic Processing:The Role of Working Memory"(King & Just,1991)和"Processing Subject and Object Relative Clauses:Evidence from Eye Movements"(Traxler et al.,2002),如前所述,这两篇文献也是在工作记忆理论的基础上验证了主语关系从句加工优势。除了以上 3 篇被引次数最高的文献之外,在被引频次最高的 10 篇文献中,还有另外 3 篇文献的研究与工作记忆理论有关(Keenan & Comrie,1977;Just & Carpenter,1992;Gordon et al.,2001)。由此可见,在关系从句领域 10 篇影响力最高的研究中,有 6 篇都与工作记忆理论相关。实际上,基于该理论的主、宾语关系从句加工优势研究也是该领域中一直以来的研究焦点之一。

汉英关系从句加工研究

表 2.3　被引频次最高的 10 篇研究文献

被引频次	题　　目	作　　者	年份	期刊/出版社	所属聚类
224	Linguistic Complexity: Locality of Syntactic Dependencies	Gibson, E.	1998	*Cognition*	2
152	Individual Differences in Syntactic Processing: The Role of Working Memory	King, J. & Just, M. A.	1991	*Journal of Memory and Language*	2
143	Processing Subject and Object Relative Clauses: Evidence from Eye Movements	Traxler, M. J. et al.	2002	*Journal of Memory and Language*	2
135	The Lexical Nature of Syntactic Ambiguity Resolution	MacDonald, M. C. et al.	1994	*Psychological Review*	3
116	*The Minimalist Program*	Chomsky, N.	1995	MIT Press, Cambridge	1
107	Noun Phrase Accessibility and Universal Grammar	Keenan, E. L. & Comrie, B.	1977	*Linguistic Inquiry*	2
106	A Capacity Theory of Comprehension: Individual Differences in Working Memory	Just, M. A. & Carpenter, P. A.	1992	*Psychological Review*	2
104	The Independence of Syntactic Processing	Ferreira, F. & Clifton, C.	1986	*Journal of Memory and Language*	3
99	Semantic Influences on Parsing: Use of Thematic Role Information in Syntactic Ambiguity Resolution	Trueswell, J. C. et al.	1994	*Journal of Memory and Language*	3
96	Memory Interference during Language Processing	Gordon, P. C. et al.	2001	*Journal of Experimental Psychology: Learning, Memory, and Cognition*	2

　　有 3 篇高被引文献与关系从句句法歧义消解研究相关，MacDonald et al.（1994）探讨了句法消歧和词汇消歧可以通过相同的加工机制来

解决；Trueswell et al.（1994）的眼动实验研究表明名词的生命性特征对句法歧义消解有着实时的影响；Ferreira & Clifton（1986）的研究表明花园小径模型是句法歧义消解中最有影响的模块化模型（于秒等，2016）。

除此之外，Chomsky 的 *The Minimalist Program*（《最简方案》）也是被引频次最高的 10 篇文献之一，此后的很多关系从句推定代词（Kitao，2011；Rahmany et al.，2014；Hitz & Francis，2016）研究都在 Chomsky 该部著作中的相关理论指导下展开。

2. 关系从句领域强突现文献分析

一篇研究文献的突现值可以体现该研究在某一时间段内的关注度，引文的突现值越高，则代表该研究在其突现时段中的关注度越高，影响力越大（郭涵宁，2017）。图 2.4 显示了关系从句领域突现值最高的 20 篇文献，图中的 Year 表示该研究发表的年份，Strength 表示突现值的大小，Begin 表示突现开始的年份，End 表示突现结束的年份。要说明的是，如果一篇文献的突现结束年份为 2016 年，则表示该研究将在未来持续突现。

图 2.4 显示突现值最高的 3 项研究为“Expectation-based Syntactic Comprehension”（Levy，2008）、“Relativized Relatives：Types of Intervention in the Acquisition of A-bar Dependencies”（Friedmann et al.，2009）和“Lectures on Government and Binding”（Chomsky，1981）。本研究按照突现年份将这 20 篇文献分组，并列出了每组文献中突现值最高的代表性研究（见表 2.4）进行综述。

Chomsky 于 1981 年提出了句法的“支配与约束”理论。该理论对 20 世纪 80 年代至 90 年代的句法研究具有相当大的影响，特别是对转换生成语法的研究，对于关系从句的句法加工研究有着重要的影响。

Rayner et al.（1983）则通过运用眼动实验探讨了语义和语用信息对歧义句句法分析的影响，研究表明歧义句和非歧义句在语义加工上不同，但是并不影响对于句法的解释，同时语义和语用信息对歧义句的句法分析有着根本性的影响。

Gibson et al.（1996）和 Fodor（1998）从句法的角度研究了关系从句。Gibson et al.（1996）对西班牙语和英语的关系从句挂靠的歧义处理进行实验，表明“迟关闭”（Late Closure）原则在人类语法分析中普遍适用，同时他们还提出了另一个新的原则，即“谓词临近”（Predicate Proximity）原则。Fodor（1998）对“迟关闭”原则的普遍性问题提出了质疑，指出英语倾

汉英关系从句加工研究

References	Year	Strength	Begin	End	1961 - 2016
LEVY R, 2008, COGNITION, V106, P1126, DOI	2008	16.5886	2011	2016	
FRIEDMANN N, 2009, LINGUA, V119, P67, DOI	2009	14.2179	2011	2016	
CHOMSKY N, 1981, LECTURES GOVT BINDIN, V, P	1981	14.1762	1985	1997	
FRIEDMANN N, 2004, J CHILD LANG, V31, P661, DOI	2004	12.7286	2010	2016	
BARR DJ, 2013, J MEM LANG, V68, P255, DOI	2013	12.5861	2014	2016	
RAYNER K, 1983, J VERB LEARN VERB BE, V22, P358, DOI	1983	12.27	1989	2004	
BAAYEN RH, 2008, J MEM LANG, V59, P390, DOI	2008	12.0724	2011	2016	
GIBSON E, 1996, COGNITION, V59, P23, DOI	1996	11.8655	1996	2006	
GENNARI SP, 2008, J MEM LANG, V58, P161, DOI	2008	11.5401	2010	2016	
LEWIS RL, 2006, TRENDS COGN SCI, V10, P447, DOI	2006	11.0785	2011	2016	
MECKLINGER A, 1995, MEM COGNITION, V23, P477, DOI	1995	10.3571	1997	2009	
LEWIS RL, 2005, COGNITIVE SCI, V29, P375, DOI	2005	10.1933	2012	2016	
JAEGER TF, 2008, J MEM LANG, V59, P434, DOI	2008	9.8797	2010	2016	
FRAZIER LYN, 1978, THESIS U CONNECTICUT, V, P	1978	9.8536	1989	2002	
GRODNER D, 2005, COGNITIVE SCI, V29, P261, DOI	2005	9.6428	2010	2016	
CHOMSKY NOAM, 1986, BARRIERS, V, P	1986	9.5501	1989	1999	
TRAXLER MJ, 2005, J MEM LANG, V53, P204, DOI	2005	9.5009	2007	2016	
FRAZIER L, 1982, COGNITIVE PSYCHOL, V14, P178, DOI	1982	9.1511	1992	2004	
BRYSBAERT M, 1996, Q J EXP PSYCHOL-A, V49, P664, DOI	1996	8.9006	1997	2007	
FODOR JD, 1998, J PSYCHOLINGUIST RES, V27, P285, DOI	1998	8.707	1999	2007	

图 2.4 关系从句领域突现值最高的前 20 篇被引文献

表 2.4　具有高突现值的代表性研究

研究文献	引文突现		
	突现值	突现年份	结束年份
Chomsky（1981）	14.176 2	1985	1997
Rayner et al.（1983）	12.27	1989	2004
Gibson et al.（1996）	11.865 5	1996	2006
Mecklinger et al.（1995）	10.357 1	1997	2009
Fodor（1998）	8.707	1999	2007
Traxler et al.（2005）	9.500 9	2007	2016
Friedmann & Novogrodsky（2004）	12.728 6	2010	2016
Gennari & MacDonald（2008）	11.540 1	2010	2016
Levy（2008）	16.588 6	2011	2016
Friedmann et al.（2009）	14.217 9	2011	2016
Lewis & Vasishth（2010）	11.078 5	2011	2016

向于"迟关闭"原则,而西班牙语和荷兰语等倾向于"早关闭"原则。但是"早关闭"原则只可以解释一个句法结构,就是修饰复杂名词词组的关系从句,而其他结构均倾向于"迟关闭"原则。Fodor 采用"韵律平衡"（prosodic balance）原则解释这一现象。

　　除以上高突现值文献以外,表 2.3 中列出的剩余 6 篇文献均突现于 2007 年以后,且突现结束年份均为 2016 年,这表明相关研究的热度将在未来持续。Traxler et al.（2005）通过眼动实验验证主语关系从句加工优势;Friedmann & Novogrodsky（2004）的研究表明 SLI 儿童的主语关系从句加工优势;Gennari & MacDonald（2008）的研究认为语义的不确定性是主语关系从句加工优势的主要原因,而 Levy（2008）的研究结果显示与"惊异度"（surprisal-based）理论一致,即某种句法结构越普遍,表明其越为人所熟知,惊异度越低,加工难度也越低（吴芙芸,2011）;Friedmann et al.（2009）通过对希伯来语一语儿童的实验表明,儿童并不是对所有宾语关系从句的理解都要慢于主语关系从句。Lewis & Vasishth（2010）采用了认知行为建模工具"理性思维的自适应控制系统"（Adaptive Control of Thought-Rational，ACT-R）模型来实现他们提出的"基于激活程度的记忆

第二章　汉英关系从句概述

提取"加工模型,研究结果表明,波动性激活和相似性推理是句子加工过程中工作记忆形成的关键因素。以上研究表明,在强突现文献中,有关现象背后原因的探讨,如主、宾语关系从句加工优势的原因和工作记忆形成的因素等,是近年来关系从句领域的研究热点。

3. 2013 年以来的突现文献分析

表 2.5 显示了 2013 年以来关系从句领域的突现文献,共有 6 篇。与表 2.4 中 2007 年后突现的文献相同,其突现行为持续至数据集的最后一年 2016 年,表明这些研究将在未来持续进行。

表 2.5 2013 年以来的强突现文献

研 究 文 献	引 文 突 现			
	突现值	突现年份	结束年份	突 现 长 度
Barr et al. (2013)	12.5861	2014	2016	
Gibson & Wu (2013)	8.2035	2013	2016	
Ueno & Garnsey (2008)	6.5273	2013	2016	
Van Dyke & Mcelree (2006)	5.9853	2013	2016	
O'Grady (2007)	5.9853	2013	2016	
Pickering & Branigan (1998)	5.8318	2014	2016	

2013 年以来,突现值最高的文献为最大化线性混合效应模型(Maximal LMEMs)研究(Barr et al., 2013)。该研究并不与关系从句本身直接相关,然而该研究中所提出的模型被视为心理语言学研究中假设证实检验的"黄金标准"。近年来,一些关系从句研究也采用该模型来对实验数据进行统计分析,如俄语关系从句的句法复杂性研究(Roger et al., 2013)、"it"句型中的宾语关系从句加工研究(Heider et al., 2014)、德语关系从句成分外置(extraposition)和韵律(prosody)研究(Poschmann & Wagner, 2016)等。突现值第二高的文献为汉语关系从句加工研究(Gibson & Wu, 2013),该研究的实验结果表明,在支持性语境下,汉语主语关系从句的阅读要比宾语关系从句慢。他们的研究结果也支持了汉语和英语失语症患者在关系从句加工方面的差异,即英语失语症患者加工主语关系从句更具优势,而汉语失语症患者加工宾语关系从句则更具优势(Su et al., 2007)。Barr et al. (2013)以及 Gibson & Wu(2013)从发表

到开始突现的等待时间是最短的,其中前者的等待时间为1年,而后者则在发表当年就开始受到集中的关注。这表明较之表2.5中的其他文献,这两篇文献更有可能在未来成为高被引文献(陈超美,2015)。

Ueno & Garnsey(2008)的研究为2013年以来突现值排名第三的文献。该研究通过阅读时间和ERP实验发现,宾语关系从句加工要比主语关系从句加工付出更大的代价,这也验证了填充—空位之间的距离会增加关系从句理解难度的观点,同时研究还表明日语关系从句的填充—空位构式与英语一致。

Van Dyke & Mcelree(2006)研究句子加工中的干扰效应,基于线索模型(Cue-based Model)理论发现被试在记忆提取过程中产生了线索过载效应,即不能在众多线索中准确地提取出目标记忆,因此加工难度增加,近年来很多研究已经开始关注干扰效应在句子加工中的重要作用,如一项基于意大利儿童对关系从句的理解和研究(Adani et al., 2010)也支持了线索模型理论,他们的研究与记忆干扰理论一致,认为人们对具有高识别度的语言输入是十分敏感的。

O'Grady(2007)的学术专著综述了儿童句法发展的相关文献,包括理论和实证的研究,涉及儿童英语句法习得发展的多个层面,包括关系从句句法的习得和发展过程。

Pickering & Branigan(1998)通过使用写作完成任务展开了五项实验来验证句法启动效应理论,提出了动词表征句法模型,研究表明动词一致能够加强句法启动效应。近年来也有很多研究(Chen et al., 2013; Bernolet et al., 2016; Yufen, 2016)都采用关系从句相关材料来研究句法启动效应。

从以上分析可以看出,2013年以来,关系从句领域的研究更多地采用了心理语言学和神经科学的研究方法,更加量化,集中体现为基于最大化线性混合效应模型和采用记忆研究方法,以及ERP研究方法的大量运用等。此外,有关汉语的关系从句加工研究在国际上也得到越来越多的关注,干扰效应和句法启动效应也是近年的关注热点,以上所探讨的这些研究热点也将会成为关系从句领域未来的研究趋势。

(四) 讨论

1. 研究现状

本研究运用科学计量学和信息可视化方法,对关系从句领域的已有研究进行综述和定量分析,基于关系从句领域的文献共被引及研究聚类分析和关系从句领域重要文献分析,具体包括高被引文献分析、强突现文献分析和 2013 年以来的突现文献分析。

一方面,基于目前关系从句领域的 11 个研究聚类,我们发现关系从句领域有 7 个主要研究方向:关系从句的歧义研究,关系从句中的推定代词研究,基于工作记忆的主语关系从句加工优势研究、基于工作记忆的宾语关系从句加工优势研究,关系从句加工的脑机制研究,非典型发展人群对关系从句的理解研究,句子理解策略相关研究。此外,言语治疗研究、关系从句语法结构研究和美国英语中的关系从句研究是关系从句研究早期阶段的三个研究方向。

另一方面,基于对关系从句领域重要文献的分析,我们发现关系从句研究主要有三个热点:1)关系从句的句法研究;2)关系从句的语义研究;3)关系从句的加工机制研究。无论是从高被引文献分析和强突现文献分析,还是从 2013 年以来的突现文献分析,我们都可以得出以下结论:第三个热点"关系从句的加工机制研究",也就是主、宾语关系从句的加工优势研究,是目前研究的主要热点。

对于关系从句领域的研究,研究方法上主要可以归纳为以下四个方面:1)语料分析方法;2)心理语言学研究方法;3)计算机建模方法;4)神经科学的研究方法,如眼动追踪、ERP 和 PET 技术。

2. 未来发展趋势

首先,基于上文对关系从句领域研究热点的分析,我们不难看出,主、宾语关系从句的加工优势研究无疑是主要的研究热点。由此可以判断,这一方向的研究会引领未来的关系从句领域发展趋势。

其次,基于 2013 年以来的突现文献分析,Gibson & Wu(2013)发表的文献从发表到开始突现的等待时间最短,在发表当年就开始受到集中的关注,而该文献的研究主题是关系从句加工优势。这篇文献很有可能在未来成为高被引文献(陈超美,2015)。

基于以上两点,我们可以比较有把握地得出结论:关系从句领域未来的研究趋势或研究热点是主、宾语关系从句的加工优势。

(五) 结论

本研究运用文献共被引分析方法、突现检测算法和信息可视化方法,借助 CiteSpace 研究软件考察了 1961—2016 年间关系从句领域的研究现状及发展趋势。结果显示关系从句领域的文献共被引网络中共有 11 个研究聚类,这 11 个研究聚类可以被进一步归纳为 7 个主要研究方向。具体为:关系从句的歧义研究,关系从句中的推定代词研究,基于工作记忆的主、宾语关系从句加工优势研究、基于工作记忆的宾语关系从句加工优势研究,关系从句加工的脑机制研究,非典型发展人群对关系从句的理解研究,句子理解策略相关研究。此外,言语治疗研究、关系从句语法结构研究和美国英语中的关系从句研究是关系从句研究早期阶段的三个研究方向。目前关系从句研究领域的研究具有理论多元、方法多元、语种多元、被试多元的特点,研究核心为主、宾语关系从句加工优势研究,该主题贯穿了所有主要研究方向。

关系从句领域的引文突现检测结果表明,未来关系从句领域的研究在主题上更倾向于探讨关系从句加工优势的来源、加工机制的形成原因、汉语关系从句理解加工、启动效应研究和干扰效应研究等;方法上更倾向于定量化,采用心理语言学、神经科学和统计学等方法,如记忆研究、ERP技术、最大化线性混合效应模型统计方法等。

第三章

汉语(一语)关系从句加工的宾语抽取优势研究

第一节 引言

根据不同语言的性质,关系从句可分为中心词前置语言的关系从句和中心词后置语言的关系从句;根据中心词在从句中的语法功能,关系从句可分为主语抽取式关系从句和宾语抽取式关系从句。

在第二章第二节的"基于传统的文献检索方法的汉英关系从句研究综述"中,我们发现主语关系从句加工优势在中心词前置语言中具有普遍性,例如英语、荷兰语、法语、西班牙语、德语、希伯来语以及匈牙利语。在中心词后置语言中,除了汉语以外,主语关系从句加工优势也具有普遍性,而以汉语为对象的关系从句加工研究尚未达成一致结论,仍然存在分歧。

　　针对中心词前置语言关系从句和中心词后置语言关系从句的加工优势,专家学者们提出了五种解释:距离论、共性论、角色变换论、频率论和语义论。

　　本章内容涉及的研究试图揭示汉语关系从句的加工机制,我们采用事件相关电位的神经科学技术,设计并实施了汉语关系从句加工的实验,对修饰主句主语的主语抽取式主语关系从句(SSR)、修饰主句主语的宾语抽取式主语关系从句(SOR)、修饰主句宾语的主语抽取式宾语关系从句(OSR)和修饰主语宾语的宾语抽取式宾语关系从句(OOR)四种类型的关系从句的加工机制进行了研究。同时,基于关系从句加工的解释理论,对影响实验结果的因素进行分析并得出结论。

第二节　研　究　方　法

一、被试

　　被试是来自大连理工大学的 20 名学生(11 女,9 男),22—27 岁,平均年龄 24 岁($M=24$;$SD=\pm1.3$),母语为汉语,视力正常或者矫正到正常,右利手,自愿参加本实验并同意配合实验全部过程,实验结束后获得适当报酬。

二、工具

(一) E-Prime 心理学实验软件

　　E-Prime 心理学实验软件是一个可视化的程序语言平台,对心理实验时间精度进行优化,可提供详细的时间信息和事件细节(包括呈现时间、反应时间的细节等),刺激呈现与屏幕刷新同步,精度可达毫秒(韩笑等,2009;欧阳虹、张锋,2009;何立国、高秋凤,2011)。E-Prime 可以实现以下功能:实验设计、程序操作、数据收集和前期处理等。

(二) Neuroscan-EEG 数据采集工具

　　Neuroscan 主要包括三个部分:刺激呈现单位、信号放大器、数据采集和分析。

1. 刺激呈现单位

神经扫描提供 STIM 作为灵活的刺激呈现单位。

2. 信号放大器

从头皮表面采集到的生物电信号就功率伏特而言往往较弱,因此需要通过信号放大器放大到相当程度,比如 20 000 倍。

3. 数据采集和分析

数字化信号通过 SCAN 软件系统接收,根据需求以多种格式存储。如有需求,整个原始数据文件都可以存储下来,以便线下分析。分析方法一般包括人工移除或者最小化(minimization)、取平均数、数据比较、用图表呈现结果,等等。

(三) MATLAB 和 EEGLAB——数据加工工具

MATLAB(matrix laboratory)是一个数字计算环境,属于第四代编程语言。EEGLAB 是 GNU GPL(GNU General Public License)数据处理许可下分配的 MATLAB 工具箱,通过 GNU GPL 对来自脑电图的 EEG、脑磁图的 MEG(magnetoencephalography)和其他电生理信号的数据进行处理。与所有基本的处理工具一样,EEGLAB 实现了独立成分分析(Independent Component Analysis, ICA)、时间/频率分析、抗干扰以及多种数据可视化模式。EEGLAB 可以允许用户使用 20 种二进制文件格式导入电生理数据,对数据进行预处理,在单次实验中实现活动视觉化,并运行 ICA。人工 ICA 成分可以从数据中减去。另外,对表征脑部活动的 ICA 成分可以进行进一步处理和分析。EEGLAB 还允许用户把几个被试的数据分组,从而聚合(cluster)独立成分。

三、实验材料和设计

(一) 实验材料

实验材料的选择基于 Li et al.(2010),用"的"作为关键词在"汉语在线语料库"中选择句子。刺激句由实验句和填充句构成,实验句共 144个,分为 36 组。填充句共 120 个。所有 264 个句子都由 19 个汉字构成(见附录 3-1 和附录 3-2),每组实验句包括以下四种不同类型的关系从句:主语抽取式主语关系从句(SSR)、宾语抽取式主语关系从句(SOR)、主语抽取式宾语关系从句(OSR)和宾语抽取式宾语关系从句(OOR),每个句子所包含的词汇相同,但顺序不同。每个刺激句均包含三个明确的描述,分别对应一个角色(警官、经理、大亨等)作为主句和嵌入从句的论元。实验句的描述和动词描述的动作之间没有内在的语义关系。填充句不包括限定性关系从句。

为了确保被试在整个实验中注意力集中,所有刺激句均设有一个相关的真/假静态句供被试进行判断。每组实验句包括 7 个词的静态句,填充句的静态句包括 7—8 个词汇。所有词汇均做好标记以便提取和比较。

(二) 实验程序

144 个实验刺激句和 120 个填充句被随机排序。实验分 4 次完成,每次完成 66 个句子,中间间隔至少一周,大概需要 1 个月的时间完成整个实验。实验材料由 E-Prime 呈现,每个句子间隔为 300 ms,刺激发生异步性(stimulus onset asynchrony,SOA)为 700 ms,句子最后部分的时间间隔是 1 000 ms。句子呈现前出现注视标记提示被试。相关的静态句子出现在每个实验句子之后,中间间隔 5 000 ms。被试根据所读的句子判断句子正误,"正确"按"F"键,"错误"按"J"键,正确和错误答案的比例均为 50%。完成每次实验需要 45 分钟。实验句子的正误判断需要被试理解名词词组和主句谓语动词或嵌入动词之间的语义和句法关系。为了减少伪迹,实验要求被试眼睛尽可能保持不动,在阅读整个句子时眼睛始终集中在电脑屏幕中央,在刺激呈现时尽量减少眨眼次数。脑电信号由 Neuroscan 4.3.1 记录。

(三) 数据采集

1. 佩戴电极帽

实验人员在被试头部的 Cz、FPz 和 Oz 三个位置用头部测量皮尺做标记。之后被试带上电极帽,使 Cz 保持之前标记的位置不动。接下来实验人员根据图 3.1 来对电极帽做出调整。

2. 安装 EEG 放大器,设置实验参数

电极帽通过 Nuamps 放大器与电脑相连接。电脑通过 USB 数据线收集脑电信号。具体步骤如下:打开 Neuroscan 4.3.1 软件,收集并分析脑电图,然后点击左侧的"Acquire"键,打开 Acquire 获取程序;依次点击 Acquire->File->Load Setup 下载组合文件 37ch.ast;依次点击 Acquire->Edit->Overall Parameters 设置采样率为 250 Hz;依次点击 Acquire->Edit->Nuamps Setup 设置参考电极,一般为(A1+A2)/2。

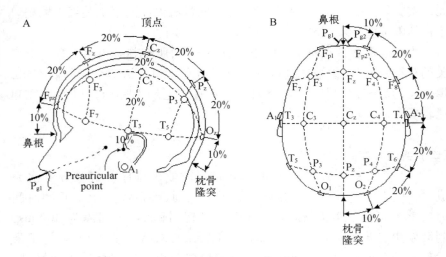

图 3.1　电极帽示意图

表 3.1　10—20 电极系统的脑区和电极对应表

脑区(汉语)	脑区(英语)	电　　极
前额区	Frontal Pole	Fp1、Fp2
额下部	Inferior Frontal	F7、F8
额区	Frontal	F3、Fz、F4
颞区	Temporal	T3、T4
中央区	Central	C3、Cz、C4
后颞区	Posterior Temporal	T5、T6
顶区	Parietal	P3、Pz、P4
枕区	Occipital	O1、O2
耳部	Auricular	A1、A2

（1）注入电极导电膏

首先将电极导电膏注入接地电极（GND）;点击 Acquire 程序工具条中的图标"Z",监控每个电极已连接的电阻抗（electrode impedance）。在本实验中,最高电阻抗的颜色设定为红色,最低电阻抗的颜色设定为黑色。用面部磨砂膏去除角质之后,把参考电极 A1 和 A2 涂满电极导电膏,用胶带贴在被试双耳两侧的乳突上。用上述方法把电极 HEOL（左眼太阳穴位）贴在距离左眼 1 cm 的眼角,HEOR（右眼太阳穴位）贴在距离右眼 1 cm 的眼角,VEOU（左眼上）贴在左眼眉上方 1 cm,VEOL（左眼下）贴在左眼下方 1 cm（注意在这一过程中电线不能挡住被试的视线）。其他的电极分别注入电极导电膏（注意如果有坏的电极,脑电图在相应位置上的数据将不会被采集）。除了 A2 之外,当剩余电极的电极电阻抗低于 5 kΩ 时,表明接触良好,数据采集可以开始。

（2）开始采集数据

实验人员在给被试戴上电极帽之后,点击 Acquire 工具栏上的左侧绿色键开始数据采集,同时监控脑电,如果有严重的线路干扰或缓慢漂移,需要在解决问题之后再开始实验。在脑电图信号稳定后,点击红色键,建立数据文档,开始保存。

（3）正式开始实验

告知被试保持放松后,开始真正实验。

（4）注意实验环境

实验过程中,实验房间灯全部熄灭,所有参与者关闭电子设备,以便帮助被试集中精力观察屏幕。为了确保被试在没有噪声干扰的情况下完成实验任务,其他人不允许进入房间。

（四）数据处理

实验中的每个被试的原始数据导入 EEGLAB 后,通过重新设置参考电极、重新采样、数据选择、坏电极检查、电极坐标定位、滤波、分段、去伪迹和分段等手段进行处理。在叠加平均计算和 SPSS 统计分析后,选取的数据被绘制成波形图和脑地形图。

第三节　实验结果

　　SSR 和 SOR 的比较包括：SSR 的 V1 和 SOR 的 N1,SSR 的 N1 和 SOR 的 V1；SSR 的"的"和 SOR 的"的",SSR 的 N2 和 SOR 的 N2,SSR 的 V2 和 SOR 的 V2,SSR 的 N3 和 SOR 的 N3,SSR 和 SOR 的第 7 个词。具体见例（1）：

（1）

SSR

体谅	球迷	的	球星	劝说了	警卫	并且	得到了	谅解
V1	N1	的	N2	V2	N3	C1		

SOR

球迷	体谅	的	球星	劝说了	警卫	并且	得到了	谅解
N1	V1	的	N2	V2	N3	C1		

OSR 和 OOR 之间的比较包括：OSR 的 V2 和 OOR 的 N2，OSR 的 N2 和 OOR 的 V2；OSR 的"的"和 OOR 的"的"，OSR 的 N3 和 OOR 的 N3，OSR 的第 7 个词（C1）和 OOR 的第 7 个词（C1）。具体见例（2）：

（2）

OSR

警卫	劝说了	体谅	球迷	的	球星	并且	得到了	谅解
N1	V1	V2	N2	的	N3	C1		

OOR

警卫	劝说了	球迷	体谅	的	球星	并且	得到了	谅解
N1	V1	N2	V2	的	N3	C1		

一、SSR 和 SOR 的 ERP 结果

SSR 的 V1 和 SOR 的 N1 均诱发了 N400（380—430 ms）（见图 3.2）和 P600（520—620 ms）（见图 3.3）。N400 出现在前额区、中央区、额颞区以及中央顶区。我们将 N400 的脑电数据进行方差分析（Analysis of Variance，ANOVA），采取双因素重复测量方差分析的方式，两个因素分别为：句子类型（SSR 的 V1 和 SOR 的 N1）和电极位置（F3、F4、Fz、F7、FT7、FC3、FCz、FC4、C3、Cz、C4、CPz、CP4）。此外，P600 出现在前额区、额—中央区、额颞区及左侧颞区。同上，我们将 P600 的脑电数据进行双因素重复测量方差分析，两个因素分别为：句子类型（SSR 的 V1 和 SOR

的 N1）和电极位置（F3、F4、Fz、F7、FT7、FC3、FCz、FC4、FT8、T3、C3、Cz、C4、CPz、CP4）。统计结果表明：SSR 中 V1 诱发的 N400 波幅和 SOR 中 N1 诱发的 N400 波幅没有显著性差异。就 SSR 中 V1 诱发的 N400 波幅而言，句子类型主效应不显著；电极位置主效应显著，$F(12,228)=3.237$，$p<0.001$；句子类型和电极位置的交互作用显著，$F(12,228)=1.649,p=0.028$。具体表现为，SSR 比 SOR 产生了更大的 N400 波幅。SSR 中 V1 诱发的 P600 波幅和 SOR 中 N1 诱发的 P600 波幅在句子类型上的主效应不显著；电极位置的主效应显著，$F(14,266)=6.347,p=0.001$；句子类型和电极位置的交互效应不显著。具体表现为，SSR 比 SOR 诱发更大的 P600 波幅。

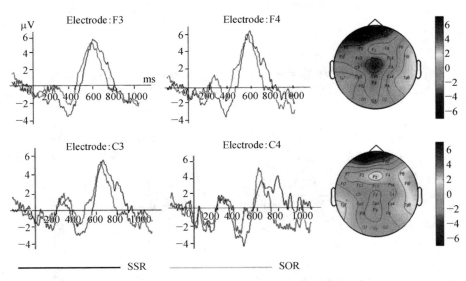

图 3.2　SSR－V1 和 SOR－N1 诱发的 N400 波形图与脑地形图

　　SSR 的 V1 和 SOR 的 N1 在脑地形图上也显示出相同的结果，N400 由深色表示，SSR 比 SOR 占有的区域更大，同时颜色更深（见图 3.2）。同样，在脑地形图中表示 P600 成分的区域呈现出深色，SSR 的区域比 SOR 更大（见图 3.3）。
　　SSR 的 N1 和 SOR 的 V1 均诱发了 N400（350—420 ms）（见图 3.4）和 P600（520—620 ms）（见图 3.5）。N400 出现在中部额区、左侧中央区和后部中央区。两个因素是句子类型效应（SSR 的 N1 和 SOR 的 V1）和

汉英关系从句加工研究

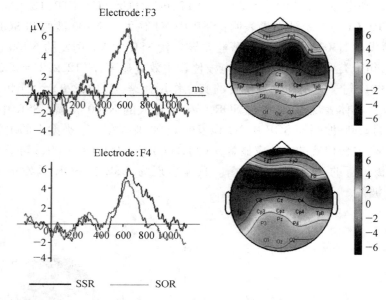

图 3.3 SSR－V1 和 SOR－N1 诱发的 P600 波形图与脑地形图

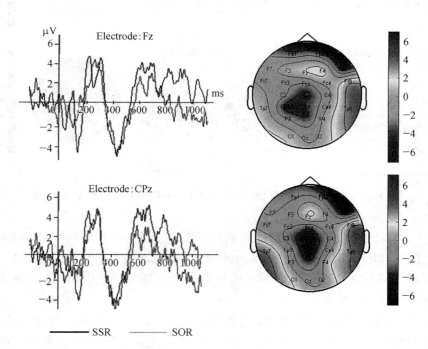

图 3.4 SSR－N1 和 SOR－V1 诱发的 N400 波形图与脑地形图

电极位置(FCz、C3、CPz、Cz、Pz)。P600 出现在前额区、额—中央区、中央区、额—颞区、中央顶区、颞区和右侧颞后区。两个因素分别为句子类型(SSR 的 N1 和 SOR 的 V1)和电极位置(F3、F4、Fz、F7、FC3、FCz、FC4、FT7、C3、C4、Cz、FT8、T3、T4、CPz、CP4、TP8)。双因素重复测量方差分析结果表明,SSR 的 N1 和 SOR 的 V1 诱发的 N400 波幅没有出现显著的句子类型主效应;电极位置主效应显著,$F(4,76)=4.949$,$p=0.001$;句子类型和电极位置的交互效应不显著。具体表现为,SOR 比 SSR 诱发的 N400 波幅更大。SSR 的 N1 和 SOR 的 V1 诱发的 P600 波幅在句子类型主效应上不显著;电极位置主效应显著,$F(16,304)=5.628$,$p=0.001$;句子类型和电极位置的交互作用不显著。

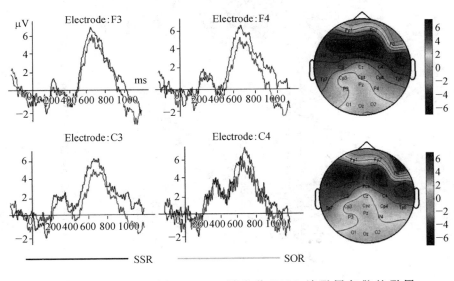

图 3.5   SSR - N1 和 SOR - V1 诱发的 P600 波形图与脑地形图

　　由图 3.4 可知,SOR 的脑地形图比 SSR 诱发了更大的深色区域,这与 N400 的结果相符合。图 3.5 中,深色区域代表 P600,SSR 在脑地形图中显示的深色区域比 SOR 更大。

　　SSR 的"的"和 SOR 的"的"均诱发了潜伏期较长的持续正波,时间窗为 400—700 ms(见图 3.6)。它几乎覆盖了除枕区外的其他所有脑区。两个因素分别为句子类型(SSR 的"的"和 SOR 的"的")和电极位置(F3、Fz、F4、F7、FC3、FCz、FC4、FT7、C3、Cz、C4、T3、CPz、CP4、T4、T5、P3、Pz、P4、T6、TP8)。分析时段为 400—500 ms、500—600 ms 和 600—700 ms。

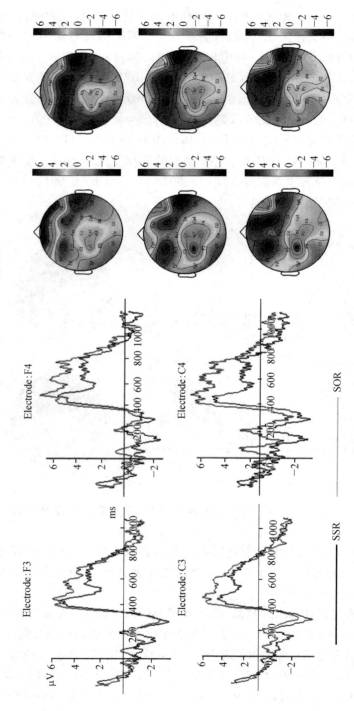

图 3.6 SSR—"的"和 SOR—"的"在 400—500 ms、500—600 ms 和 600—700 ms 时间窗的波形图与脑地形图

400—500 ms 的时间窗内,句子类型主效应不显著,句子类型和电极位置的交互效应不显著,电极位置的主效应显著,$F_{(21,399)} = 3.731$,$p = 0.001$。具体表现为,SOR 比 SSR 诱发了更大的正波。在 500—600 ms 的时间窗内,持续正波的句子类型主效应显著,$F_{(1,19)} = 4.381$,$p = 0.05$;电极位置主显著性效应,$F_{(21,399)} = 4.419$,$p = 0.001$。具体表现为,SOR 比 SSR 诱发了波幅更大的持续正波。句子类型和电极位置的交互效应不显著。在 600—700 ms 的时间窗内,持续正波的句子类型主效应不显著,句子类型和电极位置的交互效应不显著,电极位置的主效应显著,$F_{(21,199)} = 3.385$,$p = 0.001$。具体表现为,SOR 比 SSR 诱发了波幅更大的持续正波。

在上述三个时间窗内(400—500 ms、500—600 ms 和 600—700 ms),SOR 句中关系化标记词“的”诱发的深色区域比 SSR 更大。另外,从句子类型的时间跨度(period span)我们能够推断,在 SSR 句子中,难度值在加工结束时达到高峰;随着加工的进行,难度逐渐下降(见图 3.6)。

SSR 中的 N2 和 SOR 中的 N2 均诱发了 P200 成分(150—350 ms)(见图 3.7)和 P600(550—650 ms)(见图 3.8)。P200 主要出现在前额区、额—中央区、中央区、额—颞区、中央顶区和颞后区。分析因素包括句子类型(SSR 的 N2 和 SOR 的 N2)和电极位置(F3、Fz、F4、F7、FC3、FCz、FC4、FT7、C3、Cz、C4、FT8、CPz、CP4、P3、Pz、P4、TP8)。分析时段为 150—250 ms 和 250—350 ms。P600 成分主要出现在前额区、额—中央区、中央区、额—颞区、中央顶区和颞后区。分析因素为句子类型(SSR 的 N2 和 SOR 的 N2)和电极位置(F3、Fz、F4、F7、FC3、FCz、FC4、FT7、C3、Cz、C4、FT8、T3、CPz、CP4、T4、P3、Pz、P4、TP8)。P200 成分在 150—250 ms 的时间窗内出现句子类型主效应,$F_{(1,19)} = 5.262$,$p = 0.033$;电极位置主效应显著,$F_{(17,323)} = 2.932$,$p = 0.001$;句子类型和电极位置的交互效应显著,$F_{(17,323)} = 2.773$,$p = 0.001$。具体表现为,SOR 比 SSR 诱发的 P200 波幅更大。P200 成分在 250—350 ms 的时间窗内没有出现显著的句子类型主效应,电极位置主效应显著,$F_{(17,323)} = 9.511$,$p = 0.001$;句子类型和电极位置的交互效应显著,$F_{(17,323)} = 4.280$,$p = 0.001$。具体表现为,SOR 比 SSR 诱发的波幅更大。我们对 P600 成分的 ERP 数据进行统计分析,结果表明,句子类型主效应不显著;电极位置主效应显著,$F_{(19,361)} = 7.612$,$p = 0.001$;句子类型和电极位置的交互效应显著,$F_{(19,361)} = 2.139$,$p = 0.002$,具体表现为,SOR 诱发的 P600 波幅比 SSR 更大。在 150—350 ms 时间窗内,SOR 比 SSR 诱发的波幅更大,与统计结果相吻合(见图 3.7)。在 550—650 ms 的时间窗内,SOR 比 SSR 诱发了更大的波幅(见图 3.8)。

汉英关系从句加工研究

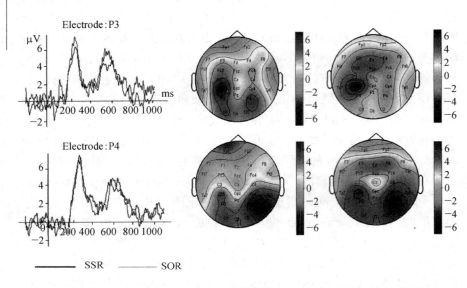

图 3.7　SSR－N2 和 SOR－N2 诱发的 P200 波形图与脑地形图

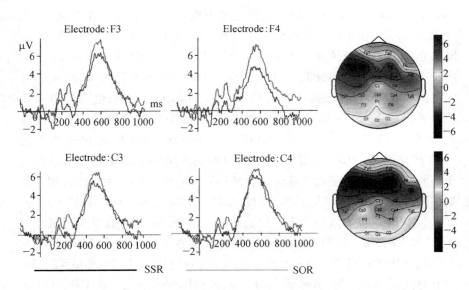

图 3.8　SSR－N2 和 SOR－N2 诱发的 P600 波形图与脑地形图

SSR 的 V2 和 SOR 的 V2 主要诱发了 P600 成分(500—700 ms)(见图3.9),出现在除枕区以外的其他脑区。分析因素分别为句子类型(SSR 的 V2 和 SOR 的 V2)和电极位置(F3、Fz、F4、F7、FC3、FCz、FC4、FT7、C3、Cz、C4、FT8、T3、CPz、CP4、T4、T5、P3、Pz、P4、T6、TP8)。分析时段为500—600 和 600—700 ms。统计结果表明,P600 成分在 500—600 ms时间窗内没有出现句子类型主效应,句子类型和电极位置的交互效应也不显著,电极位置主效应显著,$F(21,399)=11.702,p=0.001$,具体表现为 SOR 诱发了比 SSR 更大的波幅。P600 成分在 600—700 ms 没有出现显著的句子类型主效应,句子类型和电极位置的交互效应也不显著,但是电极位置的主效应显著,$F(21,399)=14.057,p=0.001$。具体表现为,SOR 诱发了比 SSR 更大的波幅,这种差异在 500—600 ms 的时间窗比600—700 ms 的时间窗更明显(见图3.9)。SSR 的 N3 和 SOR 的 N3 均诱发了 P600 成分(550—650 ms)(见图3.10),主要出现在前额区、额—中央区、中央区、额—颞区、颞区、中央顶区和颞后区。分析因素包括句子类型(SSR 的 N3 和 SOR 的 N3)和电极位置(F3、Fz、F4、F7、FC3、FCz、FC4、FT7、C3、Cz、C4、FT8、T3、CPz、CP4、T4、P3、Pz、P4、TP8)。统计结果表明,P600 成分没有出现句子类型主效应和句子类型与电极位置的交互效应,电极位置主效应显著,$F(19,361)=5.929,p=0.001$,表现为 SSR 比 SOR的波幅更大。从 SSR 和 SOR 的脑地形图也可看到 SSR 的正波区域比SOR 更大(见图3.10)。

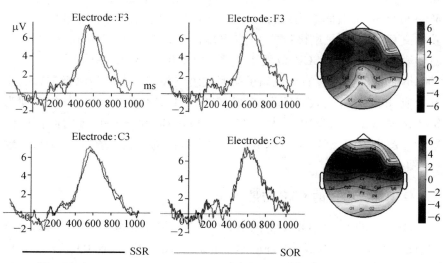

图 3.9　SSR-V2 和 SOR-V2 诱发的 P600 波形图与脑地形图

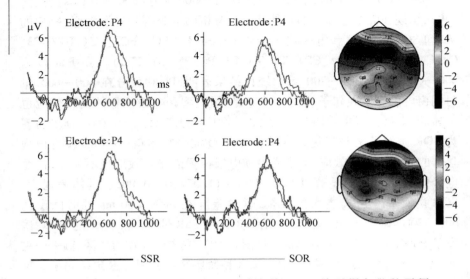

图 3.10　SSR－N3 和 SOR－N3 诱发的 P600 波形图与脑地形图

　　SSR 的 C1 和 SOR 的 C1 主要诱发了 P600 成分(500—700 ms)(见图 3.11),出现在除枕区以外的其他所有脑区。分析因素为句子类型(SSR 的第 7 个词和 SOR 的第 7 个词)和电极位置(F3、Fz、F4、F7、FC3、FCz、FC4、FT7、C3、Cz、C4、FT8、T3、CPz、CP4、T4、T5、P3、Pz、P4、T6、TP8)。分析时段为 500—600 ms 和 600—700 ms。统计结果表明,P600 成分在 500—600 ms 的时间窗内没有出现句子类型主效应和句子类型与电极位置的交互效应,但是电极位置主效应显著,$F(21,399)=3.870,p=0.001$,具体表现为 SSR 比 SOR 诱发了更大的 P600 波幅。P600 成分在 600—700 ms 的时间窗内没有出现句子类型主效应和句子类型与电极位置的交互效应,电极位置主效应显著,$F(21,399)=4.774,p=0.001$,具体表现为 SSR 诱发的波幅比 SOR 更大。500—600 ms 和 600—700 ms 时间窗内的脑地形图也表明,SSR 比 SOR 诱发了更大范围的正波,这与统计结果一致(见图 3.11)。

二、OSR 和 OOR 的 ERP 结果

　　OSR 中的 V1 和 OOR 中的 N2 均诱发了 N400 成分(350—450 ms)(见图 3.12)和 P600 成分(550—650 ms)(见图 3.13)。N400 成分主要出现在前额区、中央区、左侧额—颞区、左侧颞区、中央顶区、右侧中央区和

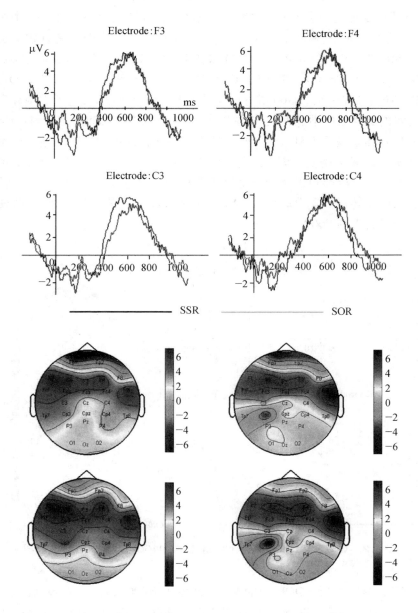

图 3.11 SSR - C1 和 SOR - C1 诱发的 P600 波形图与脑地形图

后中央区。分析因素包括句子类型(OSR 的 V2 和 OOR 的 N2)和电极位置(F3、Fz、F4、F7、FT7、FC3、FCz、FC4、T3、C3、Cz、C4、CPz、CP4、P3、Pz)。P600 成分主要出现在前额区、额—中央区、额—颞区、中央区、颞区、中央顶区、后中央区、左侧后中央区、右侧颞后区和枕区。分析因素有句子类型(OSR 中的 V2 和 OOR 中的 N2)和电极位置(F3、Fz、F4、F7、FC3、FCz、FC4、FT7、C3、Cz、C4、FT8、T3、CPz、CP4、T4、T5、P3、Pz、TP8、O1、Oz、O2)。统计结果表明,N400 成分的句子类型主效应不显著;句子类型和电极位置的交互效应不显著;电极位置主效应显著,$F(15,285)=4.941,p=0.001$,具体表现为 OSR 比 OOR 诱发的 N400 波幅更大。从脑地形图可知,OSR 比 OOR 诱发了更大的负波区域(见图 3.12)。此外,P600 成分的句子类型主效应和句子类型与电极位置的交互效应均不显著,但电极位置主效应显著,$F(22,418)=5.158,p=0.001$,具体表现为 OSR 比 OOR 诱发了波幅更大的 P600。

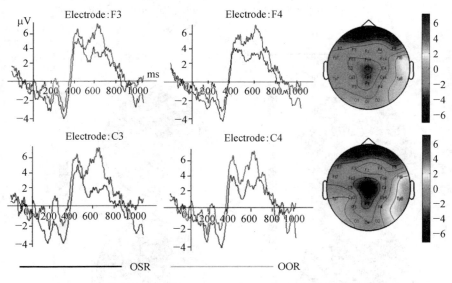

图 3.12 OSR – V2 和 OOR – N2 诱发的 N400 波形图与脑地形图

OSR 中的 N2 和 OOR 中的 V2 均诱发了 N400(350—450 ms)(见图 3.14)、P300(250—350 ms)(见图 3.15)和 P600(500—700 ms)成分(见图 3.16)。N400 成分主要出现在中央区、中央顶区和后中央区。分析因素包括句子类型(OSR 的 N2 和 OOR 的 V2)和电极位置(Cz、CPz、Pz)。

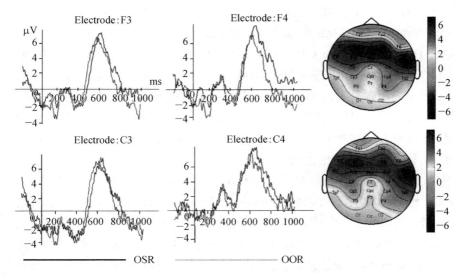

图3.13　OSR－V2 和 OOR－N2 诱发的 P600 波形图与脑地形图

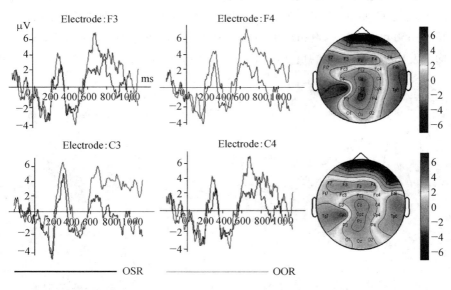

图3.14　OSR－N2 和 OOR－V2 诱发的 N400 波形图与脑地形图

P300 出现在前中央区、额—中央区、右侧额—颞区、中央区、右侧颞区、后侧颞区、中央顶区和右侧后颞区。分析因素为句子类型（OSR 的 N2 和 OOR 的 V2）和电极位置（Fz、FC3、FCz、FC4、FT8、C3、Cz、C4、T4、T5、

CPz、CP4、T6、P3、Pz、P4、TP8)。P600 成分出现在整个脑区。分析因素为句子类型(OSR 的 N2 和 OOR 的 V2)和电极位置(F3、Fz、F4、F7、FC3、FCz、FC4、FT7、C3、Cz、C4、FT8、T3、CPz、CP4、T4、T5、P3、Pz、P4、T6、TP8、O1、Oz、O2)。分析时段为 500—600 ms 和 600—700 ms。统计结果表明，N400 成分没有出现句子类型主效应和句子类型与电极位置的交互效应，但是电极位置主效应显著，$F(2,38) = 2.344, p = 0.001$，具体表现为 OSR 比 OOR 诱发了波幅更大的 N400 成分。此外，对 P300 成分进行统计分析，结果表明句子类型主效应不显著；句子类型与电极位置的交互效应不显著；电极位置的主效应显著，$F(16,304) = 7.423, p = 0.001$，具体表现为 OOR 比 OSR 诱发了波幅更大的 P300。P600 成分在 500—600 ms 的时间窗内没有出现句子类型主效应和句子类型与电极位置的交互效应，但其电极位置主效应显著，$F(23,437) = 6.150, p = 0.001$，具体表现为 OOR 比 OSR 诱发的 P600 波幅更大。此外，P600 成分在 600—700 ms 没有出现句子类型主效应，但其电极位置主效应显著，$F(23,437) = 6.003, p = 0.001$；句子类型和电极位置的交互效应显著，$F(23,437) = 2.744, p = 0.001$，具体表现为 OOR 比 OSR 诱发的 P600 波幅更大。由脑地形图可知，在250—350 ms、350—450 ms 和 500—700 ms 的时间窗内，相比 OOR，OSR均诱发出了更大区域的负波(见图 3.14、图 3.15 和图 3.16)。

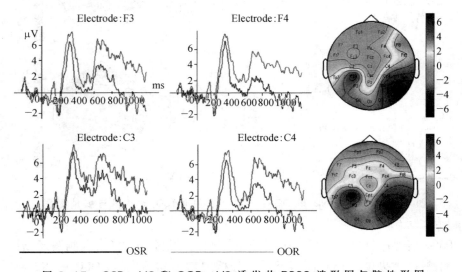

图 3.15　OSR－N2 和 OOR－V2 诱发的 P300 波形图与脑地形图

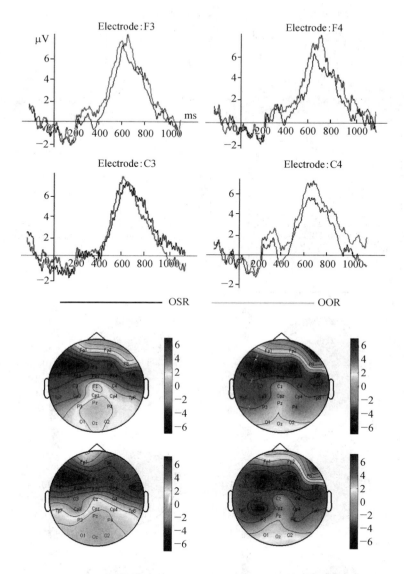

图 3.16　OSR－N2 和 OOR－V2 诱发的 P600 波形图与脑地形图

　　OSR 和 OOR 句中的"的"主要诱发了潜伏期较长的持续正波,时间窗大约为 400—700 ms(见图 3.17),出现在除枕区以外的其他脑区。分析因素包括句子类型(OSR 的"的"和 OOR 的"的")和电极位置(F3、Fz、F4、F7、FC3、FCz、FC4、FT7、FT8、C3、Cz、C4、T3、CPz、CP4、T4、T5、P3、Pz、

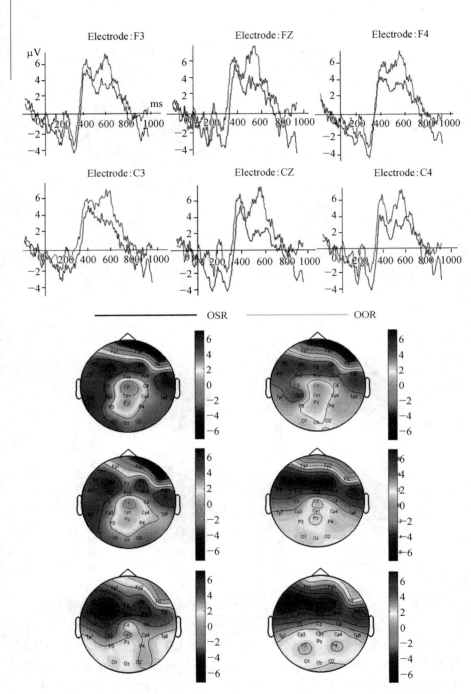

图 3.17　OSR-"的"和 OOR-"的"诱发的慢电位波形图与脑地形图

P4、T6、TP8）。分析时段为 400—500 ms 和 600—700 ms。在 400—500 ms 的时间窗内，没有出现句子类型主效应和句子类型与电极位置的交互效应，但其电极位置主效应显著，$F(21,399)=2.554,p=0.001$，具体表现为 OOR 比 OSR 诱发的正波波幅更大。在 500—600 ms 的时间窗内，该持续正波没有显示出句子类型主效应，但其电极位置主效应显著，$F(21,399)=3.213,p=0.001$；句子类型和电极位置的交互效应显著，$F(21,399)=2.256,p=0.001$，具体表现为 OOR 比 OSR 诱发的正波波幅更大。在 600—700 ms 的时间窗内，没有出现句子类型主效应和句子类型与电极位置的交互效应，但其电极位置主效应显著，$F(21,199)=3.401,p=0.001$，具体表现为 OOR 比 OSR 诱发的正波波幅更大。

在 400—500 ms 的时间窗内，脑地形图结果与 ERP 波形图的结果不一致。在 500—600 ms 和 600—700 ms 的时间窗内，OOR 比 OSR 诱发了更大的正波区域，该结果与统计结果一致（见图 3.17）。

OSR 中的 N3 和 OOR 中的 N3 均诱发了 P300（250—350 ms）（见图 3.18）和 P600 成分（500—700 ms）（见图 3.19）。P300 成分主要出现在前中央区、中央区、右侧颞区、中央顶区和后颞区。分析因素为句子类型（OSR 的 N3 和 OOR 的 N3）和电极位置（F3、Fz、F4、F7、FC3、FCz、FC4、FT7、C3、Cz、C4、FT8、T3、CPz、CP4、T4、T5、P3、Pz、P4、T6、TP8、O1、Oz、O2）。分析时段为 500—600 ms 和 600—700 ms。在 250—350 ms 的时间窗内，P300 成分的句子类型主效应和句子类型与电极位置的交互效应不显著，但其电极位置主效应显著，$F(14,266)=9.934,p=0.001$，具体表现为 OSR 比 OOR 诱发的正波波幅更大。在 500—600 ms 的时间窗内，P600 成分的句子类型主效应和句子类型与电极位置的交互效应均不显著，电极位置主效应显著，$F(24,456)=6.213,p=0.001$，具体表现为 OSR 比 OOR 诱发的正波波幅更大。在 600—700 ms 的时间窗内，P600 成分的句子类型主效应和句子类型与电极位置的交互效应均不显著，但其电极位置主效应显著，$F(24,456)=6.480,p=0.001$，具体表现为 OSR 比 OOR 诱发的正波波幅更大。在 250—350 ms、500—600 ms 和 600—700 ms 的时间窗内，脑地形图显示出 OSR 均比 OOR 诱发出了更大区域的正波。图 3.18 和图 3.19 显示了这一结果。

OSR 的 C1 和 OOR 的 C1 均诱发了 P600 成分（500—700 ms）（见图 3.20），该成分主要出现在额区、前额区、额—颞区、中央区、颞区、中央顶

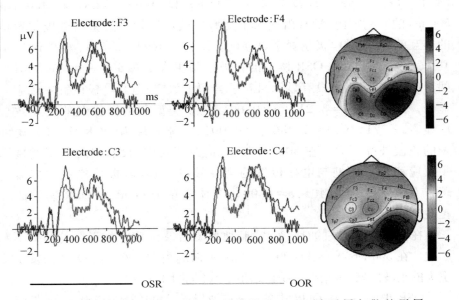

图 3.18　OSR－N3 和 OOR－N3 诱发的 P300 波形图与脑地形图

区和右侧后颞区。分析因素包括句子类型(OSR 的第七个词和 OOR 的第七个词)和电极位置(F3、Fz、F4、F7、FC3、FCz、FC4、FT7、C3、Cz、C4、FT8、T3、CPz、T4、CP4、P3、Pz、P4、TP8)。分析时段为 500—600 ms 和 600—700 ms。在 500—600 ms 的时间窗内，P600 成分的句子类型主效应不显著，电极位置主效应显著，$F(19,361)=6.008$，$p=0.001$；句子类型和电极位置的交互效应显著，$F(19,361)=1.603$，$p=0.036$，具体表现为 OSR 比 OOR 诱发的 P600 波幅更大。在 600—700 ms 的时间窗内，句子类型主效应不显著，电极位置主效应显著，$F(24,456)=6.213$，$p=0.001$，具体表现为 OSR 比 OOR 诱发的 P600 波幅更大。根据 500—700 ms 时间窗内的脑地形图可知，OSR 比 OOR 诱发了更大的正波区域(见图 3.20)。

　　总体而言，相比 OOR，OSR 在句子的第三个词(OSR 的 V2 和 OOR 的 N2)位置诱发了波幅更大的 N400 成分和 P600 成分；在句子的第四个词(OSR 的 N2 和 OOR 的 V2)位置诱发了波幅更大的 N400 成分；在 N3 的位置诱发了波幅更大的 P300 成分和 P600 成分；在 C1 的位置诱发了波幅更大的 P600 成分。

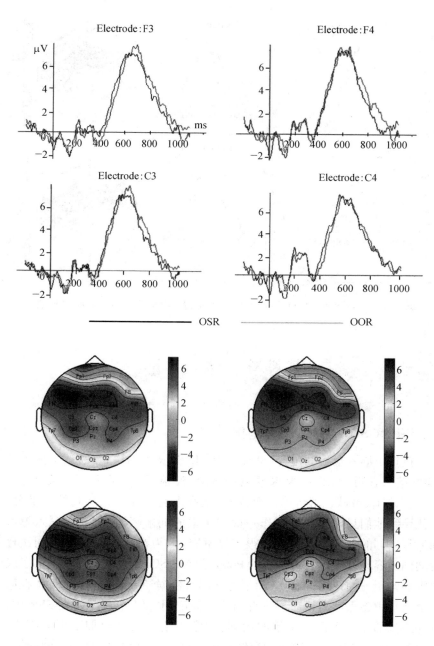

图 3.19　OSR－N3 和 OOR－N3 诱发的 P600 波形图与脑地形图

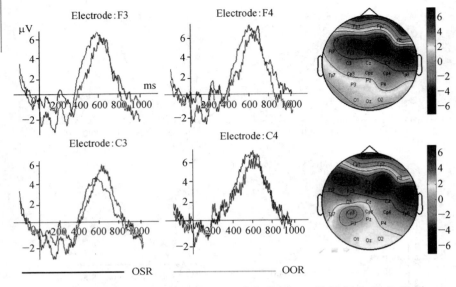

图 3.20　OSR－C1 和 OOR－C1 诱发的 P600 波形图与脑地形图

第四节　讨　　论

一、SSR 和 SOR 的加工及其差异

在句子第一个词的位置(SSR 的 V1 和 SOR 的 N1),反映语义加工的 N400 结果表明:SSR 比 SOR 诱发的 N400 波幅更大。在看到关系化标记词"的"之前,被试在解析第一个词时,没有把它当作关系从句的一部分,这就导致他们只把这些词当作一般句子里的词来阅读,而没有深入思考动词和名词的关系。这一现象很容易解释,因为在汉语里普通名词比普通动词更容易理解。SSR 诱发的 P600 波幅比 SOR 更大,又一次证实了汉语中的句子习惯以名词开始,而不是动词。根据经典语序理论,SOR 在第一个从句中遵循经典语序理论直到关系标记词"的"出现。而在 SSR 中,首先遇到的是一个没有主语的动词(非常规语序),导致加工更加困难。根据 Hsiao & Gibson(2003)的存储资源理论,当对 SSR 的第一个词(动词"体谅")进行加工时,由于该动词没有主语,被试会意识到正在处理一个关系从句。因此,主句除了需要一个动词之外,还需要一个关系从句的关

系化标记词"的"和关系从句中动词作宾语的名词短语。也就是说,这里需要三个语法中心词。在对关系从句中的名词宾语"球迷"加工之后,还需要两个中心词:关系从句的关系化标记词"的"和谓语动词。SOR 在这三个位置上所需预测的中心词要更少一些,尤其是在对 SOR 的第一个词(名词"球迷")进行加工之后,只需预测一个中心词——从句的动词,因为这个句子有可能是句子的主句。在加工第二个词(动词"熟识")后,仍然只预测一个中心词——动词的名词宾语。接下来对两个句子中关系标志词"的"进行加工时,它们各自结构的存储耗损(storage cost)是相同的。

对 SSR－N1 和 SOR－V1 诱发的 N400 成分进行比较,可知 SOR－V1 诱发的波幅比 SSR－N1 更大。就 P600 成分而言,由于汉语的 SVO 结构比 VSO 结构更典型,SSR 的 P600 比 SOR 诱发出更大的正波波幅。根据 Gordon et al.(2001)的相似性干扰解释,NP("球迷")和 SOR 中关系从句动词("熟识")的整合发生得更早,而 SSR 中的整合(关系从句动词"体谅"和 NP"球星")在这个时刻还没发生。

对于关系化标记词"的",表示句子类型显著性效应的持续正波出现在 500—600 ms,SOR 比 SSR 诱发的正波波幅更大。首先,长时间的潜伏期表明下一个词的预期时间更长。其次,在之前的关系从句区域,主语抽取式关系从句中的关系从句动词位置出现代表关系从句的信号,是因为被试在看到句首的动词时就预测到接下来会出现主语。也就是说,加工预期或准备在关系从句标记词"的"出现之前就已经完成,而且从句首开始。当关系化标记词出现时,加工难度相对减弱。但是,在 SOR 中被试没有把前两个词作为关系从句区域来考虑,而是把它们作为主句,直到"的"出现。结果当被试看到关系化标记词的时候,前期的理解开始瓦解,进而将它们重构为一个新的带有关系从句的语法结构。因此,SOR 比 SSR 在"的"的位置诱发了更大的持续正波。

同理,SSR 和 SOR 的第四个词均没有诱发语义相关的 N400 成分。而对于 P600 成分,SOR 比 SSR 更难理解。在 SSR 中,同一名词(SSR 中的 N2)作用相同,既是主句主语也是关系从句主语;而在 SOR 中,同一名词(SOR 中的 N2)既是主句的主语,又是关系从句的宾语。这样,根据 Sheldon(1974)的并行功能解释,SSR 要比 SOR 容易理解得多。同样,根据 MacWhinney & Pleh(1988)的视角转换解释,在 SSR 中,无论是在关系从句还是在主句,被试的视角都停留在"球星"上;而在 SOR 中,被试的视角从"经理"转换到"球星",从而产生更大的加工困难。

在第五个词的加工上,SOR 较之 SSR 更难理解。然而,Gordon et al.

（2001）的相似性干扰解释对这一结果无法做出解释。由于主句动词也在同样的位置，它与 NP 的整合同时发生。此外，SSR 中的两个 NP 比 SOR 中的两个 NP 距离更近。这就使得 SSR 中的干扰比 SOR 更大。这一现象与本研究结论相矛盾。尽管如此，这个现象可以通过并行功能解释的另一个方面来解释：主句动词需要一个主语（NP）来执行这个动作。该主语应从之前记忆加工的两个 NP 中提取一个。尽管两个 NP 之间存在距离，但二者功能不同。SSR 中关系从句的第一个 NP 作为关系从句的宾语，与第二个 NP 功能不同，提取也就相对简单。而 SOR 中关系从句中的 NP 作为关系从句的主语，主句动词需要一个主语，这使得读者产生困扰，不确定哪个 NP 才是主句的主语。这就较合理地解释了 SOR 主句动词的加工理解比 SSR 更困难的原因。

在第六个词上，SSR 比 SOR 更难理解。根据 O'Grady 等提出的"同构映射假说"（O'Grady & Lee, 2001；O'Grady et al., 2003），如果一个句子的句法特征不能通过它的题元结构顺序（thematic structure order）形成同构映射，加工这种句子类型的难度就会增加。因此，在 SOR 中，句子在关系从句区域的顺序形成了符合题元结构顺序的同构映射；而在 SSR 中，关系从句的语序跟题元结构顺序相反。

在 C1 位置，SSR 比 SOR 更难理解，这个词标志着句子主体部分的结束和下一个子句（sub-sentence）的开始，反映了句子整体加工难度。此外，这一结果与在关系从句中的位置结果一致，即在关系化标记词"的"和第六个词之前，第六个词标志句子主体部分的结束，但与从关系标志词"的"到主句动词之前的位置结果相矛盾。

总的来说，就主语关系从句而言，宾语抽取式主语关系从句比主语抽取式主语关系从句更容易理解。关系从句（名词和动词）区域、主句后（主句宾语和主句后的词）的 ERP 成分充分呈现出加工优势。但是关系化标记词"的"的 ERP 成分、主句主语和主句动词的 ERP 成分没有出现以上加工优势。正是因为加工的不同结果和 C1 得出的结果，宾语抽取优势更可信，这也反映了大脑的复杂性，以至于能够处理相反的结果并将其整合。

在所有上面提到的理论中，SOR 的加工优势与线性距离假说、结构距离假说、相似性干扰解释、工作记忆解释、句法预测局域性理论、位置依赖理论和论元跨越假说相一致，但与视角转换解释、角色变换论和并行功能解释相矛盾。

就视角转换解释而言，即便在 SSR 中不存在视角转换，"球星"的视角并不像在字母语言中那样，在句子一开始就能被看到，而是在呈现三个词之后才被看见。实际上,视角转换基于位置变换。因此,就中心词的位置而言,SSR 比 SOR 发生更多的变换。被试读到中心词"球星"的时候,首先要将其变换到句首,来实现关系从句的主语视角。接着再变换回去,来实现主句的主语视角。而在 SOR 中,中心词的位置没有发生变换。但这个假说无法解释汉语关系从句的加工优势。基于同样的原因,对于角色变换论和并行功能解释,相同的名词功能直到中心词的出现和位置变换才得以实现。因此,无论是角色变换论还是并行功能解释,都不能解释汉语关系从句加工优势。

二、OSR 和 OOR 的加工及其差异

就句子的第三个词(OSR 的 V2 和 OOR 的 N2)而言,OSR 比 OOR 诱发了波幅更大的 N400。其原因可能是 OSR 的 V2 的词性与前一个词的词性相同,造成了干扰;而 OOR 的 N2 作为名词则不会造成词性干扰。此外,OSR 的 V2 和 OOR 的 N2 在 P600 成分上的差异表明 OSR 较 OOR 更难理解,其原因可能是被试无法对 SVV 的句法结构进行理解,而对 SVO 的句法结构则可以正常加工。此外,被试在对 OSR 的 V2 进行加工时,已经预测到关系从句将会出现,因此分配了更多的认知资源对其进行加工理解;而被试在读到 OOR 的 N2 时,则把 SVO 结构当作一个没有附带关系从句的简单句来理解,因此消耗的认知资源较少。

在句子第四个词(OSR 的 N2 和 OOR 的 V2)的理解上,OOR 比 OSR 诱发了波幅更大的 P300。P300 的波幅越大,相关事件的可能性越小(Polich & Kok, 1995)。由于 OSR 中的前一个词已经预示了关系从句的出现,接下来出现的词语符合之前的预期,因而诱发的 P300 波幅较小。与之相比,关系从句标记词出现在句中第四个词的位置(即 OOR 的 V2),这使得前面已经构建起来的理解加工瓦解,造成被试对 V2 部分的理解障碍。从 N400 的结果来看,OSR 比 OOR 的认知加工难度更大,这一结果不能只归结于语义,更多是由于前期对关系从句的加工造成的。很显然,关系从句标记造成太多的加工困难,以至于"名词比动词更容易理解"这一常规也被打破了。

P600 的结果显示 OOR 比 OSR 更难理解。根据 Hsiao & Gibson(2003)的存储资源理论,当被试对 OOR 的 V2("熟识")进行理解时,需要借助三个词。首先是主句动词"劝说了"的宾语。因为当 V2 出现时,之前的"可能宾语"不能使得句子通顺。另外两个词分别是关系化标记词"的"和 V2 的主语。而在 OSR 中,当被试看到 V2 时,就已经对主句动词

的宾语有了预期,因此只需要借助关系化标记词"的"和 V2 的主语进行理解。

此外,在关系化标记词"的"的位置出现了持续的正波,具体表现为 OOR 的波幅比 OSR 更大。OSR 和 OOR 都只需要一个名词。然而,这个名词必须出现在 OOR 虚拟句子结构的两个空位中。一个是主句动词之后作主句宾语,另一个是在关系从句动词之后作关系从句的宾语。而在 OSR 中,所需的名词必须出现在主语的虚拟句子结构中的一个空位上,也就是在主句动词之后,作为主句的宾语,同时也是关系从句的主语,从而填补了空位。因此,在从句标记词"的"的位置,OSR 比 OOR 更容易理解。

在 N3 的位置,OSR 比 OOR 诱发了波幅更大的 P300 和 P600 成分。由于 LPC 的原因,二次呈现项诱发了更大的正波,OSR 的中心词的出现可以在某种程度上被看作二次呈现项,因为被试已经预期到它的出现。随着中心词的出现,被试脑中的虚拟句子结构被真实结构所代替。根据 Sheldon(1974)的并行功能解释,在 OOR 中,中心名词既是主句的宾语,同时也是从句的宾语。而在 OSR 中,中心名词充当主句的宾语,又是从句的主语。也就是说,OOR 的中心名词只需担任一个角色,因此比 OSR 更容易理解。在 OSR 和 OOR 中,视角进行了两次变换:从"警卫"变换到"球迷"再到"球星"。但是二者视角之间距离不同,OSR 的距离比 OOR 更长。

在 C1 的位置,OSR 诱发了比 OOR 波幅更大的 P600 成分。C1 的加工难度在一定程度上能够反映出被试对整个句子的加工难度。这个结果与第二个词以及第六个词 N3 的结果相一致,但与第四个词(关系化标记词"的")的结果相反。

总体来说,在宾语关系从句中,宾语抽取式关系从句比主语抽取式关系从句更容易理解。关系从句中的第一个词、中心名词和主句后一个词的 ERP 数据结果已充分显示出这种优势。但是,关系从句中的第二个词和关系化标记词"的"的 ERP 成分与加工优势不符。这一加工结果上的差异和被试对 C1 的加工结果,进一步支持了宾语抽取式关系从句的加工优势。这表明人脑能够处理矛盾的结果并将它们进行整合。

从上述提到的相关理论和结果来看,汉语 OOR 的加工优势与所有的理论和假说一致。这些理论包括线性距离假说、结构距离假说、相似性干扰解释、工作记忆解释、句法预测局域性理论、位置依赖理论、论元跨越假说、视角转换假说、角色变换论和并行功能解释。

第五节 结 论

　　总之,四种类型的关系从句都呈现出相似的加工优势,即宾语关系从句加工优势。具体来说,这种优势存在于整个主句中,不同的优势在不同的位置上体现出来。

　　关系从句加工的 ERP 结果显示,SSR 中的 P600 效应比 SOR 更明显,反映出了经典语序策略优势;而动词比名词显示出更明显的 N400 效应,反映出名词比动词更容易理解。SOR 中的关系从句标记词"的"的 ERP 成分比 SSR 中显示出更强的持续正波效应,表明加工预期或者预期在结构中担任重要的角色,证明了后正复合波效应、语义衍生加工和指称建立。主句宾语和其后的词的 P600 效应在 SSR 中的 ERP 效应比 SOR 更强,表明题元结构顺序对句子构建的影响和整句加工优势(乐伟,2012)。

　　第三个词的 N400 成分在 OSR 中比 OOR 更强,反映出意义干扰的影响。OSR 的 P600 效应比 OOR 的更强,反映出经典语序策略优势。第四个词的 N400 成分在 OSR 中的效应比 OOR 更强,表明实时语义加工难度可以被之前的语义加工难度覆盖;OOR 的 P300 效应比 OSR 更强,表明不存在词汇优势效应;OOR 的 P600 效应比 OSR 更强,表明存储对于句子加工的影响。OOR 中的关系化标记词"的"比 OSR 显示出更强的持续性正波,反映出推测取代了记忆。OSR 中的关系从句中心词和其后的词比 OOR 中显示出更强的 P600 效应,表明存在 LPC 效应、并行功能优势效应、视角转换和整句加工优势。

　　上述实验结果支持了如线性距离假说、结构距离假说、相似性干扰解释、工作记忆解释、句法预测局域性理论、位置依赖理论、论元跨越假说等理论。其他的一些理论也能很好地解释宾语关系从句在具体位置上的加工优势。

第四章

英语(二语)关系从句加工的主语抽取优势研究

第一节 引　言

　　本研究主要探讨具有汉语句法背景的双语者如何加工英语(二语)关系从句,以及关系从句加工的主语抽取优势是否适用于双语者,旨在检测实时语言加工,特别是那些会受学习者一语影响的语言加工。本研究将进一步验证距离论中的结构距离假说。与之前的行为实验,如词汇判断(Ford, 1983)相比,自定步速阅读(King & Just, 1991;Gibson et al., 2005)、眼动追踪(Traxler et al., 2002)和事件相关电位能够提供更高的时间分辨率以捕捉实时的语言加工过程,并且直观呈现大脑的动态活动变化。本研究将借助ERP手段采集双语者对英语关系从句加工的数据。

一、双语者的定义

在语言学领域,第一语言习得者被归入"母语者"的范畴。双语者指的是除母语之外,习得第二种语言的语言使用者。双语者可分为两种类型:1)同时习得两种语言;2)未经正规教育习得一语,通过学习掌握二语。本研究的被试均为在校学习英语(二语)的双语者,即第二类双语者。根据语言学家的普遍观点,母语者在某些方面具备的一定技能水平是第二语言学习者难以企及的。基于此,我们认为双语者在英语句子解析方面表现期望值的高低,会受到其弱势语言能力的影响。为了尽量减少双语者习得能力对实验结果所造成的影响,本研究被试都是流利的汉英双语者。

二、二语句子加工的研究基础

关于双语者加工二语句子,研究者所关注的焦点在于第二语言知识是否能减轻个体母语属性的影响,乃至消除母语的干扰。语言学家从词汇和句子层面研究两种语言的双向(bi-directional)影响。例如,Jared & Kroll(2001)称双语者在阅读同源词时,利用词汇识别法更容易掌握。这表明双语者的两种语言产生了互动。Van et al.(2010)推断:两种语言的非选择性地激活是这些发现的主要原因。事实上,一语和二语的词汇表征都激活了所有已知语言的拼写、语音和语义信息。从这一点来看,权衡两种语言的影响不可避免。句子层面的双语研究为一语和二语的影响提供了另一种解释,在二语阅读中,一语的影响似乎是以选择语言的方式运作的(Schwartz & Kroll,2006)。事实上,双语者可能"关闭"母语以进行二语阅读。与二语句子加工相关的理论包括 SO 层级结构假说(SO Hierarchy Hypothesis)(Hamilton,1994)和蕴含概括假说(Implicational Generalization Hypothesis)(Eckman et al.,1988)。分析 N400、P600 等多个 ERP 成分和句子加工模型是句子解析的重要手段。接下来我们对上述理论和手段进行概述。

(一)SO 层级结构假说

SO 层级结构假说包含两个隐性原则:主句感知难度(S)和关系从句名词短语(O)层级结构加工难度。根据这两个原则,句子的加工机制遵循以下线索:内嵌从句在主句中造成中断,关系从句中的关系化名词短语导致主语关系从句发生一次中断,宾语关系从句发生两次中断。总之,主语关系从句中断的次数(2次)要少于宾语关系从句(3次),这为二语句子加工中的主语抽取优势提供了理论解释。

(二) 蕴含概括假说

蕴含概括假说称二语习得的特点是单向习得和最大习得。单向习得指的是句子习得难度大,可能造成习得水平低,难以实现逆向加工。最大习得指的是高水平习得可以完全覆盖低水平习得。根据这些特性,如果二语的语言标记水平比一语更高,那么二语习得需要更多成本。而如果二语语言标记水平较低,则可以降低二语的习得难度。在英汉双语背景下,汉语(二语)的标记水平较低,所以降低了在解析者认知表现中获取二语属性的难度。

现有的二语学习者英语关系从句习得研究,通过对英语关系从句的解析证实了主语抽取优势(Doughty,1991)。其他目的语的关系从句研究,如日语(Kanno,2007;Shirai & Ozeki,2007)、韩语(O'Grady et al.,2003;Carreiras et al.,2010)和汉语(戴运财等,2010),提供了研究主宾不对称的证据。例如O'Grady et al.(2003)采用图片选择任务,调查韩国英语学习者对主语关系从句和直接宾语关系从句的理解。结果发现,主语关系从句比宾语关系从句更易于加工。根据结构距离论,在二语学习者语言表达中,主语关系从句比宾语关系从句的结构更为突出,其加工机制对这些表达所定义的结构距离很敏感。Shirai & Ozeki(2007)指出,印欧语系语言,包括英语、德语和法语等的一语习得难度受一语属性[遵循名词短语可及性等级(Noun Phrase Accessibility Hierachy,NPAH)]的影响较小。而亚洲语言的二语习得难度明显受到一语的影响。总之,关系从句加工中一个未被论及的研究方向是:当具有不同句法背景(一语为汉语)的双语者在加工二语(英语)关系从句时,与英语母语者相比,其加工机制是否存在差异?此外,支配英语母语者关系从句加工的制约原则,是否也对汉英双语者起作用?

(三) ERP 成分和句子加工模型

当前,事件相关电位已成为有效探究句子加工机制的认知神经科学手段(Kutas & Federmeier,2000)。N400 和 P600 等 ERP 成分已成为衡量语义和句法加工难度的重要指标。相比讨论 ERP 单一成分,讨论多个 ERP 成分和句子加工连接模型可以帮助从认知神经科学的角度,对句子解析的整个过程做出更为全面的阐述。这些模型通常关注如何区分和界定句法和语义过程。Ullman(2001)将其与工作记忆联系起来,认为句法加工过程以(E)LAN 为指数,可以与程序性记忆相联系,而语义加工过程以 N400 为指数,可以与陈述性记忆相联系。自定步速阅读任务更经常使用 LAN。Friederici(2002)提出以下三级加工模型:1) 成分结构(与 ELAN 有关);2) 词素句法(与 LAN 相关)和语义(与 N400 相关)加工;3) 重新分析和修复(与 P600 相关)。本章将继续探讨实验结果与模型之间的关系,从而确定某些核心 ERP 成分。

第二节　研究方法

本实验通过 ERP 手段,考查了流利汉英双语者的英语关系从句加工机制。本研究旨在解决的主要问题是:1) 是否存在与关系从句含义解释有关的 ERP 成分,包括内嵌关系从句(关系从句部分)和所修饰的中心词短语(中心词部分)? 例如英语关系从句加工中的 N400(语义加工)、P600(句法加工)和 LAN(指称绑定)(Kluender & Kutas,1993);2) ERP 结果是否会得出与先前实验相似的结论,即对于流利汉英双语者来说,英语主语关系从句比宾语关系从句更容易加工? 3) 与英语母语者相比,英语水平较高的双语者是否会呈现出不同的阅读解析模式? 是否会有与英语关系从句加工中固有的主宾不对称性相左的证据? 英语关系从句将题元角色信息编码到与指称 NP(名词短语)相邻的词素中,由其动词一致性原则提供动词的时态信息。相比之下,汉语缺少这些可用于说明实时题元角色、检索动词时态和短语分组的属性。因此,这为研究双语者对关系从句的解析提供了更强有力的高反差案例。

一、被试

21 名来自大连理工大学的研究生(14 女,7 男,22—32 岁,平均年龄 24 岁)参与了本次实验。被试均为以汉语为母语、英语为二语的熟练汉英双语者(18 名英语专业学生通过英语专业八级考试,平均分为 63 分;3 名非英语专业学生通过大学英语六级考试,平均分为 582 分)。所有被试均为右利手,视力或矫正视力正常,自愿参加本实验并同意配合实验全部过程,实验结束后获得适当报酬。

二、实验材料

实验材料参考 Wang et al. (2011)的研究,包括 36 组刺激句。每个句子采用以下两种句子类型:主语抽取式主语关系从句(SSR)和宾语抽取式主语关系从句(SOR),如例(1a)和(1b)所示。该实验共有 72 个实验刺激句(见附录 4-1)和 108 个不同长度和句法结构的填充句(见附录 4-2),共计 180 个句子。

(1) a. The | banker | that | irritated | the lawyer | met | the | priest | and | talked | a | lot.

b. The | banker | that | the lawyer | irritated | met | the | priest | and | talked | a | lot.

三、实验程序

(一)预实验

将 72 个刺激句(见附录 4-1)随机呈现给 10 名英语专业研究生(母语为汉语普通话,通过英语专业八级考试,不参加以下 ERP 实验),要求他们对所呈现的英语单词的可接受度进行评定。被试在生词或不清楚的单词下画线,然后汇总在打印纸上(共 11 个生词,附汉语解释,见附录 4-3)。这一步骤作为被试开始 ERP 实验前的准备工作。接着进行两个行为预实验:1)确定 ERP 实验中每个英语单词出现的时间长短,以便正式实验时英语水平相当的被试有足够时间加工刺激句;2)检验 ERP 实验所使用刺激的可行性。

行为预实验 1:此次实验参照 Yip & Matthews(2007)的自定步速阅读测试,共 30 名被试自愿参加实验并同意配合实验全部过程。被试均为英语专业学生,平均年龄 22 岁,母语为汉语,使用简体字,第二语言为英语。被试在实验结束后得到适当报酬。刺激材料同上。我们利用 Linger 软件,对每个单词在被试面前出现的时长进行记录,用 SPSS 软件计算每个单词出现的平均时长(尤其注意从"the"到关系从句句末的时长)。其结果是,每个单词停留的平均时长不超过 900 ms。因此,在设计 ERP 实验时,每个句子的呈现时间设计为 1 000 ms 以内(包括 300 ms 单词呈现和 700 ms 空屏)。这个时间间隔长于 King & Kutas(1995)实验中的 200 ms(实验被试是英语母语者),该实验的启动刺激和目标刺激呈现的时间间隔为 500 ms。

行为预实验 2：在个人平板电脑上使用 E-Prime 1.0.0.4 软件，不连接脑电图记录装置。请 8 名流利的汉英双语者（英语专业研究生，均通过英语专业八级考试）仿照被试在真实 ERP 实验中的操作（详情见以下 ERP 程序）。被试对句子的理解准确率分别为 72.52%（SSR）和 69.24%（SOR），由此判定实验刺激材料具有较高的可行性，可以用于后续的 ERP 实验。

（二）ERP 实验

实验在安静的实验室内进行。所有参与者关闭电子设备。在整个实验过程中，被试坐在椅子上，前额和电脑屏幕相距约 95 厘米。实验中被试根据自己正常的阅读速度默读实验句，然后根据刺激句的内容，在键盘上按下"F"或"J"，对句子做出"是"（F）或"否"（J）的回答。回答针对刺激句内容的问题，是为了确保被试能专心地阅读刺激句。在电脑屏幕中央向被试呈现所有 72 个刺激句（见附录 4-1）和 108 个填充句（见附录 4-2），每次呈现一个单词，然后记录其脑电信号（EEG）。实验使用 E-Prime 1.0.0.4 软件，以 24 号 Times New Roman 英语字体呈现刺激句。实验以屏幕中央显示 64 号固定点开始（持续 500 ms），接着在 1 000 ms 的时间窗内，连续呈现句子的每个单词。每部分包括 300 ms 单词呈现和 700 ms 空屏。句子最后一个单词消失后，出现 1 000 ms 空屏，接着投射整个问句。问句在被试做出"是"或"否"的回答后消失。接着是 500 ms 的空屏，标志下一个刺激句的出现。为了消除刺激句中两种类型 SSR 和 SOR 的句法类比效应［如上述例（1a）和（1b）］，要求被试参加两次实验。两次实验至少间隔一周。被试在两次实验中分别阅读 72 个实验句当中的 36 句（18 句 SSR 和 18 句 SOR）及 108 个填充句。我们根据填充句和刺激句的类型，对句子进行伪随机排列，以免被试连续看到两个以上填充句或实验句。整个实验持续约 2 小时。

（三）脑电记录

被试戴上脑电帽，脑电帽上的 32 个电极连续记录脑电数据。利用 P/N00071810 放大器和 Neuroscan 4.3.1 记录脑电信号。采样率为 1 000 Hz，即每毫秒产生一个电压信号。我们首先尝试用垂直眼电（vertical electrooculogram，VEOG）和水平眼电（horizontal electrooculogram，HEOG）的四个电极，分别跟踪垂直和水平眼动。最后，在数据处理过程中,用 EEGLAB 中的独立成分分析(ICA)去除眼电伪迹。接地电极为零电压电位。两侧乳突放置参考频道 A1 和 A2。电极阻抗保持低于 5 kΩ。实验期间,电极 Fz、FCz、Cz、TP7 和 CP3 在某些轨迹上表现不一致。因此,在处理数据时,去除几段被污染的轨迹或整个电极,将不一致的影响降到最低。

(四) 数据分析

数据分析包括行为数据分析和 ERP 数据分析。行为数据统计基于 21 名被试对刺激句和填充句阅读理解做出判断的反应时和正确率。实验人员在商业软件 MATLAB 7.7.0 R2008b 版中运行 10.2.2.4b 版开源互动 MATLAB 工具软件 EEGLAB,分析 ERP 数据。在用独立成分分析去除伪迹之前,首先用 A1 和 A2 频道重新引用每位被试的连续原始脑电图数据。采样率也从 1 000 Hz 减少到 250 Hz。用带通滤波器将数据过滤到 0.1—40 Hz 之间。刺激句中的每个单词在 E-Prime 中都带有标记。连续数据从每个标签开始前 200 ms 开始计时,在该标签之后 1 000 ms 停止。每个 1 200 ms 时点轨迹包含 300 ms 文本显示和 700 ms 空屏。每个时点的基线(baseline)值用每个时点标签开始前的 200 ms 延迟窗口清除。然后目测数据,排除伪迹较多的时间窗。

实验人员在对原始数据进行上述预分析后,运用独立成分分析分解时点数据。检查和去除包括眨眼、眼动、颞肌活动和明显 α 带突发传送(10 Hz)在内的伪迹成分。然后用成分阈值和频道阈值筛查,去除包含异常值的时点轨迹。成分阈值筛查的上下限设置为±20 μV 或±25 μV。频道阈值筛查的典型限值为−50 μV 和 50 μV,±75 μV 用于噪声更大的数据。选择这些阈值,可排除约 10%—15% 的轨迹。在一些情况下,也可排除用 50 μV/时点检测的包含异常趋势的轨迹。最后,从去除伪迹后的数据集中挑选感兴趣事件。用剩下的轨迹,以及 SSR 和 SOR 句子每个感兴趣事件各脑电图频道所有"干净的"数据集,分别计算平均电压值。

参与实验的被试共 21 名。每名被试进行两次实验,生成 42 个数据文件。每名被试阅读 144 个句子(其中包括 18 个 SSR 类型刺激句和 18 个 SOR 类型刺激句)和 108 个填充句,回答 144 道阅读理解题。排除两个被破坏的数据文件,最终分析 40 个数据。

第三节　实验结果

一、行为数据结果

从 40 个数据的结果来看,阅读理解题的整体正确率(包括填充句和刺激句)为 87%($SD=0.05$),在 65.28%—95.14%之间波动。所有被试的平均理解水平要低于预期,这可能是因为英语是被试的第二语言。虽然在招募被试时要求精通英语,但句子的快速呈现(300 ms/词)可能会增加被试理解整个句子的难度。不过,正确率最低的数据被排除,没有参与数据分析。

SOR 句子的平均回答正确率(77.36%)明显低于 SSR(82.06%),F(1,38)=4.13,$p<0.05$。

刺激句理解题的平均反应时为 2 954 ms($SD=27$ ms),我们发现SSR 句子(2 925 ms)与 SOR 句子(2 981 ms)在反应时上没有显著性差异。

二、ERP 数据结果

本研究对 SOR 和 SOR 句中每个部分诱发的 ERP 成分进行了分析。头皮电极位置示意图见图 4.1。根据电极在头皮上的实际位置,我们分别绘制图 4.2、图 4.3 和图 4.4。图 4.2 显示第一个单词,即 SSR 中的动词和 SOR 中的主语名词在所有 32 个电极上的对比。这一对比在关系从句中的标记位置表示为"A 位置"。在多数电极处 SOR 比 SSR 显示出更大的负波。图 4.3 显示 SSR 宾语名词与 SOR 动词的类似对比,这里的标记位置称为"B 位置"。图 4.4 对比 SSR 主句和 SOR 动词的差异,这一对比的标记位置称为"C 位置"。下面将介绍关于显著性的详细统计分析结果。

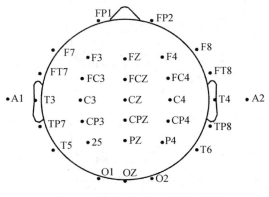

图 4.1　头皮电极位置示意图

汉英关系从句加工研究

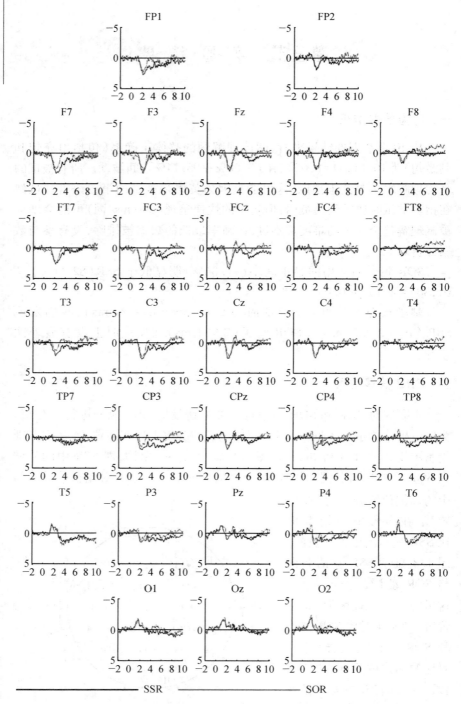

图 4.2　SSR 动词和 SOR 主语名词（A 位置）的平均 ERP 波形图

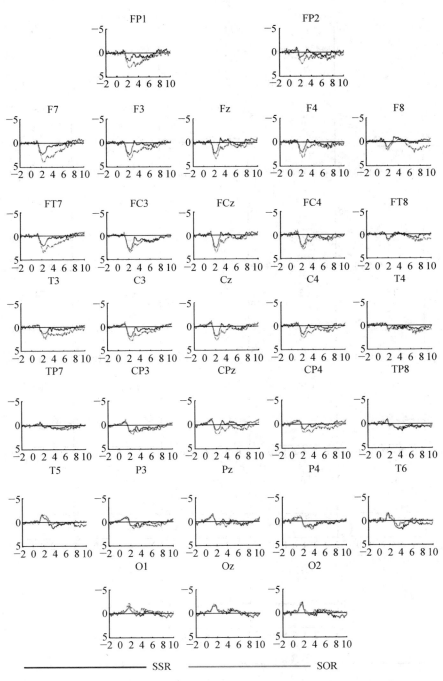

SSR —————————————— SOR ——————————————

图 4.3　SSR 宾语名词和 SOR 动词（B 位置）的平均 ERP 波形图

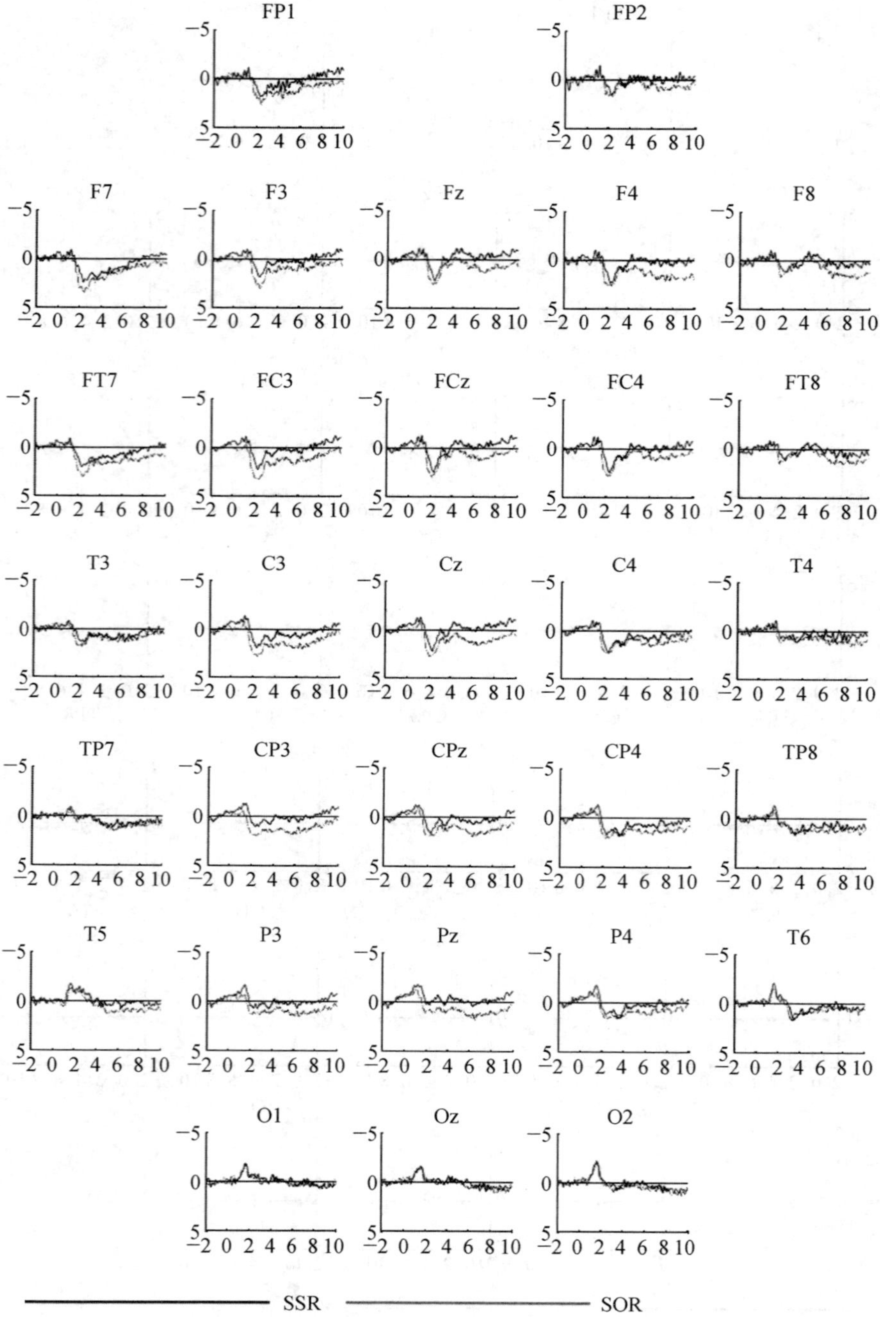

汉英关系从句加工研究

图 4.4　SSR 主句和 SOR 动词（C 位置）的平均 ERP 波形图

（一）LAN 效应

图 4.5 表示的是 SSR 和 SOR 句子每个单词（按顺序）诱发的平均 ERP 波形图，包括电极 F3、FC3 和 C3 在内的左前区。A 位置表示 SSR 和 SOR 句法结构出现分叉的前关系从句（关系从句）位置。B 位置表示主句动词前，关系从句的最后一个单词，即后关系从句。C 位置表示两种类型句子的主句动词。我们也分析了关系从句前的单词，以表明处理信息发生变化。黑色实线代表 SSR 句子类型的 ERP，灰色实线代表 SOR 句子类型的 ERP。如图 4.5 所示，一般情况下，在所有三个电极中，两条线在关系从句以前并未出现分叉，这表明信息处理是在进入关系从句部分（A 位置）才开始出现分叉。所有其他电极也观察到这一特性，结果不再赘述。

SSR：	定冠词	名词 1	that	从句动词	名词 2	主句动词
SOR：	定冠词	名词 1	that	名词 2	从句动词	主句动词
Location：				A	B	C

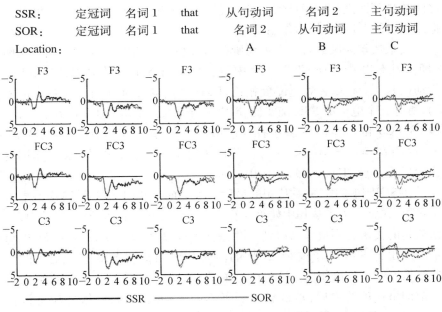

图 4.5　SSR 和 SOR 的左前区平均 ERP 波形图

在代表前关系从句部分的 A 位置，SOR 在 300—600 ms 时间窗比 SSR 出现更大的负波。由于句法结构从这个位置起开始变化，我们可以预测句子类型或其互动产生了显著影响。然后对每个标记词后的 300—600 ms 延迟窗口进行方差分析统计测试。两个组内因素分别为双层"关系从句型"和三层"左前点"。$\alpha = 0.05$ 适用于此处和本研究的所有统计测试。$p = 0.05$ 作为显著性的临界阈值。方差分析测试证实关系从句类型与测量点的互动非常显著，$F(2,150)=11$，$p<0.01$。然后，我们进行事后比较，证实 SOR 呈现更大的负波，F3：$t(75)=12$，$p<0.01$；FC3：$t(75)=18$，$p<0.01$，C3：$t(75)=13$，$p<0.01$）。因此，我们观察到关系从句句首的不同词类，造成了 LAN 效应。比起 SSR 从句动词，封闭类词"the"或 SOR 从句名词具有更明显的 LAN 效应。

在 SOR 句子中，关系从句中的定冠词"the"或名词必须保留在工作记忆内，直到相应的动词发生。而在 SSR 句子中，关系从句中的动词已经指派给主句的第一个名词，该名词作为关系从句的主语。因此，SOR 可能比 SSR 需要更多工作记忆容量，从而导致更大的 ERP 负波。A 位置出现 LAN，表明 SOR 句子加工比较复杂，工作记忆容量需求更高。LAN 效应与不同句法结构的原始加工负担有关。本研究所发现的句子类型与电极之间的显著性交互作用证实了这一点。King & Kutas（1995）也得出了类似结果，证实其具有提示作用。

关系从句区域最后一个单词所在的 B 位置与前面的 A 位置词类颠倒（即 A 在 SSR 中为动词，在 SOR 中为名词；B 在 SSR 中为名词，在 SOR 中为动词）。与前关系从句位置相比，ERP 模式也有所颠倒。方差分析表明，所有三个电极的 SSR 确实比 SOR 负波更大。配对样本 t 检验显示，电极 F3、FC3 和 C3 的 t75 值分别为 $t(75)=-20(p<0.01)$，$t(75)=-8(p<0.01)$ 和 $t(75)=-23(p<0.01)$。关系从句类型与电极之间的交互作用也比较显著，$F(2,150)=14$，$p<0.01$。

在 SOR 句子中，关系从句的最后一个单词是动词，应当同时连接主语和宾语，在整个关系从句中始终保存在工作记忆内。而在 SSR 句子中，关系从句的宾语名词很容易识别，并与其动词联系起来。据此推测，SOR 句子的加工比 SSR 句子要难，SOR 的前区 ERP 可能比 SSR 呈现更大的负波。然而结果恰恰相反。这可能是关系从句较短的缘故。在关系从句第一个词呈现负波之后，被试意识到了不同的句法结构，而格外注意该从句。在遇到第一个异常词之前，负波很快得到恢复。

此外，我们也对主句动词部分的 C 位置进行类似分析，观察到 SSR 诱发的 ERP 负波普遍比 SOR 大，这与方差分析结果一致。此外，句型与测量位置的交互作用显著，$F(2,150)=16$，$p<0.01$。F3、FC3 和 C3 电极的事后分析结果表明，SSR 与 SOR 的电压明显不同，它们的 t 值分别为：$t(75)=33(p<0.01)$，$t(75)=43(p<0.01)$ 和 $t(75)=32(p<0.01)$。

在主句动词部分，我们预测将出现显著的句子类型主效应，因为这是填充语—空位依赖关系的结束点。同样，原则上，不同关系从句类型造成的最大行为差异,应当出现在发生的主句动词关系从句句末。此时,由于空位得到填补,词素句法加工被重新整合所代替,句法结构的构建得以完成,这可以解释该位置 LAN 波幅保持不变的原因。我们也在左、右半球分别对 A 位置进行进一步测试。在图 4.6 中,SOR 与 SSR 之间的电位差在左半球前区和中区更加明显。我们对 SSR 和 SOR 分别进行三个变量的分析,包括句子类型、电极和半球方差,以识别 LAN。这三个变量交互作用显著,$F(4,300)=21,p<0.001$。通常,左半球比右半球负波显著,最大负波出现在左前区,$F(1,75)=7,p<0.001$。这与 Kluender & Kutas(1993)的发现相似,半球与电极之间的交互作用也比较明显,$F(4,300)=32,p<0.001$。

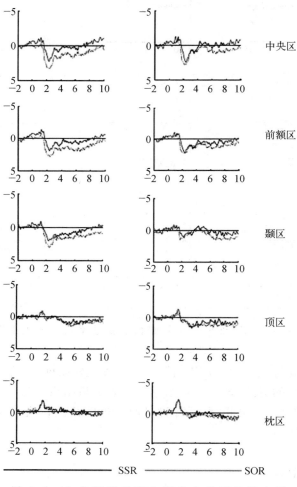

图 4.6 左右半球代表电极的 A 位置的脑电图

　　此外,如图 4.7 所示,对于前关系从句位置,右前区也观察到与左前区类似的负波。因此,前区负波两侧对称出现,但左前区的负波更大。前人的几项研究也有类似的发现(Kluender & Kutas, 1993; King & Kutas, 1995; Phillips et al., 2005)。

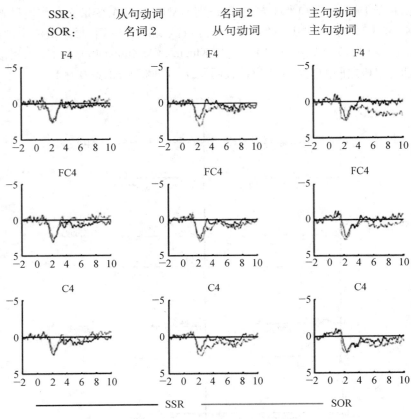

图 4.7　SSR 和 SOR 关键词的右前区平均 ERP 波形图

　　总体来说,在左前区,SOR 的第一个词和主句动词,比起 SSR 相同位置出现了更大的负波,这一直观结果与方差分析结果一致。统计结果表明,SSR 在关系从句的冠词/名词位置比 SOR 相同位置产生更为明显的负波。

(二) N400 效应

　　如上所述,N400 预计将出现在填充语——空位依赖关系中,尤其是在关系从句的内部。我们对 A 和 B 位置进行 ERP 成分分析,可以发现一些负向偏转,但未观察到明显的 N400。

由于 N400 通常在头皮中央后部达到最大,所以我们对延迟时间在 300—500 ms 之间的中线后区进行额外方差分析。如图 4.8 所示,N400 可以被直观地观察到,比如左列的电极 Pz 和 Oz 出现负向偏转。方差分析结果表明,SOR 在 400 ms 左右时间窗内的负波更大,CPz:$t(50)=13$,Pz:$t(50)=18$,Oz:$t(50)=9$,$p<0.001$。句子类型与电极的交互作用也出现了显著效应,$F(2,100)=9$,$p<0.001$。图 4.9 和 4.10 所示的左右后区中未出现如图 4.8 明显的负向偏转。

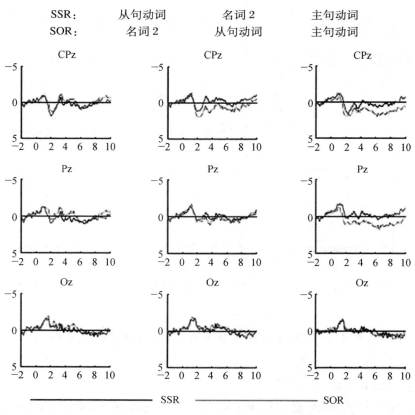

图 4.8　SSR 和 SOR 关键词的中线后区平均 ERP 波形图

当被试遇到句法或语义异常而难以理解上下文时,常常会出现 N400 效应。我们发现 SOR 在句法结构开始改变时,负波比较大。据此预测,由于 SOR 加工难度更大,有可能会诱发更明显的 N400 效应。一般来说,N400 波幅的影响因素较少涉及使用词的频率、该词和其他词的邻域大小等。由于所有刺激句的 SOR 的句法非常相似,冠词"the"常常出现在关系从句句首,所以 N400 波幅可能有所减小。同样,SOR 只包含两三个词,所以 N400 波幅也会因邻域较小而有所减小。

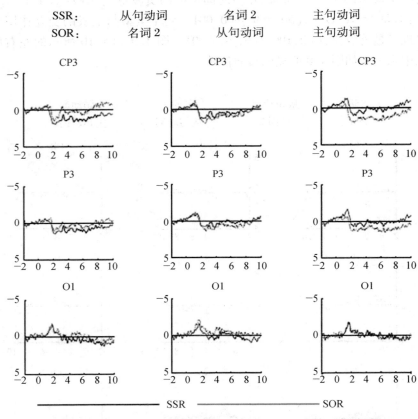

图 4.9 SSR 和 SOR 关键词的左后区平均 ERP 波形图

(三) P600 效应

我们预测,P600 效应从 500 ms 开始出现宽峰,在刺激之后 600 ms 左右居中。本实验的结果显示:SSR 动词和 SOR 冠词/名词之后出现一些正向偏转。如图 4.6 中央区和顶区的电极 CPz 和 Pz 所示。例如,在图 4.11 所示的中线前区中,SSR 冠词/名词的 ERP 波幅比 SOR 动词的 ERP 波幅显示出更大的前区负波。句子类型与电极之间交互作用显著,

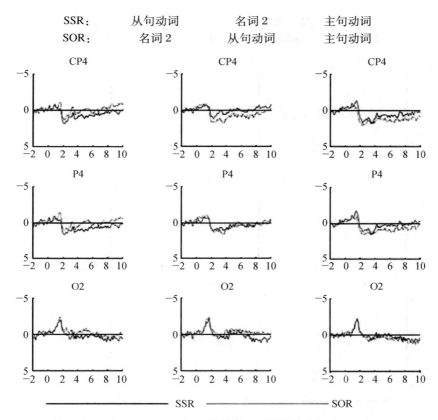

SSR： 从句动词 名词2 主句动词
SOR： 名词2 从句动词 主句动词

图 4.10　SSR 和 SOR 关键词的右后区平均 ERP 波形图

$F(2,150)=16,p<0.01$。如左侧所示,在 300—600 ms 时间窗内,SOR 比 SSR 诱发了波幅更大的正波,这与 t 检验结果一致:电极 Fz、FCz 和 Cz 的 $t(75)$ 值分别为 12、19 和 11,$p<0.01$。在右侧,$F(2,15)=9.5,p<0.01$,这 说明 SOR 在关系从句后半部分产生了更大的正波。t 检验结果表明,Fz、 FCz 和 Cz 电极的 $t(75)$ 值分别为 21、24 和 32,$p<0.01$。中间的模式恰好 相反,SSR 冠词/名词明显产生更多负电位差:$F(2,150)=12,p<0.01$。 句型在各电极上的差异显著。从上到下,$t(75)$ 值分别为 −18、−14 和 −13, $p<0.01$。

　　关于英语(二语)关系从句加工 ERP 成分轨迹的讨论表明:在句子加 工过程中,主语关系从句比宾语关系从句优势明显。此外,句子解析的头 皮激活分布如图 4.12、图 4.13 和图 4.14 所示。

　　从图 4.12 可以看出,LAN 具有更大的负性效应,造成 SOR 左前区的

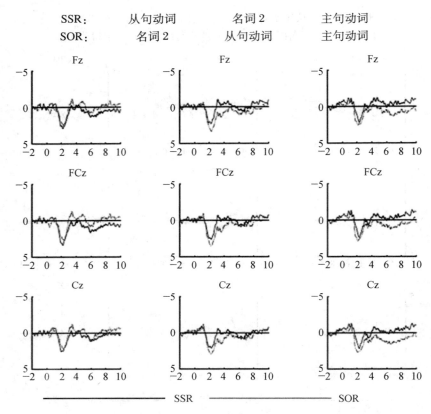

图 4.11　SSR 和 SOR 关键词的中线前区平均 ERP 波形图

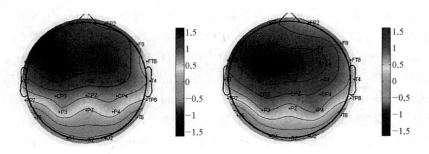

图 4.12　A 位置的头皮激活分布图

注：选中 200 ms 时的数据，t_s =+200 ms。左图从 SOR 中选择，右图从 SSR 中选择。

颜色较浅，表明在填充语—空位依赖关系的起点处，SOR 比 SSR 加工难度更大。LAN 标志着大脑在语义加工前开始建构短语结构。名词短语在

SOR 的异常出现导致 SOR 加工呈现出更大的 LAN 效应。头皮激活分布与先前的研究相符。

从图 4.13 中可以看出，SSR 和 SOR 的最浅色区域出现在中央顶区，这与 N400 效应的分布情况一致。SSR 在该区域颜色较浅，表明 SSR 加工比 SOR 造成更大的 N400 效应。其原因在于，SOR 的语序规范使得关系从句在 B 位置出现动词，降低了语义加工的难度。反之，SSR 名词短语的异常出现可能会提高加工消耗成本。此外，左半球比右半球浅，说明语义敏感情态明显得到激活。

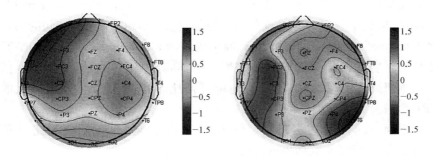

图 4.13　B 位置的头皮激活分布图

注：选中 400 ms 时的数据，t_s = +400 ms。左图从 SOR 中选择，右图从 SSR 中选择。

从图 4.14 可以看出，SOR 的中顶区地形区比 SSR 颜色要深，表明 SOR 造成更大的 P600 效应。对于主句动词，双语者在 SOR 中承担更重的工作记忆负担，从而造成更大的 P600 效应。

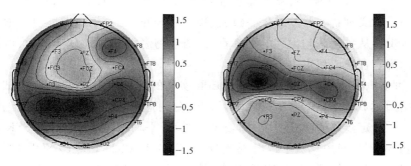

图 4.14　C 位置的头皮激活分布图

注：选中 400 ms 时的数据，t_s = +600 ms。左图从 SOR 中选择，右图从 SSR 中选择。

第四节　讨　　论

行为实验结果表明：SOR 句子阅读理解题的正确率低于 SSR 句子。这说明 SOR 句子中的填充语与空位之间的距离更远，加工难度更大。

两种关系从句句首脑电数据的差异表明 SSR 和 SOR 的加工机制不同。相比 SSR，SOR 的 ERP 成分显示出更大的负波，这表明 SOR 加工的复杂度更高，被试的工作记忆负担也更重。这一假设得到进一步证实：P600 在 SOR 句子的主句动词位置上更加明显。SOR 中，关系从句的第一个单词"the"或名词通常预示着后面出现新的句法单位，需要额外的临时工作记忆容量。原则上，这可能产生一些不同于实词（如动词）的脑电信号。本研究确实观察到，SOR 从句定冠词比 SOR 从句动词产生更大的 ERP 负波。

下面，我们将上述实验结果与汉英双语者的自定步速阅读任务和英语母语者的 ERP 实验结果进行对比，再展开讨论。

一、自定步速阅读任务和 ERP 结果对比

Wang et al. (2011)采用如实验程序所述的类似刺激句，对流利汉英双语者进行了英语关系从句加工自定步速阅读任务（该研究包括四种关系从句类型：SSR、SOR、OSR 和 OOR，而本章的 ERP 实验只包括 SSR 和 SOR）。在自定步速阅读任务中，SSR 理解准确率为 72.13%，SOR 为 68.48%。ERP 实验中，SSR 理解准确率为 82.06%，SOR 为 77.36%。两个句子意义理解实验的结果一致表明，相比 SOR，二语学习者能更好地理解 SSR。从关系从句出现的频率看，二语学习者能更好地理解 SSR，可能是因为它在二语习得中更常见。

此外，从自定步速阅读任务和 EPR 实验的逐字分析结果来看，被试在开始阅读 SSR 和 SOR 中的关系从句部分时起，就会产生额外的加工消耗。在自定步速阅读任务中，如表 4.1 所示，平均回答时间从 P1（SSR 动词和 SOR 名词短语）开始出现差异，SSR 的 P1（824 ms）比 SOR 的 P1（477 ms）长。同样，在 ERP 实验中，从 A 位置（SSR 动词和 SOR 名词短语）开始，300—600 ms 之间偏转负波增大，可将其视为额外加工消耗的起点。比起 SSR，SOR 中的 A 位置出现更大的负波。

表 4.1　自定步速阅读任务的平均回答时间和标准差

单位: ms

关系从句类型	the		head noun		that		P1		P2		P3	
	M	SD	M	SD	M	SD	M	SD	M	SD	M	SD
SSR	444	152	670	462	541	313	824	536	504	349	810	591
SOR	456	150	694	651	557	340	477	260	857	724	845	518

对比图 4.15 和图 4.16 的结果,我们可以直观地看出,SSR 和 SOR 的加工差异是从关系从句开始,两个实验的对比从 P1 或 A 开始,到 P3 或 C 结束。

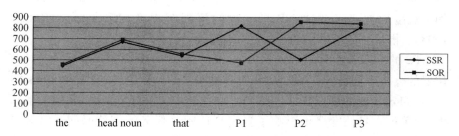

图 4.15　自定步速阅读任务中逐字阅读的时间分布图

a: SSR

	The banker	that	irritated	the lawyer	met	the priest and talked a lot.
SPR	head noun		P1	P2	P3	
ERP			A	B	C	

LAN/N400　　P600

b: SOR

	The banker	that	the lawyer	irritated	met	the priest and talked a lot.
SPR	head noun		P1	P2	P3	
ERP			A	B	C	

LAN/N400　　P600

图 4.16　自定步速阅读任务(SPR)和 ERP 实验的标记轨迹对比

第四章　英语(二语)关系从句加工的主语抽取优势研究

在这项关系从句的逐字阅读分析研究中,自定步速阅读任务(Wang et al., 2011)与 ERP 实验结果对比如下:在自定步速阅读任务的 P1 位置(见图 4.16 的 a 和 b),SSR 的阅读时间明显长于 SOR。而 ERP 实验的 A 位置显示 SSR 和 SOR 有一致的 LAN(负峰出现在 200 ms)效应,但 SOR (300—480 ms 之间)的偏转(N400)负波更大,与 SSR 的 N400 出现分叉。其可能的原因是,当被试遇到关系从句(由关系代词 that 引导)时,根据 Friederici(2002)提出的三阶段加工模型:LAN 解释了语义加工(N400)前的成分结构,因此,SSR 和 SOR 呈现出一致的 LAN 效应。敏感的 ERP 语义成分 N400 反映了填充语—空位依赖关系的结构整合加工,当被试注意到名词短语 the lawyer 不应该出现在该位置时,SSR 的 N400 波幅增加。自定步速阅读任务中,SSR 耗费更多时间,可以解释为单词本身比较长(irritated>the),这点得到 P2 的进一步证实(the lawyer<irritated)。NP 的加工难度取决于话语中 NP 指示物的可理解程度(Kluender & Kutas, 1993):指示新话语事件的 VP 动词消耗大量的认知资源。

P2 的反转阅读时间(reversed reading time)与 P1 的解释相同。对 B 位置的分析表明,比起 SOR,SSR 有着更明显的负性偏转(380—500 ms 左右)。自定步速阅读任务结果和 ERP 结果相悖,与神经认知机制的关系不大,但单词本身长度严重影响了自定步速阅读任务的阅读时间。SOR B 位置的 N400 效应不像我们预期的那么明显,原因可能是解析者用语义解析,对短语结构进行计算加工。序列模型显示的连续系列也可能是原因所在。

在 SSR 和 SOR 中,P3 的阅读时间最长。SOR 加工消耗的时间长可以表明,在完成论元指派后(在读者遇到主句主语、关系从句主语以及宾语前),当被试读到主句的动词时,重新对句子进行整合。

总之,自定步速阅读任务结果显示,被试从解析关系从句开始,要耗费更多阅读时间。在 ERP 实验中,从填充语开始,SOR 比 SSR 呈现更大负波,SOR 的更大正波出现在填充语—空位依赖关系的结束点,一直到主句动词前。从我们上面讨论的填充语—空位依赖关系来看,我们的 ERP 实验中,加工英语关系从句时出现的 ERP 成分上表现出相似性:首先是关系从句内部造成额区负波,接着是空位得到填补时的中后区正波,不过后区正波不像之前母语者 ERP 实验所观察到的那么明显。关于双语者主语加工优势的一致发现,一个可能的解释是:在 SOR 中,主句主语和内嵌句动词指示的是不同名词。或者,在复杂的 SOR 中,中心词(NP)具有双重题元身份,既充当主句动词的主语,又充当关系从句动词的宾语。并行功能解释称,如果中心词在主句和关系从句中具有相同的题元角色,关系从句更容易处理。根据这一点,我们预测 SOR 句的加工难度轨迹将出现在主句的动词上(Hsiao & Gibson,2003),这是解析者在关系从句与主句动词之间遇到题元指派冲突的位置,主句动词其次分配给中心词。

二、母语者和双语者的英语关系从句加工比较

在之前针对英语母语者的 ERP 实验中,涉及的变量通常是被试工作记忆能力的差异(King & Kutas,1995)。在相似性方面,与母语者相比,流利的汉英双语者的工作记忆能力仍然偏低。继先前研究之后,工作记忆能力较低的被试可能在句子解析中表现出更大的 ERP 偏转。因此,根据本研究的预测,先前母语者关系从句解析所观察到的 ERP 成分,可能也出现在本研究中(甚至更大)。

从填充语—空位依赖关系的角度看,与母语者 ERP 实验相比,本研究的讨论集中在相关 ERP 成分的句子解析关键轨迹:不完全依赖和 LAN、中间动词和 N400、句法整合和 P600。

(一)不完全依赖和 LAN

加工时间的持续负性从关系从句的输入开始出现。在关系从句解析的整个过程中,随着输入语义的增加,大脑中的不完全依赖逐渐形成了一种结构。母语者和双语者在句子起点的表现相同,因为此时的加工对工作记忆容量的需求较低。本研究的发现证实了先前的前区负性激活论,此外,LAN 在左半球呈现出更大的负性。

(二)中间动词和 N400

本研究中的 N400 不像母语者解析研究中所观察到的那么明显。主要原因是单内嵌关系从句缩短了指称距离,从而减轻了工作记忆负担。相比母语者,双语者对英语关系从句的固定语法模式更加敏感。英语关系从句的解析在强大的习得层次模式下进行,在这一处理过程中,一语的激活机制被削弱。SO 层级结构假说强调,SOR 中断增加了额外的加工成本,本研究的实验结果证实了这一假说。

(三)句法整合和 P600

填充语—空位依赖关系结束点的句法修复和重新整合造成了 P600 效应。双语者关系从句解析中所观察到的后区头皮分布,为先前对双语

者的研究发现提供了支持。双语者的二语关系从句解析模式呈现出"语言选择"模式,即在句子解析中"关闭"一语,但填充语—空位依赖关系增加了句子加工的不连续性,导致英语关系从句的直线距离比汉语关系从句更长,二语解析者主动增加压力以保持不完全依赖关系。通过在汉语关系从句填充语—空位依赖关系结束点观察到的 P600 效应来看,上述解释得到进一步证实(Packard et al.,2010)。在本研究中,P600 峰值出现在630—680 ms 左右,而在汉语关系从句解析中,峰值出现在 580—600 ms 左右。这表明英语关系从句比汉语关系从句获得更长的填充语—空位依赖关系。

将上面讨论的这三个方面归纳为句子加工的 ERP 模型,将得出对双语者英语关系从句解析的更为全面的概括。LAN 与先前讨论的三阶段模型中第二阶段短语结构的构建失败有关(Traxler et al.,2002)。N400 也和第二阶段有关。本研究的 LAN 效应似乎更符合在填充语—空位依赖关系结束点,动词增加工作记忆负担这一解释。P600 与被称为"计算连接(不匹配)"的第二阶段相符,而后区正性与第三阶段中的"广义映射"和"修复"有关。正性指数增加了中心词及其空位—填充语之间的整合难度。主语或宾语填充语必须与关系从句动词的空位位置联系起来,结构距离越远,所需的激活资源越多,整合成本也就越高。

第五节　结　　论

总之,ERP 实验结果表明,对于非常流利的汉英双语者来说,英语 SOR 比 SSR 更难加工。在自定步速阅读和 ERP 实验中,从中心词到主句动词的 SOR 加工成本比 SSR 更高。ERP 结果与双语者 SSR 和 SOR 之间的填充语—空位依赖关系吻合。

研究结果也表明,与母语者关系从句加工的方式相似,二语英语关系从句解析的更大前区负性证实了填充语—空位的难度。本研究的 ERP 实验结果表明,由于 P600 峰值出现的时机不同,英语中的单内嵌关系从句比汉语中的单内嵌关系从句的距离更长,P600 峰值较早出现在短距离的汉语关系从句中。因此本研究认为,英语关系从句中的填充语—空位依赖关系激活了更多的资源,从而导致了更高的加工整合成本。此外,实验中所观察到的 N400 效应较小。除了之前讨论的刺激句设计涉及的一些内在因素外,实验过程中的一些其他因素和数据分析也可能影响最终呈现出的 N400 效应。尽管实验设计句子的每个单词呈现在屏幕中央,引导被试减少眼球运动,但 ERP 数据还是能够看到大量清晰的眼球运动伪迹。这些眼球运动引起的电噪声很可能掩盖相对较小的 N400 成分。本研究采用 EEGLAB 中的独立成分分析对眼动伪迹进行消除,这可能也会导致一些 ERP 信号被删除。从总体上看,阅读理解题的准确率相比预期较低,这可能是因为另一个因素的 N400 效应不明显。双语者的英语关系从句解析遵循 ERP 三阶段模式(Traxler et al., 2002),与其他针对母语者的 ERP 实验结果一致,都支持主语抽取优势的结论。

第五章

生命性信息与汉语关系从句加工

第一节 引 言

本研究使用 ERP 技术,探讨生命性信息对汉语关系从句加工的影响,基于 ERP 实验分析被试在阅读关系从句中不同位置的词时的大脑活动,进一步了解大脑的认知机制。

生命性是属于名词的特征。生命性名词指的是这一名词所指代的实体是有生命的,比如,"老师"是生命性名词,"足球"是无生命性名词。Comrie(1989)首次对生命信息按层级排序:人类>其他生物>无生命实体。后来的研究者又根据生物学和语言学对这三个层级进一步划分。比如,生物可以分为高等动物、低等动物、微生物和植物,四者生命性由高到低依次为:高等动物>低等动物>微生物>植物。

生命性不同的名词通常会被指派为句子中不同的论元角色。有生命的实体更可能做相关动作,因此其对应名词通常作句子的主语。换句话说,生命性名词更可能出现在较高的层级结构中。Van Valin & LaPolla(1997)认为生命性名词通常作施事者,有时也作受事者,而无生命性名词通常作受事者。生命性名词在大脑中更易于理解和概念化,也易于从记忆中提取。

研究人员认为,在句子加工过程中,生命性的语义信息和相关的句法信息可以表征句子的含义,这在汉语中有相关例证。Miao(1981)在相关任务中发现,在句子理解过程中,中国人更依赖于生命性的语义线索而不是单词顺序。生命性信息和单词顺序有时不一致,这更可以体现生命性语义线索的重要性。由此可见,生命性信息在句子加工过程中发挥着重要作用。

生命性信息也会影响关系从句加工的难度。Traxler et al.(2002)在眼动实验中控制了句子主语的生命性,结果表明,当句子主语是无生命性名词时,加工宾语关系从句更容易。Mak et al.(2002, 2006)也在荷兰语中发现了生命性对关系从句加工的影响。当关系从句的主语是生命性名词,关系从句的宾语是生命性名词时,加工主语关系从句和宾语关系从句所需时间相同(邴文铎,2013)。

语料库相关研究也表明生命性信息影响关系从句的加工过程。Wu et al.(2012)在语料库研究中发现,当中心词在汉语关系从句中充当主语时,该中心词通常是生命性名词;当中心词在汉语关系从句中充当宾语时,该中心词通常是无生命性名词。另外,中心词的生命性和从句中嵌套名词的生命性通常是不一样的。自我阅读实验的结果表明,在主语关系从句中,当中心词是生命性名词,从句宾语是无生命性名词时,关系从句更易于理解;在宾语关系从句中,当中心词是无生命性名词,从句主语是生命性名词时,关系从句加工更快。

第二节　研　究　内　容

本研究包括两个 ERP 实验。实验一中,刺激句中从句动词的两个论元均为生命性名词。实验二中,刺激句中从句主语为生命性名词,从句宾语为无生命性名词。通过比较两个实验的结果,我们发现生命性信息差异对汉语关系从句加工具有重要影响。

一、实验一

(一) 被试

大连理工大学的 20 名(10 男,10 女)在校学生参加了实验,年龄 20—

25 岁,平均年龄为 23.35 岁。所有被试的母语都是汉语,均为右利手,视力正常或矫正后正常,自愿参加本实验并同意配合实验全部过程,实验结束后获得适当报酬(邝文铎,2013)。

(二) 实验材料

实验所用的刺激句由 36 个主语抽取式关系从句(SRC,简称主语关系从句)和 36 个宾语抽取式关系从句(ORC,简称宾语关系从句)两种类型的句子组成(见附录 5),所选语料在结构上得到严格控制。每个刺激句都由两部分构成,如例句(1a)和(1b)所示,前部分为一个短语,为句子提供合理的语境,使句意更加完整、自然,同时也避免关系从句部分作为刺激出现在句首第一个词;后部分为一个嵌套从句的句子,均为"从句+的+名词+主句动词短语"结构,其中主语关系从句为"从句动词+名词"结构,宾语关系从句为"名词+从句动词"结构。在两类关系从句中,除从句部分以外,其他部分保持一致。由于实验一不讨论生命性因素对从句加工的影响,从句动词的两个论元均为生命性名词(邝文铎,2013)。

(1) a. 这张照片中,挡住乞丐的厨师很吸引路人。(SRC)
    b. 这张照片中,厨师挡住的乞丐很吸引路人。(ORC)

我们对这 72 个刺激句进行了可接受度调查,调查对象均未参加 ERP 实验。调查对象对句子做出 1—5 的评分,1 表示无法理解,5 表示容易理解。36 个主语关系从句得到的可接受度平均值为 3.87,36 个宾语关系从句的平均值为 3.71。重复测量的结果显示,两种类型刺激句在可接受度上没有显著性差异。

将 72 个刺激句随机分成两组,每组由每对刺激句中的一个组成,共有 36 个刺激句。除 72 个刺激句外,另选取 96 个非关系从句的句子作为填充句,在结构和长度上同刺激句保持一致,由两部分构成,大概有 8 到 9 个单词(如"专家指出,早晨空腹喝杯淡盐水有利于瘦身")。

(三) 实验程序

实验中,被试坐在计算机显示屏前,距离屏幕大约 50 厘米,双手保持平放在键盘上。所有实验句子逐词呈现在屏幕中央,字体字号为 48 号黑体、白色字,背景为黑色。每个句子第一个词出现之前先呈现提示符"+",提示被试刺激即将呈现,提示符呈现时间为 1 500 ms,句子中的每一个词呈现时间为 500 ms,每个刺激词的间隔为 500 ms 的空屏,句子最后一个词标有句号,表明句子结束。每个句子呈现完后,会呈现一个与该句子语义内容相关的陈述语句,要求被试尽快判断该陈述句是否与前面逐词呈现的句子意思相符合,做出判断的时限为 6 000 ms。若符合,被试按下键盘上标有"对"的按键,若不符合则按下标有"错"的按键。做出"对"和"错"的判断的概率均为 50%,且呈随机排列。

在正式实验开始前,计算机呈现实验引导语,解释实验任务、所需要做出的操作等,被试进行简短练习以熟悉实验操作。实验操作由 E-Prime 软件实现。

实验共分 4 个小节,每个小节包含 18 个刺激句和 24 个填充句。所有 72 个刺激句和 96 个填充句的呈现顺序为伪随机,以保证任何两个刺激句都不相邻。两个小节之后有短暂休息,操作过程大约持续 50 分钟。整个实验大概持续一个半小时。

(四) 脑电记录

实验使用 Neuroscan 的 32 导电极帽,主要记录以下电极数据:FP1、FP2、F7、F3、Fz、F4、F8、FT7、FC3、FCz、FC4、FT8、T3、C3、Cz、C4、T4、TP7、CP3、CPz、CP4、TP8、T5、P3、Pz、P4、T6、O1、Oz、O2、A1、A2。采样率为 250 Hz,带宽为 0.05—40 Hz,实验时电极与头皮接触电阻下降到 5 kΩ。记录参考电极置于左侧乳突,离线数据分析时以双侧乳突的平均值为参考。

(五) 脑电数据分析

实验使用 EEGLAB 对采集的脑电波进行离线分析处理。首先对单个被试的连续 EEG 数据做预处理,进行了带宽为 0.5—30 Hz 的滤波。每个词的分析时段为 1 100 ms,以刺激呈现前 100 ms 作为基线,至刺激呈现后 1 000 ms 结束。波幅小于−75 μV 或者大于 75 μV 的脑电波被视为伪迹而剔除,眨眼伪迹根据 EEGLAB 的 ICA 分析去除。先计算每个被试 ERP 的平均值,然后对所有有效被试的数据进行叠加处理,分别得到主语关系从句和宾语关系从句两种句子类型的每个词位置的 ERP 平均波形曲线。

我们对两种关系从句 ERP 波形的 N400 和 P600 成分在五个位置进

行比较,分别是 SRC 的从句动词(V1)和 ORC 的从句主语(N1)、SRC 的从句宾语(N1)和 ORC 的从句动词(V1)、关系化标记"的"、从句中心词(N2)、主句动词(V2)。具体见例(2):

(2) a. 案发之后,<u>抢劫</u><u>贵妇</u>的<u>歹徒</u><u>被带到</u>警察局。(SRC)
            V1   N1 的 N2   V2

   b. 案发之后,<u>歹徒</u><u>抢劫</u>的<u>贵妇</u><u>被带到</u>警察局。(ORC)
            N1   V1 的 N2   V2

我们采用 SPSS 软件对 ERP 平均波幅进行重复测量方差分析,这主要包括三个层面:一是双因素重复测量方差分析,即从句类型(SRC vs. ORC)×电极位置,本研究分别从额区、颞区、中央区、顶区和枕区选取了代表性电极(共 26 个)进行分析,具体包括 F7、F8、F3、F4、Fz、FT7、FT8、FC3、FC4、FCz、T3、T4、C3、C4、Cz、CP3、CP4、CPz、T5、T6、P3、P4、Pz、O1、O2、Oz;二是从句类型(SRC vs. ORC)×半球(左、右)×电极位置的三因素重复测量方差分析,电极选取了 7 对侧面电极,分别分布在左、右半球,包括 F3—F4、F7—F8、C3—C4、T3—T4、P3—P4、T5—T6、O1—O2;三是分区域的三因素重复测量方差分析,即从句类型(SRC vs. ORC)×脑区(前、中、后)×半球(左、中、右)。为考察两种从句类型在不同半球和脑区的差异,我们将 12 个分析电极按照左、中、右维度和前、中、后维度共分成 9 个分析脑区:左侧额区(F7、F3)、中部额区(Fz)、右侧额区(F8、F4)、左侧中央区(T3、C3)、中央区(Cz)、右侧中央区(T4、C4)、左侧颞顶区(T5、P3)、中部顶区(Pz)、右侧颞顶区(T6、P4)。经检验,方差分析数据不满足球对称性,所以我们通过 Greenhouse-Geisser 法和 Huynh-Feldt 法对自由度进行了校正。

(六)实验结果

1. 行为数据结果

我们对被试对填充句和刺激句后呈现的陈述问题的判断结果进行了正确率和反应时长的统计分析。正确率方面,填充句的平均正确率为 97%,SRC 为 92%,ORC 为 90%。重复测量方差分析结果显示,两类从句之间正确率不存在显著性差异,$F(1,17) = 1.478, p = 0.241 > 0.1$。反应时长方面,填充句的平均反应时长为 1 484 ms,SRC 为 1 612 ms,ORC 为 1 587 ms。SRC 和 ORC 不存在显著性差异,$F(1,17) = 0.759, p = 0.396 >$

0.1。较高的正确率说明被试实验过程中精力集中,态度认真,能够很好地理解实验句,从而证明实验数据的有效性。

2. ERP 数据结果

20 名被试中,共有 18 名被试的脑电数据达到要求,另两名被试的数据因为有太多伪迹和错误操作而不符合要求。下面将会呈现 ERP 和方差分析的结果,通过对两种从句诱发的 N400 和 P600 成分的分析,比较 SRC 和 ORC 的加工过程。一般情况下,在被试感兴趣词的区域会诱发 N400 波幅,在被试读到关系化标记和主句动词时会诱发 P600 波幅。SRC 和 ORC 加工的区别主要在关系从句部分。

(1)第一个词位置:SRC – V1、ORC – N1

图 5.1 表明在关系从句第一个词位置所诱发的平均波幅,也就是 SRC 的第一个动词 V1 和 ORC 的第一个名词 N1 所诱发的波幅。在 320—420 ms 的时间窗内,SRC 相比 ORC 诱发更大的 N400 波幅,没有明显的 P600 波幅。

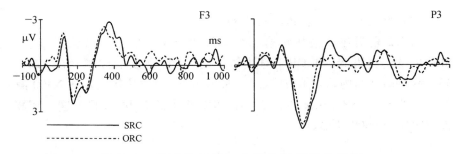

图 5.1　关系从句第一个词位置诱发的波幅

由表 5.1 可知,在 320—420 ms 的时间窗内,关系从句类型×电极双因素方差分析显示,从句类型效应不显著,从句类型和电极的交互效应不显著。从句类型×半球×电极的三因素方差分析中,从句类型效应不显著,但是从句类型×半球的交互效应显著,$F(1,17)=6.576$,$p=0.020<0.05$。从句类型×脑区×半球的三因素方差分析中,从句类型×半球的交互效应也是显著的,$F(2,34)=3.305$,$p=0.049<0.05$。进一步简单效应分析显示,显著性主要集中于 CP3、T5 和 P3 三个区域,$F(1,18)=4.72,6.17,4.72$,p 值分别为 0.044、0.024 和 0.044,均小于 0.05。SRC 比 ORC 诱发更大的 N400 波幅,表现出宾语关系从句的加工优势。

表 5.1　SRC - V1 和 ORC - N1 诱发的 N400 成分方差分析结果

	因　　素	df	F	Sig.
1	关系从句类型	1,17	0.059	0.810
	关系从句类型×电极	25,425	1.027	0.405
2	关系从句类型	1,17	0.026	0.874
	关系从句类型×半球	1,17	6.576	0.020**
	关系从句类型×电极	6,102	0.377	0.715
	关系从句类型×半球×电极	6,102	0.330	0.737
3	关系从句类型	1,17	0.033	0.857
	关系从句类型×脑区	2,34	0.182	0.740
	关系从句类型×半球	2,34	3.305	0.049**
	关系从句类型×脑区×半球	4,68	0.359	0.718

注：* $p<0.1$，** $p<0.05$。

（2）第二个词位置：SRC - N1、ORC - V1

图 5.2 表明在关系从句第二个词位置所诱发的平均波幅,也就是 SRC 的从句宾语 N1 和 ORC 的从句动词 V1 所诱发的波幅。在 320—450 ms 的时间窗内诱发了较明显的 N400 波幅,两类从句诱发的 N400 波幅存在差异,且 SRC 在额区诱发了比 ORC 更大的 N400 波幅。这一区域没有明显的 P600 波幅。

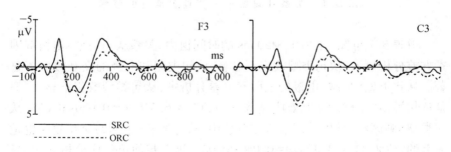

图 5.2　关系从句第二个词位置诱发的波幅

由表 5.2 可知,在 320—450 ms 的时间窗内,从句类型×电极的双因素方差分析中,从句类型效应显著,$F(1,17)=4.712$,$p=0.044<0.05$。另

外,从句类型×半球×电极三因素方差分析中,从句类型效应边缘显著,F($1,17$)$=3.939,p=0.064<0.1$。从句类型×脑区×半球三因素方差分析中,从句类型效应也是显著的,$F(1,17)=5.387,p=0.033<0.05$。因此可以确定,在 400 ms 时间窗 SRC 诱发更大的 N400 波幅,展现出宾语关系从句加工优势。

表 5.2 SRC－N1 和 ORC－V1 诱发的 N400 成分方差分析结果

	因 素	df	F	Sig.
1	关系从句类型	1,17	4.712	0.044**
	关系从句类型×电极	25,425	1.462	0.212
2	关系从句类型	1,17	3.939	0.064*
	关系从句类型×半球	1,17	0.432	0.520
	关系从句类型×半球	6,102	1.569	0.225
	关系从句类型×半球×电极	6,102	0.730	0.627
3	关系从句类型	1,17	5.387	0.033**
	关系从句类型×脑区	2,34	0.283	0.639
	关系从句类型×半球	2,34	1.932	0.160
	关系从句类型×脑区×半球	4,68	0.628	0.568

注: $*p<0.1$, $**p<0.05$。

(3) 第三个词位置:关系化标记词"的"

图 5.3 表明在关系从句中关系化标记词"的"所诱发的平均波幅。在 400—550 ms 的时间窗内,诱发了 N400 波幅。在 720—820 ms 时间窗内诱发了 P600 波幅。

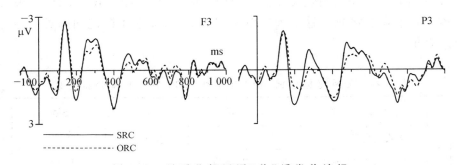

图 5.3 关系化标记词"的"诱发的波幅

　　由表 5.3 可知,在 400—550 ms 的时间窗内,双因素重复测量方差分析,从句类型效应不显著,$F(1,17)=0.115,p=0.739>0.1$,也没有交互效应。从句类型×半球×电极、从句类型×脑区×半球的重复测量,都没有发现明显的从句类型效应和交互效应。因此,SRC 和 ORC 在 N400 波幅上没有明显区别。

表 5.3　关系化标记词"的"诱发的 N400 成分方差分析结果

因　素		df	F	Sig.
1	关系从句类型	1,17	0.115	0.739
	关系从句类型×电极	25,425	0.993	0.426
2	关系从句类型	1,17	0.365	0.554
	关系从句类型×半球	1,17	0.855	0.368
	关系从句类型×电极	6,102	0.624	0.587
	关系从句类型×半球×电极	6,102	1.915	0.151
3	关系从句类型	1,17	0.110	0.744
	关系从句类型×脑区	2,34	0.922	0.376
	关系从句类型×半球	2,34	1.078	0.351
	关系从句类型×脑区×半球	4,68	1.303	0.285

注:＊$p<0.1$,＊＊$p<0.05$。

　　由表 5.4 可知,在 720—820 ms 时间窗内,双因素重复测量中,从句类型效应不显著,$F(1,17)=0.370,p=0.551>0.1$。也没有交互效应。从句类型×半球×电极、从句类型×脑区×半球的重复测量,都没有发现明显的从句类型效应和交互效应。因此,SRC 和 ORC 在 P600 波幅上没有明显区别。这两种关系从句加工中,关系化标记词的难度是一样的。

表 5.4　关系化标记词"的"诱发的 P600 成分方差分析结果

因　素		df	F	Sig.
1	关系从句类型	1,17	0.370	0.551
	关系从句类型×电极	25,425	1.864	0.149

	因　素	df	F	Sig.
2	关系从句类型	1,17	0.201	0.660
	关系从句类型×半球	1,17	1.545	0.231
	关系从句类型×电极	6,102	1.731	0.202
	关系从句类型×半球×电极	6,102	1.772	0.150
3	关系从句类型	1,17	0.457	0.508
	关系从句类型×脑区	2,34	2.032	0.169
	关系从句类型×半球	2,34	1.621	0.213
	关系从句类型×脑区×半球	4,68	0.216	0.821

注：* $p<0.1$，** $p<0.05$。

（4）第四个词位置：从句中心词 N2

图 5.4 表明关系从句中中心词 N2 所诱发的平均波幅。在 300—400 ms 时间窗内，诱发了 N400 波幅，这一位置没有明显的 P600 波幅。

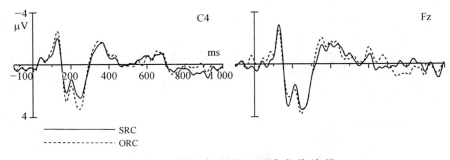

图 5.4　从句中心词 N2 诱发的波幅

由表 5.5 可知，在 300—400 ms 时间段内，双因素重复测量中，从句类型效应不明显，$F_{(1,17)} = 0.002$，$p = 0.961 > 0.1$，也没有发现交互效应。从句类型×半球×电极、从句类型×脑区×半球的重复测量，都没有发现明显的从句类型效应和交互效应。因此，SRC 和 ORC 在 N400 波幅上没有明显区别。这两种关系从句加工中心词的难度是相近的。

表 5.5 从句中心词 N2 诱发的 N400 成分方差分析结果

	因　素	df	F	Sig.
1	关系从句类型	1,17	0.002	0.961
	关系从句类型×电极	25,425	0.204	0.945
2	关系从句类型	1,17	0.034	0.855
	关系从句类型×半球	1,17	0.019	0.893
	关系从句类型×电极	6,102	0.212	0.731
	关系从句类型×半球×电极	6,102	0.293	0.800
3	关系从句类型	1,17	0.000	0.984
	关系从句类型×脑区	2,34	0.052	0.833
	关系从句类型×半球	2,34	0.390	0.680
	关系从句类型×脑区×半球	4,68	0.480	0.663

注：$*p<0.1$，$**p<0.05$。

（5）第五个词位置：主句动词 V2

图 5.5 表明主句动词 V2 所诱发的平均波幅。在 300—450 ms 时间窗内，诱发了 N400 波幅。在 600—800 ms 时间窗内，诱发了 P600 波幅。

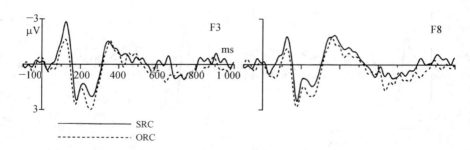

图 5.5　主句动词 V2 诱发的波幅

由表 5.6 可知，在 300—450 ms 时间窗内，双因素重复测量中，从句类型效应不明显，$F(1,17)=1.334$，$p=0.264>0.1$，也没有发现交互效应。从句类型×半球×电极、从句类型×脑区×半球的重复测量，都没有发现明显的从句类型效应和交互效应。因此，SRC 和 ORC 诱发 N400 成分没有明显区别。

表 5.6　主句动词 V2 诱发的 N400 成分方差分析结果

	因　素	df	F	Sig.
1	关系从句类型	1,17	1.334	0.264
	关系从句类型×电极	25,425	1.661	0.162
2	关系从句类型	1,17	0.774	0.391
	关系从句类型×半球	1,17	0.400	0.536
	关系从句类型×电极	6,102	1.770	0.184
	关系从句类型×半球×电极	6,102	0.404	0.706
3	关系从句类型	1,17	2.016	0.173
	关系从句类型×脑区	2,34	0.415	0.552
	关系从句类型×半球	2,34	1.127	0.335
	关系从句类型×脑区×半球	4,68	0.975	0.402

注：*$p<0.1$，**$p<0.05$。

　　由表 5.7 可知,在 600—800 ms 的时间窗内,从句类型×电极双因素重复测量方差分析显示,从句类型效应不显著,从句类型×电极的交互效应也不显著。从句类型×半球×电极的三因素重复测量中,从句类型×电极的交互效应边缘显著,$F(6,102)=2.497,p=0.070<0.1$。

表 5.7　主句动词 V2 诱发的 P600 成分方差分析结果

	因　素	df	F	Sig.
1	关系从句类型	1,17	0.133	0.719
	关系从句类型×电极	25,425	1.525	0.182
2	关系从句类型	1,17	0.102	0.754
	关系从句类型×半球	1,17	0.549	0.469
	关系从句类型×电极	6,102	2.497	0.070*
	关系从句类型×半球×电极	6,102	0.949	0.413
3	关系从句类型	1,17	0.281	0.603
	关系从句类型×脑区	2,34	1.173	0.307
	关系从句类型×半球	2,34	0.639	0.534
	关系从句类型×脑区×半球	4,68	0.594	0.560

注：*$p<0.1$，**$p<0.05$。

(七) 讨论

本实验通过分析五个兴趣词位置所诱发的波幅,比较主语关系从句和宾语关系从句加工的区别。我们采用 SPSS 软件对 ERP 平均波幅在三个层面进行重复测量方差分析。在第一个和第二个词位置可以观察到 N400 波幅的明显差别,第五个词位置可以观察到 P600 波幅的明显差别。接下来将具体比较分析这些差异。

1. 第一个词位置:SRC-V1、ORC-N1

关系从句中的第一个词的加工在两种关系从句中有明显的区别。主语关系从句比宾语关系从句诱发更大的 N400 波幅,更难加工。第一个词是关系从句的开头,主语关系从句中第一个词是从句动词,宾语关系从句中第一个词是从句主语名词。汉语通常是 SVO 语序,而主语关系从句中动词出现在从句的第一个词位置,这违背了汉语习惯的 SVO 结构。被试意识到事件主语的缺失,即"语缺"的存在,于是花费更多的精力,利用工作记忆从后文中寻找动词的主语。当动词放在整个句子第一个词的位置时,句子可能更不易于理解。与之相比,宾语关系从句符合汉语习惯的 SVO 语序,所以更容易理解。另外,动词比名词更难从心理词典中提取,所以加工更困难。综上所述,在第一个词位置,主语关系从句比宾语关系从句更难加工。

2. 第二个词位置:SRC-N1、ORC-V1

在从句部分第二个词位置(SRC-N1、ORC-V1),两类从句诱发的 N400 成分存在显著性差异,主语关系从句比宾语关系从句诱发更大的 N400 波幅。在这一位置,主语关系从句比宾语关系从句更难加工。

N400 成分和语义加工整合有关。在一些实验中,在被试需要根据词的语义属性来决定句子结构时会诱发大的 N400 波幅(Kutas & Hillyard,1984)。主语关系从句由于首词位置为缺失主语的从句动词,违背了 SVO 的结构,被试意识到主语缺失并且存储在工作记忆中,需要花费精力寻找缺失的主语。被试需要预测接下来的成分,当随后第二个词出现后,被试需要对该词的词性、语义等做出分析,判断该词与动词的关系,是宾语还是缺失的主语,这增加了工作记忆的负担和加工难度。与之相比,宾语关系从句符合 SVO 的基本句式,在动词出现时不会引起歧义,因此更容易加工。在第二个词位置上,宾语关系从句表现出了加工优势。

3. 第三个词位置:关系化标记词"的"

在关系化标记词"的"位置,两类从句诱发的 N400 和 P600 成分无显著性差异,因此主语关系从句和宾语关系从句在该位置上加工难度相同。

当标记词"的"出现时，句法结构异常，会诱发和句法歧义相关的P600成分。对于主语关系从句，被试预计这个词是从句动词缺失的主语。对于宾语关系从句，被试预计该词是从句动词的宾语。关系化标记词"的"与两种预计都不符合，因此在主语关系从句和宾语关系从句中都引起了加工困难。主语关系从句在关系标记"的"位置上出现结构歧义，此时主语关系从句存在两种可能性语义：一是"的"为关系从句的标记词；二是将"的"与前面名词N1构成领属关系，构成更紧密的定语结构"N1+的+N2"，这种歧义叫花园路径现象，理解难度更大。然而在本实验中，主语关系从句没有更难加工，可能是由于该位置上句法和语义信息的缺乏，主语关系从句和宾语关系从句对被试来说都难以理解。

4. 第四个词位置：从句中心词N2

在从句中心词N2位置，两类从句诱发的N400成分差异不显著，实验一表明主语关系从句和宾语关系从句加工该词的难度是一样的。

中心词位置是关系从句语义、句法整合的位置，论元分配在该位置进行，从而确立从句主、宾语关系，因此这是一个重要的位置。然而汉语和英语不同，"的"除了作为关系化标记词外还可能承担多种语法功能，因此读者不会在刚看到它时就把它定义为关系从句结构。汉语关系从句经常和表示领属关系的名词短语混淆。另外，由于汉语喜欢把很多修饰成分放在中心词之前，中心词才是句子的核心部分，句法结构和语序不如在英语中的重要性。本实验中，由于中心词是句子的主题，所以引起被试较多的关注。被试对它的关注可能是因为看到了前面的标记词"的"，把它定义为句子的核心或主题，而没有过多关注句法整合的内容。这也可以解释为何主语关系从句和宾语关系从句在该词位置的加工难度相同。

5. 第五个词位置：主句动词V2

在主句动词V2位置，实验一表明两类从句诱发的P600成分有细微的差别。宾语关系从句诱发稍大的P600成分，因此在该位置比主语关系从句更难加工。

在主句动词V2位置，读者意识到句子的嵌套结构，注意力转移到句子的中心词上。在主语关系从句中，中心词既是从句的主语也是主句的主语，没有发生视角的转换。而在宾语关系从句中，中心词之前部分的从句的话题主语不再为主句的主语，中心词取代其话题位置变为主句动词的施动者。如例句（3a）和（3b）所示，主语关系从句中，"厨师"是从句和主句的主语。然而在宾语关系从句中，从句的主语是"厨师"，主句的主语是"乞丐"。由于这种"视角转换",宾语关系从句在该位置更难加工。

（3）a. 这张照片中,挡住乞丐的厨师很吸引路人。（SRC）
　　　b. 这张照片中,厨师挡住的乞丐很吸引路人。（ORC）

二、实验二

（一）被试

大连理工大学的 20 名(10 男,10 女)在校学生参加了实验,年龄 19—26 岁,平均年龄为 22.89 岁。所有被试的母语都是汉语,均为右利手,视力正常或矫正后正常,自愿参加本实验并同意配合实验全部过程,实验结束后获得适当报酬。

（二）实验材料

实验所用的刺激句由 36 个主语关系从句和 36 个宾语关系从句两种类型句子组成。从句动词的论元生命性不同,刺激句中从句主语为生命性名词,从句宾语为无生命性名词。所选语料在结构上严格控制。如例句(3c)和(3d)所示,每个刺激句由两部分构成,后部分为一个嵌套从句的句子,均为"从句+的+名词+主句动词短语"结构,其中 SRC 为"从句动词+名词"结构,ORC 为"名词+从句动词"结构。为了使句子更合理和自然,主句中动词和宾语不完全一样。

（3）c. 这张照片中,挡住招牌的厨师很吸引路人。（SRC）
　　　d. 这张照片中,厨师挡住的招牌很吸引路人。（ORC）

正式实验前,我们对这 72 个刺激句进行了可接受度调查,调查对象均未参加过 ERP 实验。调查对象对句子做出 1—5 的评分,1 表示无法理解,5 表示容易理解。36 个主语关系从句得到的可接受度平均值为 4.02,36 个宾语关系从句的可接受度平均值为 3.62,重复测量结果显示,两种类型刺激句在可接受度上没有显著性差异。

然后,我们将 72 个刺激句随机分成两组,每组由每对刺激句中的一个组成,共有 36 个刺激句。除 72 个刺激句外,另选取 96 个非关系从句的句子作为填充句,在结构和长度上同刺激句保持一致,由两部分构成,每句有 8—9 个单词。

（三）实验程序

同实验一的实验程序。

（四）脑电记录

实验使用 Neuroscan 的 32 导电极帽,主要记录以下电极数据: FP1、FP2、F7、F3、Fz、F4、F8、FT7、FC3、FCz、FC4、FT8、T3、C3、Cz、C4、T4、TP7、CP3、CPz、CP4、TP8、T5、P3、Pz、P4、T6、O1、Oz、O2、A1、A2。采样率为 250 Hz,带宽为 0.05—40 Hz,实验时电极与头皮接触电阻下降到 5 kΩ。记录参考电极置于左侧乳突,离线数据分析时转换为以双侧乳突的平均值为参考。

（五）脑电数据分析

实验使用 EEGLAB 对采集的脑电波进行离线分析处理。首先对单个被试的连续 EEG 的数据做预处理,进行了带宽为 0.5—30 Hz 的滤波。每个词的分析时段为 1 100 ms,以刺激呈现前 100 ms 作为基线,至刺激呈现后 1 000 ms 结束。波幅小于 -75 μV 或者大于 75 μV 的被视为伪迹而剔除,眨眼伪迹根据 EEGLAB 的 ICA 分析被去除。先计算每个被试 ERP 的平均值,然后对所有有效被试的数据进行叠加处理,分别得到主语关系从句和宾语关系从句两种句子类型的每个词位置的 ERP 平均波形图。

我们对两种关系从句 ERP 波形的 N400、P600 成分在五个位置进行比较,包括 SRC 的从句动词(V1)和 ORC 的从句主语(N1)、SRC 的从句宾语(N1)和 ORC 的从句动词(V1)、关系化标记词"的"、从句中心词(N2)、主句动词(V2)。

我们采用 SPSS 软件对 ERP 平均波幅进行重复测量方差分析,主要包括三个层面:一是双因素重复测量方差分析,从句类型(SRC vs. ORC)×电极位置,电极包括 F7、F8、F3、F4、Fz、FT7、FT8、FC3、FC4、FCz、T3、T4、C3、C4、Cz、CP3、CP4、CPz、T5、T6、P3、P4、Pz、O1、O2、Oz;二是从句类型(SRC vs. ORC)×半球(左、中、右)×电极位置的三因素重复测量方差分析,电极选取了 7 对侧面电极,分别分布在左、右半球,包括 F3—F4、F7—F8、C3—C4、T3—T4、P3—P4、T5—T6、O1—O2;三是分区域的三因素重复测量方差分析,从句类型(SRC vs. ORC)×脑区(额区、中央区、顶区)×半球(左、中、右)。为考察两种从句类型在左、右半球和前、后脑区的差异,我们将 12 个分析电极按照左、中、右维度和前、中、后维度共分成 9 个分析脑区:左侧额区(F7、F3)、中央区(Fz)、右侧额区(F8、F4)、左侧中央区(T3、C3)、中央区(Cz)、右侧中央区(T4、C4)、左侧顶区(T5、P3)、中央顶区(Pz)、右侧顶区(T6、P4)。经检验,方差分析数据不满足球对称性,我们通过 Greenhouse-Geisser 法和 Huynh-Feldt 法对自由度进行了校正。

(六) 实验结果

1. 行为数据结果

我们对被试对刺激句后呈现的陈述问题的判断结果进行了平均正确率和反应时长的统计分析。正确率方面,填充句的平均正确率为 95%,SRC 为 92%,ORC 为 95%。重复测量方差分析结果显示,两类关系从句之间的正确率不存在显著性差异,$F(1,18)=2.967,p=0.102>0.1$。填充句的平均反应时长为 1 442 ms,SRC 为 1 528 ms,ORC 为 1 501 ms,两类关系从句不存在显著性差异,$F(1,18)=0.762,p=0.394>0.1$。较高的正确率说明被试在实验过程中精力集中、态度认真,能够很好地理解实验句,这能够证明实验数据的有效性。

2. ERP 数据结果

实验二中,20 名被试中共有 19 名被试的有效脑电数据达到要求,1 名被试的数据因伪迹过多被剔除。下面将会呈现 ERP 和方差分析结果,通过对两种从句诱发的 N400 和 P600 成分的分析,比较主语关系从句和宾语关系从句的加工过程。一般情况下,感兴趣词区域会诱发 N400 波幅,关系化标记词和主句动词会诱发 P600 波幅。主语关系从句和宾语关系从句加工的区别体现在关系从句部分、关系化标记词"的"、中心词和主句动词位置。

(1) 第一个词位置:SRC - V1、ORC - N1

图 5.6 表明在关系从句第一个词位置所诱发的平均波幅,也就是 SRC 的动词 V1 和 ORC 的第一个名词 N1 所诱发的波幅。在 380—

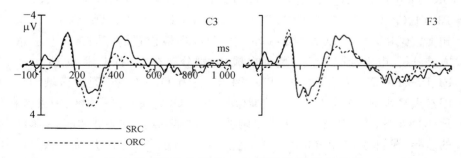

图 5.6 关系从句第一个词位置诱发的波幅

480 ms 时间窗内,SRC 比 ORC 诱发更大的 N400 波幅。

由表 5.8 可知,在 380—480 ms 时间窗内,关系从句类型×电极的双因素重复测量方差分析显示,从句类型效应显著,$F(1,18)=4.923,p=0.040<0.05$。从句类型×电极的交互效应不显著,$F(25,450)=1.345,p=0.257>0.1$。从句类型×半球×电极的三因素方差分析显示,从句类型效应边缘显著,$F(1,18)=4.152,p=0.057<0.1$,但是半球效应不显著,$F(1,18)=1.543,p=0.230>0.05$,交互效应不显著。从句类型×脑区×半球的三因素重复测量方差分析显示,从句类型效应显著,$F(1,18)=5.270,p=0.034<0.05$。当从句主语是生命性名词,宾语是无生命性名词,在第一个词的位置,SRC 比 ORC 诱发更大的 N400 波幅。

表 5.8　SRC－V1 和 ORC－N1 诱发的 N400 成分方差分析结果

	因　　素	df	F	Sig.
1	类型	1,18	4.923	0.040**
	关系从句类型×电极	25,450	1.345	0.257
2	关系从句类型	1,18	4.152	0.057*
	关系从句类型×半球	1,18	1.543	0.230
	关系从句类型×电极	6,108	1.674	0.201
	关系从句类型×半球×电极	6,108	0.349	0.755
3	关系从句类型	1,18	5.270	0.034**
	关系从句类型×脑区	2,36	0.036	0.897
	关系从句类型×半球	2,36	1.597	0.217
	关系从句类型×脑区×半球	4,72	1.042	0.368

注:＊$p<0.1$,＊＊$p<0.05$。

(2) 第二个词位置:SRC－N1、ORC－V1

图 5.7 表明在关系从句第二个词位置所诱发的平均波幅,也就是 SRC 的从句宾语 N1 和 ORC 的从句动词 V1 所诱发的波幅。这一位置在 350—500 ms 的时间窗内诱发了较明显的 N400 波幅,没有诱发明显的 P600 波幅。

由表 5.9 可知,在 350—500 ms 的时间窗内,在从句类型×电极的双因素方差分析中,从句类型效应不显著,$F(1,18)=0.554,p=0.466>0.1$。

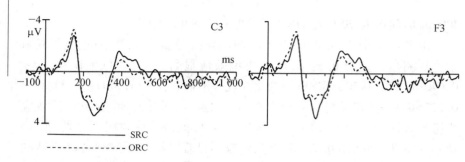

图 5.7　关系从句第二个词位置诱发的波幅

也没有交互效应。从句类型×半球×电极的三因素重复测量以及从句类型×脑区×半球的重复测量中，都没有发现明显的从句类型效应和交互效应。因此，当从句主语是生命性名词，从句宾语是无生命性名词时，SRC和 ORC 在第二个词位置诱发 N400 成分方面没有明显区别。

表 5.9　SRC－N1 和 ORC－V1 诱发的 N400 成分方差分析结果

	因　　素	df	F	Sig.
1	关系从句类型	1,18	0.554	0.466
	关系从句类型×电极	25,450	0.792	0.565
2	关系从句类型	1,18	0.719	0.408
	关系从句类型×半球	1,18	2.328	0.144
	关系从句类型×电极	6,108	0.273	0.801
	关系从句类型×半球×电极	6,108	0.198	0.787
3	关系从句类型	1,18	0.441	0.515
	关系从句类型×脑区	2,36	0.073	0.842
	关系从句类型×半球	2,36	1.326	0.278
	关系从句类型×脑区×半球	4,72	0.084	0.916

注：＊$p<0.1$，＊＊$p<0.05$。

（3）第三个词位置：关系化标记词"的"

图 5.8 表明在关系从句中关系化标记词"的"所诱发的平均波幅。关系化标记词"的"在 450—650 ms 时间窗内诱发了 N400 波幅，在 720—820 ms 时间窗内诱发了 P600 波幅。

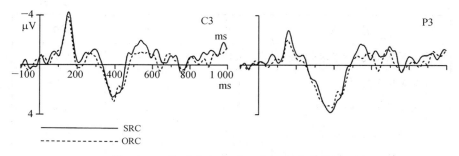

图 5.8　关系化标记词"的"诱发的波幅

　　由表 5.10 可知,在 450—650 ms 时间窗内,双因素重复测量方差分析结果表明,从句类型效应不显著,$F(1,18)=1.248,p=0.279>0.1$,从句类型×电极的交互效应很显著,$F(25,450)=4.068,p=0.006<0.01$。从句类型×半球×电极的三因素重复测量中,从句类型×半球的交互效应显著,$F(1,18)=9.026,p=0.008<0.01$。从句类型×电极交互效应显著,$F(6,108)=3.928,p=0.031<0.05$。从句类型×半球×电极的效应边缘显著,$F(6,108)=2.595,p=0.053<0.1$。从句类型×脑区×半球的三因素重复测量方差分析显示,从句类型×脑区的交互效应边缘显著,$F(2,36)=3.172,p=0.087<0.1$。从句类型×半球的交互效应显著,$F(2,36)=3.982,p=0.027<0.05$。进一步的简单效应分析显示,大多数的感兴趣脑区有显著从句类型效应或边缘从句类型效应。这些脑区包括左侧额区、中部额区、左侧中央区、中央区、左侧顶区和中部顶区。这些脑区的显著性 p 值分别为 0.030、0.073、0.005、0.014、0.017 和 0.090。当从句主语是生命性名词,从句宾语是无生命性名词时,在关系化标记词"的"位置,SRC 诱发的负波比 ORC 更大。

表 5.10　关系化标记词"的"诱发的 N400 成分方差分析结果

	因　　素	*df*	*F*	*Sig.*
1	关系从句类型	1,18	1.248	0.279
	关系从句类型×电极	25,450	4.068	0.006**
2	关系从句类型	1,18	0.960	0.340
	关系从句类型×半球	1,18	9.026	0.008**
	关系从句类型×电极	6,108	3.928	0.031**

	因　　素	df	F	Sig.
2	关系从句类型×半球×电极	6,108	2.595	0.053*
3	关系从句类型	1,18	1.870	0.188
	关系从句类型×脑区	2,36	3.172	0.087*
	关系从句类型×半球	2,36	3.982	0.027**
	关系从句类型×脑区×半球	4,72	1.085	0.371

注：* $p<0.1$，** $p<0.05$。

　　由表 5.11 可知,在 730—780 ms 的时间窗内,双因素重复测量中,从句类型效应不显著, $F(1,18)=0.631$, $p=0.437>0.1$,交互效应也未出现显著效应。从句类型×半球×电极的三因素重复测量以及从句类型×脑区×半球的重复测量中,都没有发现明显的从句类型效应和交互效应。因此,当从句主语是生命性名词,从句宾语是无生命性名词时,SRC 和 ORC 在诱发的 P600 成分上没有明显区别。

表 5.11　关系化标记词"的"诱发的 P600 成分方差分析结果

	因　　素	df	F	Sig.
1	关系从句类型	1,18	0.631	0.437
	关系从句类型×电极	25,450	0.360	0.877
2	关系从句类型	1,18	0.537	0.473
	关系从句类型×半球	1,18	0.015	0.904
	关系从句类型×电极	6,108	0.626	0.548
	关系从句类型×半球×电极	6,108	0.919	0.419
3	关系从句类型	1,18	0.549	0.468
	关系从句类型×脑区	2,36	0.643	0.458
	关系从句类型×半球	2,36	0.058	0.943
	关系从句类型×脑区×半球	4,72	0.711	0.536

注：* $p<0.1$，** $p<0.05$。

（4）第四个词位置：从句中心词 N2

图 5.9 表明在关系从句中心词 N2 所诱发的平均波幅。N2 在 300—500 ms 时间窗内诱发了 N400 波幅，但没有诱发明显的 P600 波幅。

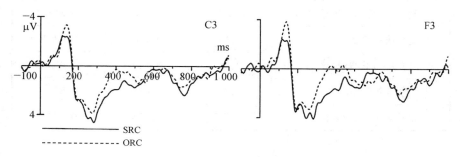

图 5.9　从句中心词 N2 诱发的波幅

由表 5.12 可知，在 300—500 ms 的时间窗内，从句类型和电极双因素重复测量中，从句类型效应边缘显著，$F(1,18)=3.094$，$p=0.096<0.1$，从句类型×电极交互效应显著，$F(25,450)=2.280$，$p=0.065<0.1$。另外，从句类型×半球×电极的三因素重复测量，从句类型效应边缘显著，$F(1,18)=3.391$，$p=0.082<0.1$。从句类型×电极的交互效应显著，$F(6,108)=3.228$，$p=0.059<0.1$。从句类型×脑区×半球的三因素重复测量，从句类型效应显著，$F(1,18)=3.248$，$p=0.088<0.1$。从句类型×脑区的交互效应边缘显著，$F(2,36)=3.524$，$p=0.073<0.1$。进一步的简单效应分析显示，在中侧额区（$F=3.70$，$p=0.070<0.1$）、右侧额区（$F=5.20$，$p=0.035<0.05$）、右侧中央区（$F=3.58$，$p=0.075<0.1$）均表现出显著性。当从句主语是生命性名词，从句宾语是无生命性名词时，ORC 在该位置诱发的 N400 波幅比 SRC 更大。

表 5.12　从句中心词 N2 诱发的 N400 成分方差分析结果

	因　素	df	F	Sig.
1	关系从句类型	1,18	3.094	0.096*
	关系从句类型×电极	25,450	2.280	0.065*
2	关系从句类型	1,18	3.391	0.082*
	关系从句类型×半球	1,18	0.783	0.388

续　表

	因　素	*df*	*F*	*Sig.*
2	关系从句类型×电极	6,108	3.228	0.059*
	关系从句类型×半球×电极	6,108	1.565	0.215
3	关系从句类型	1,18	3.248	0.088*
	关系从句类型×脑区	2,36	3.524	0.073*
	关系从句类型×半球	2,36	0.686	0.510
	关系从句类型×脑区×半球	4,72	1.773	0.182

注：* $p<0.1$，** $p<0.05$。

（5）第五个词位置：主句动词 V2

图 5.10 表明主句动词 V2 所诱发的平均波幅。V2 在 400—470 ms 时间窗内诱发了 N400 波幅。在 700—800 ms 时间窗内诱发了 P600 波幅。

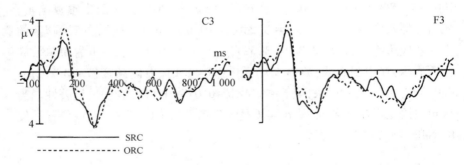

图 5.10　主句动词 V2 诱发的波幅

由表 5.13 可知，在 400—470 ms 时间窗内，双因素重复测量中，从句类型效应不显著，$F(1,18)=1.792, p=0.197>0.1$，也没有发现交互效应。从句类型×半球×电极的三因素重复测量以及从句类型×脑区×半球的重复测量中，都没有发现显著的从句类型效应和交互效应。因此，SRC 和 ORC 在 N400 成分上没有明显区别。

表 5.13　主句动词 V2 诱发的 N400 成分方差分析结果

	因　素	df	F	Sig.
1	关系从句类型	1,18	1.792	0.197
	关系从句类型×电极	25,450	0.975	0.430
2	关系从句类型	1,18	1.661	0.214
	关系从句类型×半球	1,18	0.208	0.654
	关系从句类型×电极	6,108	0.727	0.487
	关系从句类型×半球×电极	6,108	1.482	0.225
3	关系从句类型	1,18	1.910	0.184
	关系从句类型×脑区	2,36	0.063	0.838
	关系从句类型×半球	2,36	1.628	0.210
	关系从句类型×脑区×半球	4,72	0.839	0.505

注：＊$p<0.1$，＊＊$p<0.05$。

　　由表 5.14 可知,在 700—800 ms 的时间窗内,双因素重复测量结果表明,从句类型效应不显著,$F(1,18)=2.169,p=0.158>0.1$。从句类型×电极的交互效应显著,$F(25,450)=2.361,p=0.038<0.05$。从句类型×半球×电极的三因素重复测量中,从句类型×半球的交互效应边缘显著,$F(1,18)=3.313,p=0.085<0.1$,从句类型×电极有交互效应,$F(6,108)=2.978,p=0.052<0.1$。从句类型×脑区×半球的三因素重复测量中,从句类型×脑区的交互效应显著,$F(2,36)=4.465,p=0.036<0.05$。从句类型×半球的交互效应显著,$F(2,36)=5.197,p=0.001<0.01$。进一步的简单效应分析显示,在枕区 O1、Oz 和 O2($p=0.046,0.048,0.021<0.05$)、中部顶区($p=0.064<0.1$)、右侧顶区($p=0.021<0.05$)、C4 和 CP4 区($p=0.086<0.1;p=0.046<0.05$),从句类型效应显著。当从句主语是生命性名词,从句宾语是无生命性名词时,ORC 在该位置比 SRC 诱发更大的波幅。

表 5.14　主句动词 V2 诱发的 P600 成分方差分析结果

	因　素	df	F	Sig.
1	关系从句类型	1,18	2.169	0.158
	关系从句类型×电极	25,450	2.361	0.038＊＊

	因　　素	df	F	Sig.
2	关系从句类型	1,18	2.679	0.119
	关系从句类型×半球	1,18	3.313	0.085*
	关系从句类型×电极	6,108	2.978	0.052*
	关系从句类型×半球×电极	6,108	0.446	0.743
3	关系从句类型	1,18	1.718	0.206
	关系从句类型×脑区	2,36	4.465	0.036**
	关系从句类型×半球	2,36	5.197	0.001**
	关系从句类型×脑区×半球	4,72	0.046	0.989

注：$*p<0.1$，$**p<0.05$。

（七）讨论

实验二控制了从句动词的论元生命性,通过分析五个兴趣词位置诱发的波幅,比较主语关系从句和宾语关系从句加工的区别。而后通过三个层面,采用 SPSS 软件对 ERP 平均波幅进行重复测量方差分析。结果显示,在第一个、第三个和第四个词位置,N400 波幅有显著性差异。在第五个词位置,P600 波幅有显著性差异。接下来我们将具体比较分析这些差异,另外,也会比较实验一和实验二的结果,分析生命性信息对汉语关系从句加工的影响。

1. 第一个词位置：SRC－V1、ORC－N1

在两种类型句子从句部分第一个词位置,两类从句诱发的 N400 成分存在显著性差异,主语关系从句诱发比宾语关系从句更大的 N400 成分,因此更难加工。

第一个词是关系从句的开头,主语关系从句中第一个词是从句动词,宾语关系从句中第一个词是主语名词。两种关系从句加工的差异首先可以通过语序解释。汉语通常是 SVO 语序,而主语关系从句中动词出现在句子的第一个词位置,即 VOS 结构,这违背了汉语习惯的 SVO 结构。被试意识到事件主语的缺失,即"语缺"的存在,会花费更多精力,利用工作记忆从后文中寻找动词的主语。与之相比,宾语关系从句符合 SVO 的正常汉语语序,所以更容易理解。其次是由于动词和名词从心理词典中提取的难易程度不同。动词比宾语关系从句中的生命性名词更难从心理词典中提取,所以加工更困难。综上所述,在第一个词位置,主语关系从句比宾语关系从句更难加工。

2. 第二个词位置:SRC - N1、ORC - V1

在从句第二个词位置,两类从句诱发的 N400 成分没有显著性差异。两类从句在该位置加工难度一样。N400 成分与语义加工整合有关。在主语关系从句中,名词 N1 是无生命性名词,它是从句动词的宾语,因此与从句动词的加工整合不会很困难。在宾语关系从句中,动词 V1 和前面的从句主语也符合汉语习惯的 SVO 结构,不会引起歧义。因此,当从句主语是生命性名词,从句宾语是无生命性名词时,主语关系从句和宾语关系从句在第二个词位置加工难度是一样的。

3. 第三个词位置:关系化标记词"的"

在关系化标记词"的"位置,两类从句诱发的 N400 成分有显著性差异,主语关系从句比宾语关系从句加工更困难。但两类从句诱发的 P600 成分没有显著性差异。

当关系化标记词"的"出现时,会引起句法和语义整合困难。它与读者预期不符合。在主语关系从句中,读者预期出现缺失的从句主语,在宾语关系从句中,读者预期出现从句宾语。因此关系化标记词"的"诱发了 N400 和 P600 成分。"的"在主语关系从句中,存在两种可能性语义,一是作为关系从句的标记;二是用于构成名词短语结构。"N1+的"修饰名词表明领属关系。例如,"剧院的(演员)"中,"的"可以使"演员"和"剧院"构成领属关系,这种歧义会引起主语关系从句的加工困难。另外,主语关系从句中 N1 是无生命性名词,生命性层级较低,更难构成领属关系。因此主语关系从句在该位置比宾语关系从句更难加工。

4. 第四个词位置:从句中心词 N2

在从句中心词 N2 位置,两类从句诱发的 N400 成分有显著性差异,宾语关系从句比主语关系从句更难加工。

中心词位置是关系从句语义、句法整合的位置,论元分配在该位置进行,从而确立从句主、宾关系。在主语关系从句中,"的"语义存在歧义,生命性名词中心词的出现可以消除歧义,读者可以确定"的"是关系化标记词,并且中心词填补了从句主语的"语缺"。该位置的论元分配较容易。在宾语关系从句中,中心词是无生命性名词。在汉语中,中心词是句子的核心部分。根据视角转换理论,宾语关系从句的主语不是主句的主语,而是在无生命性名词 N2 位置转换话题的主语,由充当从句宾语的中心词 N2 担任之后的话题主语。由于中心词 N2 是无生命性名词,语义信息整合更加困难,因此在该位置宾语关系从句比主语关系从句加工更困难。

5. 第五个词位置:主句动词 V2

在主句动词 V2 位置,实验二表明两类从句诱发的 P600 成分有显著差异。宾语关系从句在该位置诱发更大的 P600 波幅,因此更难理解。两类从句在 N400 成分上没有表现出显著性差异。

宾语关系从句的加工困难仍受宾语关系从句从中心词位置开始的"视角转换"的影响:在主句动词 V2 位置,视角转换为中心词视角。在主语关系从句中,中心词既是从句主语,也是主句的主语,没有发生视角的转换。而在宾语关系从句中,中心词之前部分的从句的话题主语不再为主句的主语,中心词取代其话题位置变为主句动词的施动者。如例句(4a)和(4b)所示,主语关系从句中,"厨师"是从句和整个句子的主语。然而在宾语关系从句中,从句的主语是"厨师",主句的主语是"招牌"。由于这种"视角转换",宾语关系从句更难加工。另外,当句子的主语是无生命性名词时,比如"招牌",它比生命性名词更难理解。特别是当无生命性名词作施事者时,从句更难加工。

(4) a. 照片中,挡住招牌的厨师很吸引路人。(SRC)
　　 b. 照片中,厨师挡住的招牌很吸引路人。(ORC)

三、实验一和实验二的结果比较

为了更好地比较实验一和实验二的结果,本部分将关系从句分为以下四种:SR－Oa、OR－Oa、SR－Oia、OR－Oia。SR－Oa 和 OR－Oa 是指实验一中的两类关系从句,刺激句中从句动词的两个论元均为生命性名词。SR－Oia 和 OR－Oia 是指实验二中的两类关系从句,刺激句中从句主语为生命性名词,从句宾语为无生命性名词。通过比较,可以分析生命性信息对汉语关系从句加工的影响。

(一)第一个词位置:SRC－V1、ORC－N1

在从句部分第一个词位置,SR－Oia 和 OR－Oia 的差异比 SR－Oa 和 OR－Oa 的差异更显著。实验一的 ERP 结果表明,从句类型和其他因素的交互效应集中在 CP3、T5 和 P3 这三个区域。实验二中,从句类型交互效应显著的区域范围更广。刺激句和实验程序相同的情况下,不同的实验结果可能是因为被试的不同,所以缺乏统计意义。

(二) 第二个词位置：SRC‐N1、ORC‐V1

在从句部分第二个词位置，实验一的结果表明，SR‐Oa 和 OR‐Oa 的从句类型效应显著。在实验二中，SR‐Oia 和 OR‐Oia 没有显著的从句类型效应。换句话说，实验一中的主语关系从句加工困难，实验二中由于论元生命性信息的改变，主语关系从句的加工变得更加容易。实验一中主语关系从句更难加工，主要是因为其首词位置为缺失主语的从句动词，违背了 SVO 结构，当随后第二个名词 N1 出现时，被试需要判断其与动词的关系，判断是宾语、其他结构成分还是缺失的主语。实验二中 N1 是非生命性名词，Van Valin & LaPollar(1997)认为无生命性名词更可能作受事者而不是施事者。因此实验二中的 N1 易被判断为从句动词的宾语，被试可以根据其生命性信息直接做出判断而不受其他歧义的影响。综上所述，生命性信息的改变降低了 SR‐Oia 加工难度，SR‐Oia 和 OR‐Oia 的加工难度是一样的。

(三) 第三个词位置：关系化标记词"的"

在关系化标记词"的"位置，实验一中，SR‐Oa 和 OR‐Oa 诱发的 N400 和 P600 成分没有显著性差异，没有显著的从句类型效应。实验二中，SR‐Oia 和 OR‐Oia 的从句类型效应显著，SR‐Oia 比 OR‐Oia 诱发更大的 N400 波幅。通过比较两个实验的结果，可以发现关系化标记词"的"在 SR‐Oia 中加工难度增加。在实验一中的主语关系从句里，关系化标记词"的"前面的名词是生命性名词 N1，N1 和"的"很容易被理解为领属关系。然而，在实验二中，N1 是无生命性名词，被试在尝试将"的"与前面名词构成领属关系时，出现加工困难。因此，生命性信息的变化增加了实验二中主语关系从句的加工难度。

(四) 第四个词位置：从句中心词 N2

在中心词位置，实验一中，SR‐Oa 和 OR‐Oa 诱发的 N400 成分没有显著性差异，从句类型效应不显著。实验二中，SR‐Oia 和 OR‐Oia 的从句类型效应显著，OR‐Oia 在中心词位置比 SR‐Oia 更难加工。在宾语关系从句中，根据视角转换理论，宾语关系从句的主语不是主句的主语，而是在 N2 位置转换话题主语，由充当从句宾语的 N2 担任之后的话题主语。实验二中，中心词 N2 是无生命性名词，而通常无生命性名词作受事者，因此被试不习惯 N2 作话题主语。生命性信息的变化增加了 OR‐Oia 在中心词位置的加工难度，OR‐Oia 在该位置比 SR‐Oia 更难加工。

（五）第五个词位置：主句动词 V2

在主句动词 V2 位置，实验一中，SR‐Oa 和 OR‐Oa 诱发的 P600 成分差异不明显，从句类型效应边缘显著。实验二中，SR‐Oia 和 OR‐Oia 的从句类型效应显著。两个实验结果都表明，宾语关系从句比主语关系从句更难加工。在 ERP 实验结果中，实验一的结果表明从句类型×电极的交互效应显著，在 FT8 区从句类型效应显著，在 F8 区从句类型效应边缘显著。实验二中，从句类型效应显著的区域更多，包括中央脑区、顶区和枕叶区。因此可以得出结论，实验二中，当从句主语为生命性名词，从句宾语为无生命性名词时，宾语关系从句加工难度增加，两次实验不同的结果是由 OR‐Oia 中无生命性中心词 N2 引起的。实验二中，宾语关系从句从中心词位置开始"视角转换"，中心词 N2 转换为话题主语。由于中心词 N2 是通常作受事者而不是施事者的无生命性名词，因此主句动词 V2 与它的加工整合比其他类型从句（SR‐Oa、OR‐Oa 和 SR‐Oia）更困难。综上所述，当从句主语是生命性名词，从句宾语是无生命性名词时，生命性信息的变化增加了宾语关系从句在主句动词位置的加工难度。

第三节 讨 论

一、汉语关系从句加工优势

本研究包括两个 ERP 实验。实验一采用的刺激句中从句动词的两个论元均为生命性名词，我们采用 SPSS 软件对 ERP 平均波幅进行重复测量方差分析，主要包括三个层面：从句类型×电极、从句类型×半球×电极以及从句类型×脑区×半球。分析两类关系从句诱发的 N400 和 P600 成分，比较两类从句的加工差异后，结果表明，两类关系从句的加工难度在第一个词、第二个词和第五个词位置有显著性差异。实验二控制了从句动词的论元生命性，刺激句中从句主语为生命性名词，从句宾语为无生命性名词。我们再通过三个层次重复测量方差分析，比较两类从句诱发的 N400 和 P600 成分的差异。结果表明，两类关系从句的加工难度在第一个、第三个、第四个和第五个词位置有显著性差异。

我们将五个兴趣词位置分为三个区域：关系化标记词"的"之前的区域、关系化标记词"的"以及关系化标记词"的"以后的区域。关系化标记词"的"之前的区域是包含主语"语缺"的关系从句部分;关系化标记词"的"表明了关系从句和中心词之间的修饰关系;关系化标记词"的"之后的区域包含中心词和主句动词。下面分析这几个词位置的主语关系从句加工优势和宾语关系从句加工优势。

（一）关系化标记词"的"之前的区域

实验一中,两类从句在第一个和第二个词位置都诱发了 N400 成分,从句类型效应显著,主语关系从句比宾语关系从句诱发更大的波幅,因此加工难度更大,表现出宾语关系从句加工优势。在第一个词位置,主语关系从句诱发了更大的 N400 波幅。原因是主语关系从句的第一个词是动词,没有主语,违背了汉语习惯的 SVO 结构,这就会使被试花费更多的精力,利用工作记忆从后文中寻找动词的主语,动词的句法功能也暂时难以确定。另外,动词比名词更难从心理词典中提取,因此也更难加工。在第二个词位置,主语关系从句中的名词可能是动词的宾语,也可能是动词所缺失的主语,由于存在歧义,所以主语关系从句加工更困难。与之相对,宾语关系从句符合 SVO 的正常汉语语序,因此,在关系化标记词"的"之前的区域,宾语关系从句更容易加工。

实验二中,关系化标记词"的"之前的区域主要诱发了 N400 成分。在第一个词位置,两类从句差异显著,主语关系从句比宾语关系从句诱发更大的波幅,表现出宾语关系从句加工优势。这是由于主语关系从句中第一个词是动词,违背了汉语习惯的 SVO 结构,被试会寻找缺失的主语,这增加了工作记忆的负担。宾语关系从句符合 SVO 这种基本句式,因此加工较容易。在第二个词位置,主语关系从句中的第二个词是无生命性名词,更可能作为从句动词的宾语而非缺失的主语,从而更易与从句动词加工整合,因此与实验一相比,加工难度降低。同时,宾语关系从句加工也较容易,两类关系从句差异不显著。

总之,由于主语关系从句首词位置为缺失主语的从句动词,违背了 SVO 结构,被试会在关系化标记词"的"之前的区域寻找缺失的主语,这增加了工作记忆的负担,所以主语关系从句加工更困难。而宾语关系从句符合 SVO 这种基本句式,加工更容易。在关系化标记词"的"之前的区域表现为宾语关系从句加工优势。

（二）关系化标记词"的"

"的"是关系从句的标记词。在关系化标记词"的"位置,被试需要重新判断句法结构,将"的"与前面部分加工整合。因此,在这一位置,语义和句法加工会增加理解难度。理论判断和实验结果中诱发的 N400 和 P600 波幅是一致的。

实验一中,在关系标记"的"位置,没有显著的从句类型效应。重复测量 N400 和 P600 成分的结果显示,主语关系从句和宾语关系从句在该位置加工难度是一样的。在主语关系从句中,"的"由于在汉语中有多种语法功能,句子此时存在两种可能性语义,因此会引起"花园路径"歧义现象。这种歧义会增加主语关系从句的加工难度。宾语关系从句中,"的"出现在从句动词之后,这不符合常规的句法结构,因此会增加加工难度。所以宾语关系从句在该位置没有表现出关系从句加工优势。

实验二中,主语关系从句诱发更大的 N400 波幅,因此更难加工。在主语关系从句中,关系化标记词"的"存在两种可能性语义和句法结构。而且,"的"之前的名词是无生命性名词,将"的"与前面名词构成领属关系,相比与生命性名词相整合更加困难。因此主语关系从句在该位置比宾语关系从句更难加工。

总之,关系化标记词"的"存在歧义,特别是当从句宾语是无生命性名词时,主语关系从句在该位置比宾语关系从句更难加工,因此在关系化标记词"的"位置表现出宾语关系从句加工优势。

(三) 关系化标记词"的"之后的区域

汉语关系从句加工过程中,关系化标记词"的"之后的区域很重要,论元角色指派在此区域进行,从而确立从句主宾语关系。

实验一中,两类关系从句诱发的 N400 成分没有显著性差异。在中心词位置,主语关系从句和宾语关系从句的中心词都是生命性名词,可以作施事者或受事者,两类关系从句加工难度没有差异。在主句动词位置,宾语关系从句比主语关系从句诱发稍大的 P600 波幅。这是由于宾语关系从句中"视角转换"的影响,中心词取代从句的主语变为句子的中心话题,占用了更多的工作记忆用于句法整合。在关系化标记词"的"之后的区域,当两个论元均为生命性名词时,宾语关系从句诱发了比主语关系从句更明显的 P600 成分,我们据此推测宾语关系从句的加工难度更大。

实验二中,宾语关系从句在关系化标记词"的"之后的区域更难加工。宾语关系从句的中心词是无生命性名词,因此更难加工。在"视角转换"之后,无生命性名词转换为话题主语,而无生命性名词通常是受事者而不是施事者(即主语),此时将它作为话题主语,语义信息整合更困难。主句动词位置存在相同的问题,所以诱发了更大的 P600 波幅。因此,在关系化标记词"的"之后的区域,当从句宾语是无生命性名词时,宾语关系从句比主语关系从句更难加工。

在关系化标记词"的"之后的区域,由于宾语关系从句中"视角转换"的影响,两个实验结果都显示了主语关系从句加工优势。

(四) 小结

关系化标记词"的"之前的区域表现为宾语关系从句加工优势,这是由于主语关系从句首词位置为缺失主语的从句动词,违背了 SVO 的结构,被试会在关系化标记词"的"之前的区域寻找缺失的主语,这增加了工作记忆的负担,所以主语关系从句加工更困难。在关系化标记词"的"位置,当从句主语是生命性名词,从句宾语是无生命性名词时,表现为宾语关系从句加工优势。这是因为主语关系从句中缺少主语,并且关系化标记词"的"存在多种语义和句法结构的理解。关系化标记词"的"之后的区域表现为主语关系从句加工优势,宾语关系从句由于"视角转换"的影响更难加工。

二、生命性信息对汉语关系从句加工的影响

上一部分主要讨论两个实验中汉语关系从句的加工优势。在关系化标记词"的"之前的区域和关系化标记词"的"位置,主语关系从句更难理解。在关系化标记词"的"之后的区域,宾语关系从句更难理解。这一部分,我们将比较两个实验的结果,证明生命性信息对关系从句加工的影响。

表 5.15 总结了两个实验中关系从句的加工难度。可以得出以下结论,两个实验结果的区别主要集中在以下四个词位置:N1/V1、的、N2 和 V2。

表 5.15　两种关系从句加工难度对比

		关系化标记词"的"之前的区域		关系化标记词"的"	关系化标记词"的"之后的区域	
		V1/N1	N1/V1	的	N2	V2
生命性	N400	SRC	SRC	—	—	—
	P600	—	—	—	—	ORC

续　表

		关系化标记词"的"之前的区域		关系化标记词"的"	关系化标记词"的"之后的区域	
		V1/N1	N1/V1	的	N2	V2
无生命性	N400	SRC	—	SRC	ORC	—
	P600	—	—	—	—	ORC
		SRC	SRC	SRC	ORC	ORC

在第二个词位置(SRC－N1、ORC－V1),实验一中的两个论元均为生命性名词,主语关系从句更难理解。实验二中,从句主语为生命性名词,从句宾语为无生命性名词,两类关系从句的加工难度一样。换句话说,由于论元生命性信息的改变,主语关系从句的加工变得更加容易。实验一中主语关系从句更难加工,主要是因为其首词位置为缺失主语的从句动词,违背了 SVO 结构,当随后第二个名词 N1 出现时,被试需要判断其与动词的关系,而 N1 是生命性名词,可能是宾语,也可能是缺失的主语,这种判断增加了工作记忆的负担。实验二中,N1 是无生命性名词,更可能作受事者,即宾语,因此被试可以较容易判断 N1 的句法功能。所以在第二个词位置,论元生命性差异降低了主语关系从句的加工难度,减小了主语关系从句和宾语关系从句的加工差异。

在关系化标记词"的"位置,实验一中,两个论元均为生命性名词,两类关系从句加工难度一样。实验二中,从句主语为生命性名词,从句宾语为无生命性名词,主语关系从句更难理解。实验一中,主语关系从句在关系标记"的"位置时出现结构歧义,此时句子存在两种可能性语义。对于宾语关系从句,被试预期出现从句宾语,关系化标记词"的"不符合 SVO 结构。实验二中,主语关系从句中的 N1 是无生命性名词,关系化标记词"的"在它之后,它们很难构成领属关系,所以更难加工。因此在该位置,论元生命性差异增加了主语关系从句的加工难度,加大了主语关系从句和宾语关系从句的加工难度差异。

在从句中心词 N2 位置,实验一中,两个论元均为生命性名词,两类关系从句加工难度一样。实验二中,从句主语为生命性名词,从句宾语为无生命性名词,宾语关系从句更难理解。在实验二中,宾语关系从句中的无生命性名词 N2 本身很少充当有修饰部分的话题主语,此时却作为话题主语出现在中心词位置,因此更难理解。另外,无生命性名词比生命性名词更难从心理词典中提取,也会造成加工困难。因此在中心词位置,论元生命性差异增加了宾语关系从句的加工难度,加大了主语关系从句和宾语关系从句的加工难度差异。

在主句动词 V2 位置,实验一中,从句类型效应边缘显著,宾语关系从句加工更困难。实验二中,论元生命性不同时,从句类型效应更显著,宾语关系从句更难理解。实验二中,宾语关系从句从中心词位置开始"视角转换",中心词 N2 转换为话题主语。由于中心词 N2 是无生命性名词,更常作受事者而不是施事者,因此将主句动词 V2 与它加工整合更困难。因此在该位置,论元生命性差异增加了宾语关系从句的加工难度,加大了主语关系从句和宾语关系从句的加工难度差异。

总之,在关系化标记词"的"之前的区域,论元生命性差异降低了主语关系从句加工难度。在关系化标记词"的"位置,论元生命性差异增加了主语关系从句的加工难度。在关系化标记词"的"之后的位置,论元生命性差异增加了宾语关系从句的加工难度。另外,在关系化标记词"的"之前的区域,论元生命性差异减小了主语关系从句和宾语关系从句的加工难度差异,而在关系化标记词"的"位置和关系化标记词"的"之后的区域,则增大了主语关系从句和宾语关系从句的加工难度差异。两个实验的结果证明了生命性信息对汉语从句加工有重要影响。

第四节　结　　论

首先,汉语主语关系从句和宾语关系从句在不同区域的加工优势不同。通常情况下,在关系化标记词"的"之前的区域以及关系化标记词"的"位置,主语关系从句更难理解。由于主语关系从句首词位置为缺失主语的从句动词,违背了汉语习惯的 SVO 结构,被试会在关系化标记词"的"之前的区域寻找缺失的主语,这增加了工作记忆的负担。关系化标记词"的"也存在歧义。所以主语关系从句加工更困难。在关系化标记词"的"之后的区域(中心词和主句动词位置),宾语关系从句更难理解。这主要是因为宾语关系从句中"视角转换"的影响。

其次,论元动词的生命性影响关系从句的加工。论元生命性差异改变了主语关系从句和宾语关系从句的加工难度差异。原因在于无生命性名词通常作受事者,很少作施事者或作为句子的中心词出现,与被试的心理预期有所差异,造成加工困难。两个实验的结果证明了生命性信息对汉语关系从句加工的重要作用。

本研究使用 ERP 技术,对汉语中主语关系从句和宾语关系从句的理解加工进行比较分析,通过分析从句中每个词位置的大脑认知表征,研究了两类关系从句在理解难度上的差异。

然而,ERP 实验难以控制每个词的阅读时间,所有单词都在固定的短时间内呈现在屏幕上。实际上,每个词的阅读时间以及重复阅读现象也可以反映从句加工难度。因此,自定步速阅读实验和眼动记录实验可以作为 ERP 技术的补充实验,用于进一步探讨阅读时间和一些现象对从句加工的影响。另外,本研究中的刺激句较为简单,关系从句中的歧义不明显,所以在实验一中,当关系从句中两个论元均为生命性名词时,很多词位置表现的从句类型效应不显著。

第六章

智力水平与汉语
关系从句加工的相关性

关系从句是重要的句子结构,已经得到了语言学领域,尤其是心理语言学领域的极大关注。关系从句的加工是一个非常复杂的过程,它涉及相关的语言学知识和非语言学知识,还有认知能力。研究人员提出了一系列的影响句子加工的理论和假说,如工作记忆解释和视角转换理论等。他们一致认为,对一个句子的加工实际上是多种因素共同起作用的结果。

对关系从句的加工的很多研究都是在句法层面进行的。另外大量的研究集中在语义层面,高科技手段也被用来研究关系从句加工,如 ERP(King & Kutas, 1995)和眼动仪(Traxler et al., 2002)。为了探索语言认知加工的奥秘,很有必要分析关系从句的认知加工或者影响关系从句加工的认知因素(何文广等,2012)。但几乎没有证据表明研究者进行过相关性分析,并将智力水平与关系从句的加工结合起来。因此,本研究将进行相关性分析,探讨智力和汉语关系从句加工之间的相关性,并挖掘可能影响汉语关系从句加工的特定的智力因素。本研究主要回答以下两个问题:智力水平和汉语关系从句加工之间是否有相关性? 智力中的特定因素是否和汉语关系从句加工有相关性? 在本研究中,韦氏成人智力量表将用来测试被试的智力水平,该量表是综合性的智力测验量表,是当今世界上最广泛使用的衡量智力的量表。

一、智力的定义

关于智力的概念和结构分析有各种各样的解释,对智力的理论和实践的研究具有一定的复杂性。但要深入问题的本质,就必须对智力概念和相关理论加以整理和分析。一方面,关于智力的概念有多种解释,并没有统一的广为接受的定义,因此有必要对这些多种多样的定义进行整理以明确思路;另一方面,本研究也需要依赖一定的理论基础来选择智力量表测量被试的智力水平。

(一) 西方学者对智力的定义

德国心理学家 Stern 是首位给智力下定义的学者。他认为,智力是个体以思维活动来适应新情境的一种潜力(转引自高玉祥等,1985)。19 世纪末,法国心理学家 Binet 提出推理能力和解决问题能力是衡量智力的重要指标。一般而言,智力大致可以分为如下三类(Thorndike,1920)。

1. 智力是适应环境的能力

德国心理学家 Stern、美国心理学家 Thorndike 和瑞士心理学家 Piaget 持这种观点。Thorndike 指出,智力是适应环境的反应能力。Piaget 的观点是:智力的本质是适应和实现个体与环境之间的新平衡,这是由个体的行动和操作的能力来实现的。儿童在不同阶段的认知结构是智力的基础(转引自林仲贤,2003)。总之,持此种观点的研究者们认为,智力的水平越高,适应环境的能力就越强。

2. 智力是抽象思维的能力

法国心理学家 Binet 和美国心理学家 Terman 持这种观点。Binet 认为,智力应包括所有高级心理过程,主要是推理、判断和运用经验解决新问题的能力。Terman 认为个体的智力水平与其抽象思维能力成正比(转引自丁秀峰,2001)。

3. 智力是学习的能力

美国心理学家 Buckingham 和 Herman 持这种观点。Buckingham

（1921）认为，智力是学习的能力。Herman 认为，智力是获取知识的能力（转引自林仲贤，2003）。这表明个体的智力水平可以从他们的学习能力来判断，即学习能力的强弱可判断智商的高低。

1986 年，Sternberg 和 Detterman 收集整理了心理学家对智力本质的理解的资料，并出版了《什么是智力：关于智力本质及定义的当代观点》(*What Is Intelligence? Contemporary Viewpoints on Its Nature and Definition*)，指出关于智力的讨论强化了对智力本质的理解(Sternberg & Detterman，1986)。Anastasi 认为，智力通过一种有效的方式来适应环境的不断变化，而这种适应行为因人群和情况的不同而存在差异(Anastasi & Schaefer，1971)。Campione & Brown(1978)强调智力和学习效率之间的关系，强调了元认知、知识和学习之间的相互关系。美国哈佛大学心理学家 Gardner 在 1983 年出版的《心智的构架》(*Frames of Mind*)一书中详细介绍了多元智力理论，这本书在 2011 年再版。Gardner 认为，言语—语言智力、音乐—节奏智力、逻辑—数学智力、视觉—空间智力、身体—运动智力、自省智力和人际交往智力是多元智力框架中的七种相对独立的智力(转引自张楠，2008)。

（二）中国学者对智力的定义

以上关于智力定义的观点主要来自西方心理学家，接下来梳理中国的心理学家对智力的看法。

大多数心理学家认为，智力是多种认知能力的综合，以抽象思维能力为核心。著名儿童心理学家北京师范大学朱智贤教授认为，智力是综合认识方面的心理特征，包括感知、记忆力（尤其是观察能力）、抽象概括能力（包括想象力），而抽象概括能力、逻辑推理能力是智力的核心，创造力是智力的一种高级表现（转引自马如梦、马进，2012）。关于智力的定义也有其他的观点，有人认为智力是个体在理解过程中的一种能力，包括感觉、知觉、记忆、想象和思维，其中抽象逻辑思维能力是智力的核心。也有人认为智力是一种创造性地获取知识和解决问题的能力，它不是一个特殊理解的过程，而是个体的认知活动在实践中的表现。感觉运动、观察记忆、语言、想象和思维是智力的基础，逻辑思维是智力的核心。还有学者认为智力是神经活动的结果，北京大学心理学系吴天敏教授持此观点。她认为智力是一种具有针对性、空间性、渗透性和灵活性特征的神经活动，是由于脑神经运动和意识活动的相互作用而产生的协调的反映（吴天敏，1980）。

通过国内外学者从各个角度对智力的定义来看，我们可以发现，虽然他们的观点有所不同,但都承认智力不是由单一因素组成的,而是由复杂的相互关联的能力组成,只是侧重点有所差异。根据智力的不同特点,心理学家们开发出多种智力量表,对智力的相关研究起到了巨大的推动作用。

二、智力的理论结构

20世纪以来,研究者们对智力的研究已经越来越理论化和系统化,对智力的研究在不同时期的取向也不同,大致可以分为以下四种取向:20世纪 60年代以前的因素分析理论,60 年代之后的信息加工理论,80 年代以来的智力层级理论,90 年代以来的以生理学为导向的理论(张楠,2008)。

(一)智力的因素分析理论

智力因素理论主要研究智力的构成因素。智力因素理论主要有三种:Spearman 的二因素理论、Thurnstone 的群因素理论和 Cattell 的流体和晶体智力理论。

1. 智力的二因素理论

英国心理学家 Spearman 于 1904 年提出智力二因素理论。他发现,在各种智力测验之间存在一定程度的正相关,这表明各种能力之间存在一个共同因素,他称之为一般因素(G 因素)。这个因素代表了一个人的一般能力,它是我们智力活动的基础。完成一项活动,除了 G 因素之外,也有一些特殊的因素要求,Spearman 称之为特殊因素(S 因素)。Spearman 设想 G 因素为一种心理能力,任何智力活动都是由 G 因素所驱动,当这种能力进入特定的神经群,将产生特定的智力活动,这时候 S 因素开始发挥作用。所以,他认为智力是由一般智力因素(G 因素)和特殊因素(S 因素)组成,即智力=G+S。同一个人在完成不同活动时发挥作用的智力因素中,G 因素是一个共同的因素,但 S 因素根据任务的不同而变化(Spearman,1904;张楠,2008)。

2. 智力的群因素理论

美国心理学家 Thurstone 于 1938 年提出智力的群因素理论。Spearman 的二因素理论认为不同的智力测验之间总是存在着正相关,这表明 G 因素的存在。但是 Thurstone 并不同意这个观点,他认为不同智力测验间存在的正相关是由几种因素导致的,其中一种因素和其他智力测验有显著的相关性,并不只是 G 因素。因此,他提出了智力的群因素理论,认为智力是由七种基本能力构成,这七种能力分别是:1)言语能力,即理解词语含义的能力;2)数字能力,即快速、正确处理数字的能力;3)空间能力,即正确判断位置和方向的能力;4)知觉速度,即快速、准确地抓住细节,并区分异同的能力;5)词语流畅性,即在一定时间内能够快速讲出尽可能多的同义词或近义词的能力;6)机械记忆能力,即快速、准确地记住所有材料的能力;7)推理归纳能力,即发现一组材料的规律,并能归纳推理的能力(Thurstone,1938)。Thurstone 运用了多变量分析,并创造性地提出了智力的多因素理论,这使得研究者的注意力从关注 G 因素的存在转向进一步分析智力因素,并出现了一些智力结构模型(张楠,2008)。

3. 智力的流体和晶体理论

美国心理学家 Cattell 于 1963 年在 Spearman 的智力二因素理论基础之上创造了智力的流体和晶体理论。他通过因素分析法对 Spearman 的智力二因素进行了更进一步的分析。他认为智力由两部分组成,一部分是流体智力(可变智力),用 gf 表示;另一部分是晶体智力(固化智力),用 gc 表示(Cattell,1963)。

(二)智力的信息加工理论

信息加工理论关注人在心理过程中对信息进行输入、编码和输出的加工方式。自 1960 年以来,随着认知心理学的发展,人们对智力的研究发生了变化。心理学家开始运用认知心理学的理论研究智力,并通过人对信息加工的差异来揭示智力的本质。PASS 理论是智力的信息加工主要理论,由加拿大心理学家 Das 等人提出(Das et al.,1994)。PASS 是计划(planning)、觉醒(arousal)、同时性加工(simultaneous)和继时性加工(successive)的英文首字母缩写,其中"觉醒"是整个系统的基础。

(三)智力的层级理论

自 20 世纪 80 年代以来,人们对智力的研究就转向了智力的层级理论。从本质上讲,智力的层级理论结合了智力的二因素理论和智力的信息加工理论。它既注重因素分析的理论,同时也强调信息处理的过程。智力的层级结构理论主要包括 Sternberg 的三元智力理论与 Gardner 的多元智力理论。

1. Sternberg 的三元智力理论

1985 年,Sternberg 提出了智力的三元理论。该理论由三个子理论构成,分别是智力的情境亚理论、智力的经验亚理论和智力的成分亚理论。由此,智力被分为以下三类:1) 情境智力,指能够适应社会和文化环境的能力。这表明,个体的智力发展是由个体所处的社会和文化环境所决定的,而不同的社会和文化环境有其自身对智力的判断标准。2) 经验智力,指个体调整运用自己的经验来实现目标的能力。它包括两种能力,一种是当需要的时候处理新的任务和新的情境的能力,而另一种是自动化的信息加工能力。经验智力旨在阐释个体在面对任务或某种情境时的经验水平与智力水平之间的关系。3) 成分智力,指个体在信息处理的过程中有效地解决问题的能力。成分智力的内在机制包含三部分,即元成分、操作成分和知识获取成分。元成分是一个较高层次的管理过程,起着核心的作用,如对问题性质的认识、调整解决问题的思路等。操作成分是指接受刺激、给刺激进行编码、比较刺激和进行判断的过程。操作成分负责执行元成分做出的决定。知识获取成分指获取和存储新信息的过程,负责对新信息进行存储和编码(Sternberg,1985)。

总之,这三个亚理论相互联系,构成统一的整体,也就是,通过内在心理机制(成分智力)来处理与外部世界相关的有利于个体更好地适应、选择和改造环境的任务(情境智力),而这些任务又必须处在经验连续体的某个特定位置上(经验智力)。

2. Gardner 的多元智力理论

美国哈佛大学心理学家 Gardner 于 1983 年提出了多元智力理论。在其《心智的构架》一书中,他提出了七种相对独立的智力,它们分别是:言语—语言智力、音乐—节奏智力、逻辑—数学智力、视觉—空间智力、身体—运动智力、自省智力和人际交往智力。1998 年,Gardner 提出自然探索智力,指的是认识自然的能力,其中典型的例子就是达尔文。Gardner 认为这些智力是彼此独立的。这些能力的不同组合及在每种智力方面的不同表现共同反映了个体在智力方面的差异。

(四) 智力的生理学研究

20 世纪 90 年代以来,有关智力的研究主要集中于电生理学研究和神经生理学研究。脑科学的快速发展为心理学家研究人类智力的神经机制提供了先进的技术和手段。根据大脑不同部位的刺激及刺激所引起的心理活动或行为,心理学家更直观地研究智力,更好地解决智力相关问题(张楠,2008)。

第二节 研 究 方 法

本研究包括一个量表测试和一个行为实验,前者是韦氏成人智力量表(Wechsler Adult Intelligence Scale,WAIS),后者是汉语关系从句的行为实验。美国心理学家大卫·韦克斯勒(David Wechsler)于1949年开始编制系列智力测验量表,该量表于1981年由湖南医科大学龚耀先教授等主持修订。很多研究结果支持韦氏全面智商之概念,量表的个别测验亦可测试某些独特能力。汉语关系从句加工的行为实验采用的是 Linger 软件。在汉语关系从句加工实验中,被试需要判断关系从句的正误,从句包括主语关系从句、宾语关系从句以及随机安排的填充句。我们将检测和计算平均反应时以及准确率,同时还要分析智力水平与汉语关系从句加工之间的相关性数据、智力水平与汉语主语和宾语关系从句加工相关性数据、智力中具体的智力因素与汉语关系从句加工的相关性数据。相关性分析将通过 SPSS 17.0 来进行。

一、被试

被试为来自大连理工大学的50名研究生(17男,33女),其中25名文科专业学生,25名工科专业学生。被试的年龄在22岁到28岁之间(均值:24.64,标准差:1.258)。所有被试均为右利手,母语为汉语,视力正常或矫正视力正常,无神经系统疾病或重大的颅脑损伤。被试均自愿参加本实验,实验结束后获得适当报酬。

二、实验材料

(一)韦氏成人智力量表

在智力测验中,韦氏成人智力量表被用来测试所有被试的智力。它是一个综合性的智力测验量表,同时也是当今世界上使用最广泛的衡量智力的工具。韦氏成人智力量表分为两个分量表:言语量表和操作量表。其中言语量表包含6项分测验:知识、领悟、算术、相似性、数字广度和词汇。操作量表包含5项分测验:数字符号、图画填充、木块图、图片排列和图形拼凑,共11项分测验。两个量表中的测试项如表6.1所示:

表 6.1　韦氏成人智力量表的 11 个测试项

言　语　量　表	操　作　量　表
1.　知识	7.　数字符号
2.　领悟	8.　图画填充
3.　算术	9.　木块图
4.　相似性	10.　图片排列
5.　数字广度	11.　图形拼凑
6.　词汇	

　　11 项分测验可以测试被试的不同能力,比如数字广度和算术测验可以测量被试的记忆力,知识和词汇测验可以测量被试的言语理解能力等。这些不同能力共同组成能够反映被试智力的总智商,如图 6.1 所示:

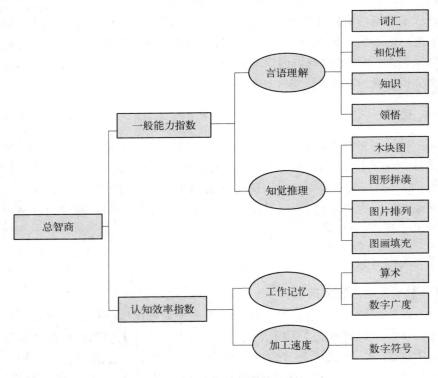

图 6.1　WAIS 结 构 框 架 图

　　总智商由两个指标构成:一般能力指数和认知效率指数(王健等,2013)。一般能力指数包括言语理解和知觉推理,分别表现在词汇、相似性、知识、领悟、木块图、图形拼凑、图片排列和图画填充分测验中;而认知效率指数包括工作记忆和加工速度,分别体现在算术、数字广度、数字符号分测验中。

(二) 汉语关系从句

在实验中,我们采用了 24 组实验句子,每一组有 4 个关系从句,共计 96 个关系从句,包括 48 个主语关系从句和 48 个宾语关系从句(见附录 6 - 1)。同一组中的关系从句长度和字数相同,但语句顺序不同。例如:

(1) a. 聘请员工的律师斥责了经理并起诉他。
   b. 员工聘请的律师斥责了经理并起诉他。
   c. 经理斥责了聘请员工的律师并起诉他。
   d. 经理斥责了员工聘请的律师并起诉他。

实验过程中,除了关系从句外,另外还有 80 个填充句随机出现(见附录 6 - 2)。

三、实验程序

(一) 智力测验

被试坐在主试面前,主试在测试软件上注册被试个人信息,包括序列号、姓名、性别、出生日期和专业。主试向被试介绍电脑上的测试内容,同时被试可以在测试正式开始之前提出疑问。主试为被试陈述每一个测试题目,并且在必要的时候提供纸、笔、图片或木块。同时,主试记录被试的表现,给他们关于实验的指导,有时候也需要给被试一些正面的鼓励。以下是 WAIS 的 11 项分测验,被试逐一完成所有测试题目,主试需要记录相应的表现。

1. 知识测验

在此项测验中,主试陈述测试题目,被试回答问题。测试题目包括历史、天文、地理、文学等常识,以及自然等其他方面,测量被试知识和兴趣的广度。Wechsler 认为,人的智商越高,兴趣就越广泛;好奇心越强,获得的知识就越多。同时此项测验也可以反映出被试的长时记忆能力。

2. 领悟测验

在此项测验中,主试向被试提供一些假设的情况,并要求其提供解决方案。此项测验可以测量被试的解决实际问题的能力、适应能力和组织

汉英关系从句加工研究

信息的能力。

3. 算术测验

在此项测验中,被试被要求做一些计算,不依赖纸和笔,只靠心算。此项测验可以测量被试的数学基础知识和数学思维能力。

4. 相似性测验

在此项测验中,被试被要求总结出两物体的共性,比如:桌子和椅子之间有什么相似之处？树和苍蝇之间的相似性是什么？此项测验可以测量被试的概括能力和抽象思维能力。

5. 数字广度测验

在此项测验中,主试读 2—9 个随机的数字,被试被要求分别顺背或者倒背这些数字。此项测验可以测量被试的注意力和短时记忆能力。

6. 词汇测验

在此项测验中,被试会听到一些词语,并被要求解释每个词的一般含义。例如:"美丽"是什么意思？此项测验可以测量被试的理解能力和表达词义的能力,同时还能测量被试的抽象思维能力。

7. 数字符号测验

此项测验提供给被试 1—9 个不同的符号,要求被试根据给出的数字和符号之间的关系来填写每个数字下面的符号,时间限制为 90 秒,如图6.2 所示。被试的成绩根据所用的时间和正确率产生。此项测验可以测量被试的注意力、耐力以及建立新联系的能力和速度。

数字符号测验

1	2	3	4	5	6	7	8	9
—	⊥	]	∟	∪	O	∧	X	=

2	1	3	7	2	4	8	1	5	4	2	1	3	2	1
4	2	3	5	2	3	1	4	6	3	1	5	4	2	7
6	3	5	7	2	8	5	4	9	7	2	8	1	9	
5	8	4	7	3	6	2	5	1	9	2	8	3	7	4
6	5	9	4	8	3	7	2	6	1	5	4	6	3	7
5	8	3	7	2	1	6	4	9	3	1	5	2	8	6

图 6.2　数字符号测验

8. 画图填充测验

此项测验中的图片均缺少一个主要部分,如图 6.3 所示。被试被要求在指定的时间内指出缺失的部分并说出缺失部分的名称。

图 6.3　画图填充测验

此项测验可以测量被试的视觉识别能力和关注细节的能力。Wechsler 认为伴随着心理的发展,人们会对每天接触的事物形成一个完整的印象,这对适应外部环境是十分有益的。

9. 木块图测验

被试首先获得一张印有平面图案的卡片,然后被试根据卡片的样式将木块进行拼凑,如图 6.4 所示。木块可以分为三种类型:全红色、全白色以及半红半白。被试的表现是根据其完成时间以及是否正确拼凑木块图来衡量的。此项测验可以测量被试的分析能力、视觉感知、空间定向以及整体视觉运动协调能力。此项分测验与操作量表及整个测验高度相关,因此被视为最佳的操作测验。

10. 图片排列测验

此项测验向被试提供无序的图片,如图 6.5 所示。被试被要求重新将这些图片排列,使它们构成有意义的故事。这一测验可以测量被试的逻辑关联能力和综合分析能力。

11. 图形拼凑测验

此项测验提供给被试一些零散的木制图形,并要求被试将它们组成一个整体,如图 6.6 所示。在这个测验中,时间和正确性是用来衡量被试表现的两个标准。此项测验可以测量出被试的想象能力、线索分析能力以及手眼协调能力。

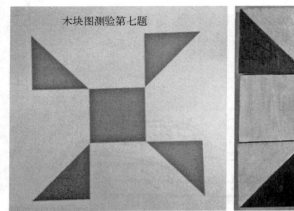

木块图测验第七题

图 6.4　木块图测验

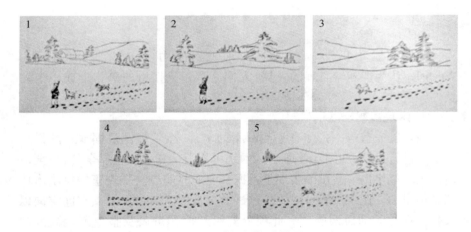

图 6.5　图片排列测验

（二）汉语关系从句加工实验

　　在这个实验中，被试坐在电脑前面，距离屏幕中心约 50 厘米。被试把手指放在空格键、"F"键和"J"键上，阅读在电脑屏幕上的实验句子。在正式实验前，电脑屏幕会给出一些关于实验内容和步骤的指导，然后给试提供一个简短的测试练习模块让被试熟悉实验。实验由 Linger 软件控制。被试可以看到一或两行的虚线，而虚线覆盖着句子中的词。当空格键被按下，第一个词会出现，被试阅读完这个词后，再次按下空格键显示

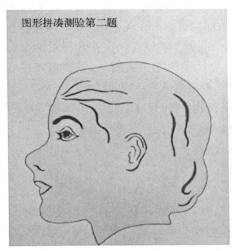
图形拼凑测验第二题

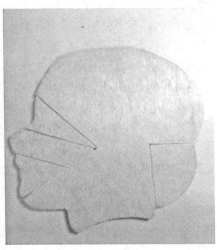

图 6.6　图形拼凑测验

下一个词。被试重复这个过程直到所有的词被阅读完毕,屏幕会根据刚才的词呈现一个完整的句子。被试需要快速做出反应来判断这个句子的正误,以其中的一个刺激句子为例,如图6.7所示:

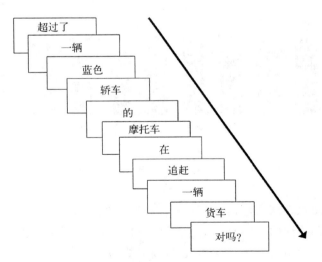

超过了

一辆

蓝色

轿车

的

摩托车

在

追赶

一辆

货车

对吗?

图 6.7　汉语关系从句加工实验流程图

被试每按一次空格键,屏幕上就会出现一个新词,同时上一个出现的词会变成虚线。被试尽可能自然地阅读句子并且了解其内容。当他们看完最后一个词,再按下空格键后虚线消失,他们会看到一个关于所读内容的问题。被试需要按下"F"或者"J"键来回答这个问题。被试应当尽快和尽可能准确地回答问题。问题结束后,电脑自动进入下一个句子的测试。被试可以在必要的时候休息,或者在开始阅读一个新句子之前休息。实验结束时,电脑屏幕会出现提示。96 个关系从句和 80 个干扰项随机出现在实验中,并确保实验中的关系从句至少被一个干扰项分开。整个实验过程大约持续半个小时。

(三) 数据收集

1. 智商的总体情况

为分析被试智力测量的整体表现,我们需要收集三种类型的智力数据:总智商分数、言语智商分数和操作智商分数。这三种分数分别代表被试的总智商(Full Scale Intelligence Quotient, FSIQ)、言语智商(Verbal Intelligence Quotient, VIQ)和操作智商(Performance Intelligence Quotient, PIQ)。此外,我们还需要收集 11 项分测验得分,以分析被试在每项分测验的表现。我们使用 WAIS 智力软件 V8.0 记录数据,并自动生成报告,以其中一个报告为例,如图 6.8 所示:

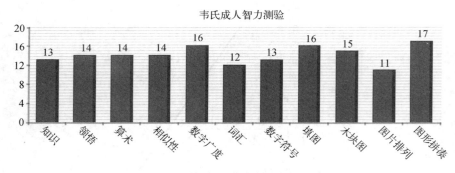

图 6.8　某被试的智力测验报告

我们从总智商、言语量表和操作量表三方面的结果对被测者的智力水平进行总体评估,总智商和两个量表的平均分数都是 100 分。以某被试的智力测验报告为例,被试的总智商分数为 129,百分等级为 85%,与同年龄组的平均水平相比,属于较高水平。在描述智力的两个分量表上,被试的言语智商分数为 125,百分等级为 86%,处于较高水平;操作智商分数为 130,百分等级为 87%,处于较高水平。总智商(129)、言语智商(125)

和操作智商(130)被分别记录。除了被试的整体表现,其在知识、领悟、算术、相似性、数字广度和词汇、数字符号、图画填充、木块图、图片排列和图形拼凑等分项测验的表现也被记录。然后,所有被试的智力测验数据汇集在 Excel 中,为之后的数据分析做准备。

2. 关系从句加工

在这个行为实验中,我们记录被试加工汉语关系从句的平均反应时,并且计算他们回答问题的准确率,使用 Linger 软件记录所有被试的表现。

(四) 数据分析

SPSS 17.0 中文版被用作实验数据分析的工具,辅助进行智力水平和汉语关系从句加工之间的相关性分析。从整体来看,我们可以从六个方面进行相关性分析,分别是:反应时和总智商的相关性、反应时和言语智商的相关性、反应时和操作智商的相关性、正确率和总智商的相关性、正确率和言语智商的相关性、正确率和操作智商的相关性。在整体分析的基础上再进一步分析具体的智力因素与汉语关系从句加工之间的相关性。具体来说,就是整体的 11 项分测验同汉语关系从句加工的平均反应时与正确率之间的相关性。汉语关系从句分为主语关系从句和宾语关系从句,据此我们可以进行两方面的分析:智力水平同汉语主语关系从句加工的相关性,以及智力水平同汉语宾语关系从句加工的相关性,其中包括主语关系从句的反应时与总智商、言语智商和操作智商之间的相关性;主语关系从句的正确率与总智商、言语智商和操作智商之间的相关性;宾语关系从句的反应时与总智商、言语智商和操作智商之间的相关性;宾语关系从句的正确率与总智商、言语智商和操作智商之间的相关性。

在相关性分析中,实验数据的分析涉及具体的相关系数的选择。相关系数的选择基于变量的正态性。所以,首先我们要进行一次变量的正态性检验,结果如表 6.2 所示:

表 6.2　总体变量的正态性检验

	Kolmogorov-Smirnov[a]			Shapiro-Wilk		
	数　据	自由度	显著性	数　据	自由度	显著性
反应时	0.137	50	0.019	0.891	50	0.001
正确率	0.181	50	0.000	0.911	50	0.001
言语智商	0.103	50	0.200	0.959	50	0.079

续 表

	Kolmogorov-Smirnov[a]			Shapiro-Wilk		
	数 据	自由度	显著性	数 据	自由度	显著性
操作智商	0.090	50	0.200	0.974	50	0.335
总智商	0.095	50	0.200	0.978	50	0.481

表 6.2 显示了变量的正态性检验结果。当变量 p 值大于 0.05 时,说明变量是正态分布。反应时和正确率这两项重要变量的值分别是: $p = 0.001 < 0.05$, $p = 0.001 < 0.05$,显然它们不是正态分布。当变量值是明显的非正态分布或分布是未知时,宜采用 Spearman 相关系数来进行分析,因此我们采用 Spearman 相关系数来分析智力水平和汉语关系从句加工之间的相关性。

第三节 实 验 结 果

一、智力测验结果

根据 Wechsler 的研究,智力可以分为七个等级:极超常、超常、高于平常、平常、低于平常、边界、智力缺陷,如表 6.3 所示。参加实验的被试智力测验结果集中在"平常"到"极超常"四个等级之间,如表 6.4 所示。

表 6.3 智力等级的分布

智力等级	IQ 范围	人群比率%
极超常	≥130	2.2
超常	120—129	6.7
高于平常	110—119	16.1
平常	90—109	50.0
低于平常	80—89	16.1
边界	70—79	6.7
智力缺陷	≤69	2.2

表 6.4　智 力 测 验 结 果

	言 语 智 商	操 作 智 商	总 智 商
极超常 ≥130	1	12	5
超常 120—129	25	22	31
高于平常 110—119	24	13	14
平常 90—109	0	3	0

　　表 6.4 是智力测验的结果。在智力测验中,被试都表现较好,从总智商来看,62%的被试拥有超常等级的智力水平,10%的被试拥有极超常等级的智力水平,剩余 28%的被试则拥有高于平常等级的智力水平,被试中没有人总智商是处于平常等级或以下的。从言语智商和操作智商来看,在超常的智力等级中,二者被试数目几乎相同。然而,就极超常等级而言,更多的被试在操作量表测试上属于这个等级。更重要的是,有三个被试在操作量表测试上属于平常等级,而在言语量表测试上没有出现属于平常等级的被试。从智力测验的结果可以看出,大部分被试的智力处于超常等级,且被试在操作量表测试上占有的等级要多于言语量表测试。

二、汉语关系从句加工结果

　　我们对被试对刺激语句加工的平均反应时和正确率进行了分析。被试对所有刺激语句的平均反应时为 1 185 ms,平均正确率为 91%。被试对主语关系从句的平均反应时为 1 174 ms,正确率为 92%,而被试对宾语关系从句的平均反应时为 1 196 ms,正确率为 91%。从实验结果可以看出:被试对于两种关系从句加工的平均反应时,并没有显著性差异,$F(1,50)=0.312,p=0.578>0.1$;对于两种关系从句理解的正确率,也没有显著性差异,$F(1,50)=0.983,p=0.324>0.1$。该实验的结果,尤其是在正确率值上,能够证明所有的被试在实验过程中都能集中注意力,能很好地理解刺激句,也证明了实验结果的可信性。

三、智力水平与汉语关系从句加工的相关性

　　总智商由言语智商和操作智商组成。汉语关系从句加工实验收集了平均反应时和正确率。从整体上来看,首先是三个整体指标,分别是总智商、言语智商和操作智商同两个汉语关系从句加工指标之间

156

的相关性,即与加工两类从句时的平均反应时和正确率之间的相关性。平均反应时和总智商、正确率和总智商之间的相关性如表 6.5 所示。平均反应时和言语智商、正确率和言语智商之间的相关性如表 6.6 所示。平均反应时和操作智商、正确率和操作智商之间的相关性如表 6.7 所示。

表 6.5　反应时与总智商、正确率与总智商之间的相关性

	相关系数	显著值(双尾)	样本量
反应时 & 总智商	−0.393	0.005**	50
正确率 & 总智商	0.234	0.102	50

注：$*p<0.05$，$**p<0.01$。

表 6.6　反应时与言语智商、正确率与言语智商之间的相关性

	相关系数	显著值(双尾)	样本量
反应时 & 言语智商	−0.352	0.012*	50
正确率 & 言语智商	0.401	0.004**	50

注：$*p<0.05$，$**p<0.01$。

表 6.7　反应时与操作智商、正确率与操作智商之间的相关性

	相关系数	显著值(双尾)	样本量
反应时 & 操作智商	−0.156	0.280	50
正确率 & 操作智商	0.088	0.544	50

注：$*p<0.05$，$**p<0.01$。

实验结果表明,智力水平和汉语关系从句加工的平均反应时之间具有相关性。如表 6.5 所示,对于反应时和总智商之间的相关性,显著值$p=0.005<0.01$,表明结果具有统计学意义。另外,相关系数为−0.393,且带有两个星号,表明反应时和总智商之间的相关性是显著的。实验结果显示,对于正确率和总智商之间的相关性,显著值为 0.102,该显著值表明结果不具有统计学意义,因此正确率和总智商之间没有明显的相关性。

对于反应时和言语智商之间的相关性,如表 6.6 所示,显著值 $p=$

0.012<0.05,表明结果具有统计学意义。另外,相关系数为-0.352,带有一个星号,表明反应时和言语智商之间具有显著相关性。对于正确率和言语智商之间的相关性,显著值 $p=0.004<0.01$,该显著值的结果是具有高度统计学意义的。相关系数是 0.401,且带有两个星号,表明正确率和言语智商之间具有显著的相关性。

但是,从实验结果来看,没有发现反应时和操作智商之间具有相关性。正确率和操作智商之间也没有明显的相关性,如表 6.7 所示。

因此,智力水平和汉语关系从句加工之间的相关性可以用图 6.9 更直观地表示。反应时与总智商和言语智商具有相关性。比较两个相关系数我们可以得到,反应时和总智商的相关性比反应时和言语智商之间的相关性略强。在相关性分析中,正确率仅与言语智商具有相关性。同反应时与言语智商的相关性相比可以看出,正确率与言语智商的相关性要比反应时同言语智商之间的相关性强。

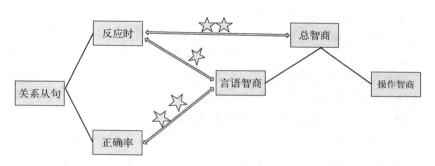

图 6.9 智力水平与汉语关系从句加工之间的相关性

四、智力的具体因素与汉语关系从句加工的相关性

从实验结果可以看出,智力水平和汉语关系从句加工之间有相关性。总智商和言语智商均与汉语关系从句加工具有相关性。整个智力量表是由不同的分测验构成的,这些分测验可以反映出不同的智力因素。实验结果中必定有一些具体的智力因素在影响整体相关性分析。为探究出特定的智力因素与汉语关系从句加工的相关性,我们分别做了 11 项分测验与汉语关系从句加工的反应时和正确率之间的独立相关性分析。经过相关性分析,智力测验中的四项分测验所对应的智力因素与汉语关系从句加工相关,如表 6.8 和表 6.9 所示。

表 6.8　反应时与知识、数字广度以及数字符号之间的相关性

	相关系数	显著值（双尾）	样本量
反应时 & 知识	−0.315	0.026*	50
反应时 & 数字广度	−0.412	0.003**	50
反应时 & 数字符号	−0.349	0.013*	50

注：$*p<0.05$，$**p<0.01$。

表 6.9　正确率与领悟之间的相关性

	相关系数	显著值（双尾）	样本量
正确率 & 领悟	0.287	0.043*	50

注：$*p<0.05$，$**p<0.01$。

　　这四项和汉语关系从句加工相关的分测验分别是知识、数字广度、数字符号和领悟测验。其中知识、领悟和数字广度测验属于言语量表，数字符号测验属于操作量表。四项相关的分测验中有三项都和汉语关系从句加工的反应时相关，分别是知识、数字广度和数字符号。这三项分测验可以反映出不同的智力因素。知识测验包含了历史、天文、文学以及自然等方面的知识。根据这项测验，可以检测出被试的知识广度和兴趣爱好。Wechsler 认为，人的智力水平越高，兴趣爱好越广泛；好奇心越强，掌握的知识就越多。同时，这项分测验可以反映出被试的长时记忆情况。因此，实验结果表明，知识测验所反映出的智力因素是与汉语关系从句加工相关的。具体来说，汉语关系从句加工的反应时是与被试的知识广度和长时记忆相关的。在数字广度测验中，被试被要求分别顺背和倒背 2—9 个数字，这项测验可以测试出被试的注意力和短时记忆力。因此，汉语关系从句加工的反应时是和被试的注意力集中程度以及短时记忆力相关的。在数字符号测试中，被试有 90 秒的时间限制，他们需要高度集中注意力以确保他们所写下的符号是准确的，并在 90 秒内尽可能写下更多的符号。此项测验可以考察出被试的注意力、耐力以及快速建立新联系的能力。也就是汉语关系从句加工的反应时和被试的注意力、耐力及建立新联系的速度相关。

　　所有分测验中，只有领悟测验与汉语关系从句加工的正确率相关。在这项测验中，被试被要求给出假设情境的解决方案。从中可以看出被

试解决问题的能力、适应力以及组织信息的能力。因此,汉语关系从句加工的正确率和上述能力相关。

五、智力水平与汉语主语关系从句加工的相关性

主语关系从句是一种重要的关系从句。本研究分别进行智力水平与主语关系从句加工的反应时和正确率的相关性分析。主语关系从句加工的反应时与总智商的相关性,以及正确率与总智商的相关性实验结果如表 6.10 所示。主语关系从句加工的反应时与言语智商,以及正确率与言语智商的相关性如表 6.11 所示。主语关系从句加工的反应时与操作智商的相关性,以及正确率与操作智商的相关性如表 6.12 所示。

表 6.10 主语关系从句的反应时与总智商、正确率与
总智商之间的相关性

	相关系数	显著值(双尾)	样本量
主语关系从句的反应时 & 总智商	−0.259	0.069	50
主语关系从句的正确率 & 总智商	0.189	0.188	50

注: $*p<0.05$, $**p<0.01$。

表 6.11 主语关系从句的反应时与言语智商、正确率与
言语智商之间的相关性

	相关系数	显著值(双尾)	样本量
主语关系从句的反应时 & 言语智商	−0.290	0.041[*]	50
主语关系从句的正确率 & 言语智商	0.358	0.011[*]	50

注: $*p<0.05$, $**p<0.01$。

表 6.12 主语关系从句的反应时与操作智商、正确率与
操作智商之间的相关性

	相关系数	显著值(双尾)	样本量
主语关系从句的反应时 & 操作智商	−0.044	0.760	50
主语关系从句的正确率 & 操作智商	0.000	1.000	50

注: $*p<0.05$, $**p<0.01$。

从实验结果来看,主语关系从句的反应时和言语智商具有统计学意义上的相关性。主语关系从句的反应时和总智商以及操作智商之间没有显著相关性,显著性值不具有统计学意义。从以上实验结果我们可以发现,主语关系从句的正确率只和言语智商相关,相关系数为0.358,显著值 $p=0.011<0.05$,这表明二者间具有统计学意义上的相关性。主语关系从句的正确率和总智商以及操作智商的相关性显著值都不具有统计学意义,因此没有发现主语关系从句的正确率同总智商以及操作智商之间具有相关性。

总之,言语智商和主语关系从句加工具有相关性,主语关系从句加工的两个变量——反应时和正确率都和言语智商相关。没有发现主语关系从句加工和总智商以及操作智商之间有相关性,表明主语关系从句的反应时和正确率都不和总智商及操作智商相关。

六、智力水平与汉语宾语关系从句加工的相关性

宾语关系从句是关系从句另外一种重要的形式。本研究进行了智力水平同汉语宾语关系从句加工的相关性分析,具体包括以下方面:汉语宾语关系从句的反应时与总智商的相关性分析、正确率与总智商的相关性分析,反应时与言语智商的相关性分析、正确率与言语智商的相关性分析,反应时与操作智商的相关性分析、正确率与操作智商的相关性分析。分析结果分别如表6.13、表6.14和表6.15所示。

表 6.13　宾语关系从句的反应时与总智商、正确率与
总智商之间的相关性

	相关系数	显著值(双尾)	样本量
宾语关系从句的反应时 & 总智商	−0.281	0.048*	50
宾语关系从句的正确率 & 总智商	0.234	0.102	50

注: $*p<0.05$, $**p<0.01$。

表 6.14　宾语关系从句的反应时与言语智商、正确率与
言语智商之间的相关性

	相关系数	显著值(双尾)	样本量
宾语关系从句的反应时 & 言语智商	−0.349	0.013*	50
宾语关系从句的正确率 & 言语智商	0.347	0.013*	50

注: $*p<0.05$, $**p<0.01$。

表 6.15　宾语关系从句的反应时与操作智商、正确率与
操作智商之间的相关性

	相关系数	显著值(双尾)	样本量
宾语关系从句的反应时 & 操作智商	−0.035	0.808	50
宾语关系从句的正确率 & 操作智商	0.115	0.427	50

注: $*p<0.05$, $**p<0.01$。

与主语关系从句加工同智力水平的相关性不同,汉语宾语关系从句加工的反应时不仅仅和言语智商相关,也和总智商相关。反应时和言语智商的相关系数为−0.349,显著性值 $p=0.013<0.05$,与总智商的相关系数为−0.281,显著值 $p=0.048<0.05$。比较二者相关系数的绝对值 $|−0.281|<|−0.349|$,表明言语智商与宾语关系从句加工的反应时的相关性要比反应时与总智商的相关性要高,也比宾语关系从句加工的正确率与言语智商的相关性高。就操作智商同宾语关系从句加工的反应时的相关性而言,显著性值 $p=0.808>0.05$,表明结果不具有统计学意义,二者之间没有明显的相关性。

宾语关系从句加工的正确率与智力水平之间的相关性结果同主语关系从句加工的正确率与智力水平的相关性结果一致。它们都与言语智商相关,比较二者的相关系数 $0.347<0.358$,宾语关系从句加工的正确率与言语智商的相关性略小于主语关系从句加工的正确率与言语智商的相关性。宾语关系从句加工的正确率与总智商以及操作智商的数据结果都不具有统计学意义,没有发现它们之间有明显的相关性。

总的来说,宾语关系从句加工的反应时和正确率皆与言语智商相关,宾语关系从句的反应时除了与言语智商相关,还与总智商相关。宾语关系从句加工的正确率与总智商无明显相关性。宾语关系从句加工的反应时和正确率及操作智商都没有明显相关性。

图 6.10 呈现了总体的智力水平与汉语主语及宾语关系从句加工的相关性。主语和宾语关系从句加工的所有变量都同言语智商相关,与操作智商无明显相关性。不同之处在于,宾语关系从句加工的反应时同总智商具有相关性。

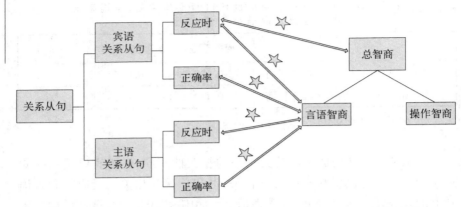

图 6.10 　 智力水平与汉语主语和宾语关系从句加工的相关性

第四节　讨　　论

一、智力水平与汉语关系从句加工的相关性

实验结果表明,智力水平与汉语关系从句加工之间存在相关性,这表明那些在智力测验中得分高的被试往往在汉语关系从句加工实验中表现得比那些在智力测验中得分相对较低的被试要好。特别是汉语关系从句加工的反应时与总智商密切相关。这该如何解释呢? 综合来说,形成总智商的因素与参与到汉语关系从句加工中的智力因素相重叠。从本质上讲,人类大脑中决定一个人智力的区域和参与汉语关系从句加工的区域相重叠。

就智力的组成要素而言,通过对智力定义的广泛讨论可以得出的结论是,智力不是由一个单一要素构成的,而是由多种要素构成的,如Thurstone 的群因素理论和 Gardner 的多元智能理论。显然,言语智力是总体智力的重要组成部分,它是在语言加工中的一种重要的认知能力。这就是为什么我们衡量的两项变量,汉语关系从句加工的反应时和正确率都与言语智商相关。

汉语关系从句加工的反应时与总智商密切相关,但是其正确率与总智商之间并无明显的相关性。为什么这两项变量之间会出现不同的结果? 首先,观察汉语关系从句加工的刺激句,我们可以发现所有的刺激句都是由一些常见的词组成,实验中没有出现生僻的词,实验如此设计是为了让大部分被试都能接受这些刺激句。因此,在被试基本都能理解刺激句的情况下,汉语关系从句加工的正确率和总智商之间并无明显相关性,表明在智力测验中取得高分的被试在汉语关系从句加工的正确率方面不一定表现得很出色。换句话说,相对简单的汉语关系从句的刺激句导致被试在汉语关系从句加工的正确率方面差异不明显。

被试被要求用手完成大部分操作量表中的分测验。操作量表中的所有分测验不直接和语言相关或者和汉语关系从句加工所需要的能力相关。因此,汉语关系从句加工和操作智商之间并无明显相关性。

二、智力的具体因素与汉语关系从句加工的相关性

与汉语关系从句加工的正确率相比,反应时和总智商更相关。同时,反应时还要比正确率和具体的智力因素更相关。反应时和知识、数字符号以及数字广度相关,这三项分测验都属于言语量表中的分测验。为什么它们之间有关联呢? 首先,让我们分析一下这三项分测验所反映出的能力。根据 Wechsler 的观点,人的智商越高,兴趣就越广泛;好奇心越强,获得的知识就越多。知识分测验可以检测出被试的知识广度和兴趣爱好的广泛程度。同时,这项测验可以反映出被试的长时记忆情况。设想一下,如果一个人喜爱阅读,就会有阅读的习惯,那么会发生什么呢? 如果一个人阅读量很大,自然就会提高阅读效率。比如说,在最开始一个人每秒能读 5 个词,经过阅读的实践锻炼,这个人一秒很可能达到 8 个词的阅读量。有时很广的知识面代表了高效率的输入,这也适用于关系从句加工,尤其是在反应时方面,可以反映出语言输入的效率。因此,汉语关系从句输入效率越高就意味着反应时间越短。

汉语关系从句加工的反应时和数字广度相关。被试在这项分测验中被要求顺背或倒背数字,每次增加一个数字,这说明难度在递增。因此,注意力和短时间的记忆力对被试来说是最重要的。良好的注意力是被试记住这些数字的基础,良好的短时记忆力能够确保被试准确记住这些数字。工作记忆已被证明是影响关系从句加工的重要因素。被试如果有良好的注意力和短时记忆力,那么就能在数字广度这项测验中表现良好。同时,这些能力也是关系从句加工所需要的,会直接帮助被试用较短的时间对刺激句做出反应。

汉语关系从句加工的反应时和数字符号相关。这项分测验有时间限制,这就要求被试高度集中注意力并且快速发现数字与符号之间的联系,

因此注意力和记忆力是此项分测验最需要的能力。在汉语关系从句加工的实验中，被试同样需要高度集中注意力并对刺激句快速反应，这必然导致较短的反应时间。因此，数字符号测验中的高分数表明足够的注意力和较快的反应速度，这两种能力与汉语关系从句加工所要求的能力一致。

比较智力测验的这三项分测验，尽管它们都和汉语关系从句加工的反应时相关，但是相关系数不同。数字广度、数字符号和知识与汉语关系从句加工之间的相关系数分别为$|-0.412|>|-0.349|>|-0.315|$。实验结果表明，数字广度和汉语关系从句加工的反应时相关性最大。数字广度测验在 11 项分测验中可以反映出被试的短时记忆力以及注意力。汉语关系从句加工的实验要求被试高度集中注意力和具有良好的短时记忆力，这样被试就能很快对刺激句做出反应，即有较短的反应时。这就是为什么汉语关系从句加工和数字广度最相关。

正确率只和领悟这项分测验相关。领悟测验属于言语理解范畴。被试在这项测验中被要求回答问题，以他们的回答来判断表现如何，是否掌握了良好的组织信息的能力等。掌握了良好的组织信息的能力说明被试有良好的思考能力以及对言语信息有较高水平的理解领悟能力，因此当他们接收了刺激句的输入，就更易给出准确的反应，从而表现出较高的正确率。

三、智力水平与汉语主语及宾语关系从句加工的相关性

比较智力水平和汉语主语及宾语关系从句加工的相关性来看，二者实验结果具有一致性。主语关系从句加工的反应时和正确率以及宾语关系从句加工的反应时和正确率都和言语智商相关。通过因素分析法可知，言语理解因素被视作影响汉语关系从句加工的首要因素。词汇、知识、领悟和相似性测验是最能反映言语理解智力因素的四项分测验。这四项分测验都属于言语量表，因此言语量表最能反映出一个人的言语智商和汉语关系从句加工的相关性。

不同的是，汉语宾语关系从句加工的反应时和总智商也相关。对于主语关系从句加工的反应时和言语智商的相关性、主语关系从句加工的正确率和言语智商的相关性、宾语关系从句加工的反应时和言语智商的相关性以及宾语关系从句加工的正确率和言语智商的相关性，相关系数为$|-0.290|$、$|0.358|$、$|-0.349|$和$|0.347|$。观察相关系数不难发现，宾语关系从句加工和言语智商的相关性更高，并且主语和宾语关系从句加工和操作智商都不相关，这表明二者和言语智商的相关性直接影响着和

总智商的相关性。正是由于这点小小的差异，宾语关系从句加工的反应时和总智商的相关性也比较低，$|r|=|-0.281|$，在统计学中，当$|r|<|0.3|$时，两个变量间的相关性非常低，甚至可视作无相关性。

比较反应时和正确率这两个变量在汉语主语和宾语关系从句加工中与言语智商的相关性可以得出，汉语主语关系从句加工的正确率和言语智商的相关系数$r=0.358$，汉语宾语关系从句加工的正确率和言语智商的相关系数$r=0.347$，这两个相关系数非常接近，它们和言语智商的相关性基本相同。在统计学中，当$0.3\leqslant|r|<0.5$时，表明两个变量之间呈低程度相关。因此，汉语主语和宾语关系从句加工的正确率和言语智商都呈低程度相关。对于汉语主语和宾语关系从句加工的反应时和言语智商的相关性来说，$|r|=|-0.290|$和$|-0.349|$，前者属于很低程度相关，后者属于低程度相关，二者都是在中等相关程度以下。

第五节 结 论

以往的研究几乎没有涉及智力水平和汉语关系从句加工的相关性，因此本研究采用智力测验和汉语关系从句加工实验对其相关性进行了探讨。在本研究中，汉语关系从句加工的反应时和智力水平相关，尤其是总智商和言语智商。比较而言，汉语关系从句加工的反应时和总智商的相关性高于其和言语智商的相关性（$|-0.393|>|-0.352|$）。汉语关系从句加工的反应时和操作智商之间的相关性分析中，显著值p不具统计学意义，没有发现二者之间有明显的相关性。汉语关系从句加工的正确率和言语智商相关，和总智商及操作智商无关。与反应时相比，正确率和言语智商的相关系数更大一点（$|0.401|>|-0.352|$），表明汉语关系从句加工的正确率和言语智商相关性要比反应时和言语智商的相关性高。总的来说，和汉语关系从句加工最相关的就是言语智商。

就具体的智力因素而言，汉语关系从句加工和四项分测验相关，分别是知识、领悟、数字符号和数字广度。汉语关系从句加工的反应时和知识、数字符号还有数字广度相关。正确率仅和领悟测验相关。这四项相关的分测验可以反映出参与到汉语关系从句加工中的不同的智力因素。知识和领悟反映的是言语理解力，数字广度反映的是记忆力和注意力，数字符号测验是一项结合了言语理解、知觉组织、记忆力和注意力的测验。从实验结果看,最影响汉语关系从句加工的智力因素为言语理解能力,其次是记忆力和注意力,最后是知觉组织这种智力因素。

从汉语主语关系从句加工和智力水平的相关性来看,它的反应时和正确率都和言语智商相关,和操作智商及总智商无关。就汉语宾语关系从句加工和智力水平的相关性而言,反应时和言语智商及总智商都相关,和操作智商无关。经过比较相关性系数,宾语关系从句加工的反应时和言语智商比主语关系从句加工的反应时和言语智商更相关一点(|-0.349|>|-0.290|)。两种关系从句的正确率和言语智商的相关性基本一致。

从实验结果看,汉语关系从句加工和智力相关,尤其是言语智商。在汉语关系从句加工的实验过程中,被试主要受三种智力因素的影响,分别是言语理解力、记忆力和注意力、感知组织力,这些智力因素可以通过四项分测验反映出来,即知识、领悟、数字广度和数字符号。汉语主语和宾语关系从句加工的反应时和正确率都和言语智商相关。宾语关系从句加工也和总智商相关。

本研究的刺激句皆是从句论元为生命性名词的汉语关系从句,所以实验结果的普遍性需要进一步证实,实验结果是否可以运用到其他情况下,比如,从句论元为无生命性名词的汉语关系从句。

考虑到这个问题,我们提出以下研究方法和方向可做进一步研究:采用综合性的刺激句,比如无生命性的汉语关系从句,来验证研究结果的普遍性;研究智力水平和英语关系从句加工的相关性。

第七章

汉语关系结构语境下的N400预测性效应研究

第一节 引 言

近年来,众多研究表明,基于语境的预测在语言理解中占据重要的作用(Van Berkum et al., 2005；DeLong et al., 2005；Staub & Clifton, 2006；Federmeier, 2007；Lau et al., 2008；Dikker et al., 2009)。语言输入经常是开放性的、随机的、高速的,但也受限于诸多确定和不确定的因素。在语境的约束下,语言加工借助预测会在语言理解过程中起到很大的促进作用,特别表现在加速计算和区分开放式输入方面。

N400成分作为语境语义理解的最具有说服力的指标之一,可以测量大脑对特定的感觉、认知或运动事件的直接反应结果。确切地说,ERP 指大脑对任何刺激做出的惯性电生理反应。利用这种方法来研究大脑,可以无创性地观测到大脑如何在多种认知事件中运行相关功能。作为 ERP 的一种特殊成分,N400 成分是在 ERP 波形约 400 ms 处才显现的负向偏离波峰,主要表示大脑针对大范围内的视觉和听觉刺激做出的反应。当一个词出现在强约束性语境中,不管是词汇联想还是预测性句子或话语框架出现时,N400 波幅都会减少(Kutas & Federmeier,2010)。关于 N400 波幅减少究竟是代表了语境有助于激活存储记忆表征,还是说明了在大脑整合与前语境及世界知识(world knowledge)相关的新输入时,语言加工出现了难度的降低,还没有形成一致的结论。但是,大多数学者认为,至少部分 N400 效应是由语境预测目标语的程度导致的(Van Berkum et al.,2005;Federmeier,2007;Lau et al.,2013)。

本研究将对于该争议的讨论引入汉语关系结构语境的范畴,尝试从全新的角度界定促进汉语关系结构加工的关键点。采用的方法是,在保持汉语关系结构和目标词语之间的所有语义记忆关系不变的情况下,通过控制相关配对的所在比例,调节关系结构启动成分对于目标词语的预测效度。实验采用了语义范畴探测检测任务以激励实验被试在排除对实验内容偏好的前提下对材料进行语义加工。若基于世界知识的语境促进后的 N400 波幅只是使记忆表征之间的激活和联系变得广泛,那么,N400 效应就不应该随着整体预测效度的变化而变化。但是,如果基于世界知识的语境促进的 N400 成分是由刺激输入的特定预测引起的,那么,被试在做出更多基于语境的特定预测时,N400 波幅就会大幅地下降。同样地,错误的预测也会出现类似的情况,因为在语义理解方面可能会付出额外的代价。实验中观察到相关目标词语的 N400 波幅减少量在相关性的高比例组块条件下要低于低比例组块条件。这一结果印证了:被试基于自身的世界知识对即将呈现的输入进行预测会产生 N400 效应。

一、N400 和预测效应

一种简单地检验某个词如何"预测"出下文的方法是:给实验被试提供一些词,并要求他们完成整个句子,然后根据句子的结果分析完成情况。这种方法就是完形概率(cloze probability)(Taylor,1953)。若所有的被试都用同样的方法完成含有给定词的句子,得到的结果也许就合理地成为该词的"预测"结果,完形概率就会很高。

N400 效应与预测性密切相关的第一个指标来自实验中的观察。句子中某个词的 N400 波幅与该词的完形概率直接相关,并且,较高的完形概率会对应出现 N400 波幅降低的情况(Kutas & Hillyard, 1984)。后来的研究表明,在阅读一个句子时,预测下一个词的难度会随着阅读的进展而变得更容易,目标词的 N400 波幅在句子呈现的过程中会逐渐减少(Van Petten & Kutas, 1990, 1991)。Federmeier & Kutas(1999)的研究表明,即使低完形概率的不一致词(在不一致控制条件下)与高完形概率的词共享语义特征,也会出现 N400 波幅降低的情况。

文本加工相关文献的研究表明,潜在的相关存储表征会通过简单、被动的"共鸣"得到激活,就好像在理解文本时的长时记忆机制一样(Gerrig & McKoon, 1998;Myers & O'Brien, 1998)。除了复杂的信息层面的语义,这种共鸣也会在语义关联或相关词汇及存储图式中间出现。但是,先前的 ERP 研究显示,至少在某些情况下,简单的词汇关联,基于图示的关联或词汇间其他类型的简单语义关联等并不能完全解释在句子或语篇中观察到的 N400 效应(Van Petten, 1993;Coulson et al., 2005;Otten & Van Berkum, 2007;Nieuwland & Kuperberg, 2008;Kuperberg et al., 2011)。但是,也存在这样的可能性:较复杂的概念存储表征,如与日常事件或状态相关联的表征,先被句子或语篇层面的信息激活,然后再是与扩散激活相关联的共享语义特征的词被激活(Sanford et al., 2011;Paczynski & Kuperberg, 2012)。总之,一个高完形概率词的出现,可能不是因为语境因素导致的,而只是因为它本身或与之对应的概念与人类记忆中的存储信息相关联,而该存储信息是随着文本的展开被动激活的。

简单来说,上文提到的观点解释了高完形概率词语在句子加工中更易出现的原因,认为建构的存储表征结合体和语境层面词汇的结合体会生成更高级的表征。例如,说话者通过句子和语篇层面想表达的信息表征都会包含在句子理解中。但是,学界对于这种高级表征的解码方式给出了不同的解释。一种说法认为,这种高级表征激活了存储材料,然后又广泛激活了即将出现的输入加工。另一种说法则认为,概念表征预测和确认了特定的即将出现的词汇,这些预测可能包括预激活最可能出现的词或词组的概念、音系和书写表征。两种加工机制解释都各自得到了大量研究的支持,本研究旨在整合它们的贡献。

由于存储的知识引起预测或扩散激活的结果都差不多,为了区分这两种机制,需要借助某种形式的工作记忆来控制在线的高级表征(Jonides et al., 2007)。这里的预测专指先于实际输入并正在更新的控制记忆的高级表征机制。例如,加工残缺句子"在高峰期,城市地铁……"时,"拥挤的"这一表征就会被预测性地加入工作记忆表征的信息中,这是说话者猜想到的内容之一。与之相反,被动共鸣或扩散激活说法仅强调了在长时记忆中需求参照的存储表征的激活层面。因此,在加工残缺句子"在高峰期时……"的过程中,"拥挤的"就可能在长时记忆(伴随其他关联的词和语义特征)中被激活了,但是该词语不可能充当该句子的延续成分。也就是说,实际上,"拥挤的"并不是在工作记忆开始前就被添加到高级表征中的。虽然,预测专用于工作记忆表征,但是,这种用处也能影响长时记忆表征的激活层面。例如,潜在地向长时记忆添加词汇表征也会导致长时记忆表征的额外激活,这样也能通过被动扩散激活长时记忆表征。所以,预测机制和扩散激活机制都可能以不同的途径影响长时记忆的表征。

先前的句子层面研究通过不同的范式为词汇预测的促进效应提供了令人信服的证据。在这些研究中,功能成分的形式取决于后续被预测的实词(Wicha et al., 2004; DeLong et al., 2005; Van Berkum et al., 2005)。例如,DeLong et al.(2005)就指出,当语境能强烈地预测一个以辅音开头的词如"kite"("The day was breezy so the boy went out to fly ...")时,实验中会观察到相对于"an"来说,冠词"a"有较少的负性出现。"an"只出现在以元音开头的词前面,因此与被预测词不匹配。在这些研究中,被预测词本身并没有作为ERP的目标语出现,但是研究结果证明,词汇预测确实在某些条件下存在,这一观点具有很强的说服力。然而,这些结果在识别经典N400语境促进效应的程度方面,以及该效应究竟是由预测还是被动共鸣引起的等方面仍缺乏足够的说服力,毕竟这些实验观察到的预测效应要比在预测名词实验中观察到的弱。

二、汉语关系结构

作为最普遍的语言现象之一,关系从句在世界各地的主要语言中被广泛研究。在心理语言学领域,以日语和汉语为代表的亚洲语言中的主语或宾语关系从句加工优势问题仍存在争议。汉语作为全球使用者最多的语言,也成为争议的焦点之一。不同的研究结果支持不同的加工优势。汉语宾语关系从句加工优势首先得到一个自定步速阅读实验的证明。这一发现随后又被一个重新设计的自定步速阅读任务的研究结果推翻,该研究得出主语关系从句加工优势的结论(Hsiao & Gibson, 2003)。接着,又有其他实验方法分别验证了这两个结论。例如,失语症研究和ERP研究结果支持宾语加工优势(Packard et al., 2010;周统权等,2010;张强、杨亦鸣,2010);自定步速阅读任务的实验方法也支持宾语加工优势(陈宝国、宁爱华,2008)。在主语加工优势研究中,生命性这一属性也被考虑在内,研究者发现它对主语关系从句加工有促进作用(Wu et al., 2012)。总之,如本书前文所述,汉语关系从句的加工优势问题至今仍无定论。

与热度不减的关系从句研究相比,与之密切相关的关系结构(relative construction, Rel-Con)的研究比较有限。与英语关系结构相关的研究着力于描绘不同类型的结构特征,将其归结到生成语法中语言较普遍的性质当中(Sag, 1997; Culicover, 2011)。但是,关于汉语关系结构的研究则多集中在无限性(infiniteness)上(Tsao, 1986; Tsai, 1994)。这可能是因为汉语比较复杂,阻碍了本身系统化的研究,却为其他问题的研究开辟了空间(陈宗利,2007)。

三、语义启动中的相关性比例

本研究采用一种与普通的阅读较多自然句子或语篇不同的方法,通过控制语义启动的相关性比例(relatedness proportion),使语义关联的启动—目标配对的比例随实验条件的变化而变化,从而观察基于语境预测的 ERP 信号的变化。由于这些配对都是由汉语关系结构和汉语词语组成的,也可以说是自然句子或语篇的一部分,被试应该不会有过多的陌生感。这种方法的优点还在于,实验设计可以保证语义内容在各种条件下保持一致。

由于缺乏现成的方法量化复杂的存储场景和图式记忆关联,研究者在一定程度上很难构建一个刺激,使它既符合语境预测又刚好符合目标项的语义关联。另外,弱约束性语境有时还会产生歧义,研究者还需要尽可能规范化强约束性和弱约束性句子结构,例如需要考虑这些语境是否能预测相同的高概率结果或低概率结果。本研究通过保持恒定的语义内容来避免上述问题。与此同时,预测的可能性也能从对更大实验语境的改变中得到调整。

众多的相关行为实验已经证明,相关性比例的增长会促进相关试次(trial)的语义启动,并增加无关试次加工的可量化代价(Posner & Snyder, 1975; den Heyer et al., 1983; de Groot, 1984; Neely et al., 1989; Hutchison et al., 2001)。这些研究结果的一些方面说明相关性比例效应是由预测加工调节假说所决定的(Neely, 1977; Becker, 1980)。首先,相关性比例往往在实验的启动刺激和目标刺激的时间间隔(SOA)中不影响加工时间。在这类范式中,扩散自动激活则被认为是支持启动效应的,而且这种效应似乎会随着 SOA 的延长而增加(Posner & Snyder, 1975;

Grossi, 2006；Hutchison, 2007）。其次, Hutchison（2007）指出,相关性比例对语义启动的影响也存在个体差异,与工作记忆和注意控制的测量方法有关,如操作广度和 Stroop 任务。从上文的讨论中可以清晰地看出,预测机制需要由来自工作记忆的较高级别表征的预期产生。回顾策略如语义匹配（明确地评估启动刺激与目标刺激之间的语义匹配）,也已经被用来调节在词汇判断范式中的启动效应。但是,正如在相关性比例的控制实验中所观察到的那样,促进语义匹配的因素也会引起不同的效应。

尽管句子理解涉及很多不同的加工过程,并不只是相关性比例范式,但是,由相关性比例效应支持的词汇预测的关键过程,似乎与发生在句子和语境理解时的词汇预测很相像。一旦被试意识到很多的启动—目标配对确实有着很相近的关系,他们就会试着将配对本身预测为工作记忆中的一个表征。也就是说,关系结构作为启动项出现后,一个与之有强关联性的目标词就会被预测性地加入启动—目标配对的工作记忆表征中,也就是高级表征。该预测过程也被认为仅发生在被试期望启动—目标配对相关联时。正如之前指出的那样,高比例关联对是存在的。如果反过来,很少匹配对相关联,词汇促进关联目标的情况就成了另外一种说法,即:长期语义记忆中存储的被动启动表征解释。

先前关于相关性比例效应的行为反应实验结果在某种程度上也是有参考价值的。但是,由于这些实验将多阶段加工的效应叠加在一起,始终未能明确地证明预测是否促进词汇加工。因此,这些效应结果也可能是受到了较后期的词汇判断任务差异的影响。同时,这些结果也不能解释之前提到的问题,即 N400 波幅由预测调节的说法是否优于扩散激活效应的说法,毕竟 N400 也不总是与行为反应变化一致（Holcomb et al., 2002）。

之前的 ERP 研究实验为上文提到的问题提供了初步的重要数据。Holcomb（1988）在词汇判断任务（lexical decision task）中借助 SOA（1 150 ms）,要求被试注意高相关性比例组块中的启动—目标配对间的关联,同时,忽略低相关性比例组块中的关联。结果显示,高相关性比例组块的目标语的 N400 启动效应更显著。这种差异的表现是关联目标的 N400 波幅减少,而非不关联目标的 N400 波幅增加,与预测促进说法吻合。同时,Holcomb（1988）也证明了,不关联目标相对于关联或中性关联目标有一个更大的晚期正波。这可能反映了错误预测的代价（Kutas & Van Petten, 1988, 1994）。Brown et al.（2000）指出,较高的相关性比例会在词汇判断范式中引起 N400 启动效应增加,即使没有明确要求被试注意启动—目标配对间的关联。Brown 及其同事们也在第二个实验中证明了相关性比例效应不显著的问题。在该实验中,被试没有明确任务。这也恰好说明,预测机制不是正常语言加工的一部分,引起相关性效应不显著的是词汇判断任务本身。Grossi(2006)的解释是,相关性比例仅在刺激呈现 50 ms 情况下的词汇判断中,不调节行为或 N400 启动。这也与之前提到的说法相吻合,相关性比例对 N400 效应在自上而下的预测中的影响是需要时间来产生的。

尽管这些发现表明最好能将词汇加工和语义加工的预测效应分离,但是这种分离的相关研究也不是很理想。例如,语义层面的加工可能不完全参与词汇判断任务,而那些额外的、不可能发生在普通理解过程中的策略,如语义匹配,可能就会参与词汇判断任务。另外一种情况是,词汇判断任务中的预定目标所要求的运动反应,也可能干扰 ERP 效应。例如,如果高比例条件下的关系结构启动导致了特定关联目标的期望,表征的却是不相关的目标词,那么被试对这个特定目标语的反应可能就会一直保持着,直到检测到正确的词语。这种没有得到满足的期望也因此可能会引起除了词汇级别的表征冲突外的短暂反应冲突。虽然 Brown et al.(2000)在实验中用的默读任务存在以下特点:在语义关注方面,不需要完成任何任务情况下阅读一系列词对(word pair)与自然阅读仍然存在一定的差异。但是,无任务状态下阅读长串的词对可能不太符合自然理解的其他性质,如词义注意不产生影响。低级语义加工可能会降低词汇语义的预测,因此也会导致更弱的相关性比例效应。的确,尽管在安静的阅读实验环境下,相关性比例对启动效应的影响不是很显著,但是 N400 效应在高比例条件下更显著。

本实验采用的是语义探测任务(semantic probe detection task)。该任务要求被试根据定义的范畴类别做出反应。这样的实验设计有三个优势。首先,与一般原则上只要求完成词形的词汇判断任务相比,该任务要求获得的是词汇语义。这样可能会引起较小的语义加工。其次,该任务消除了许多追溯语义匹配策略引起的潜在效益。追溯语义匹配策略有助于理解目标语义,评估启动词的匹配度。语义探测任务要求在接近目标语义时就能立即做出判断,这显然不是捷径。最后,该任务不需要被试对关键的目标词做出明确的反应,也就是说,与反应相关的 ERP 时间窗干扰不再是问题。

与 Holcomb(1988)的研究相比,本实验不涉及对启动—目标配对间关联的讨论,也不会存在两个组块是分离状态的说明。这样,针对相关性比例的各种不同反应就只能通过假设来解释,例如假设被试没有随时间变化明确注意到预测效度的改变。低比例组块会首先被表征给所有的被试。如果反过来,高比例组块先被表征,就会对低比例组块产生显著的移行效应。这一定程度上是因为被试可能会持续认为,启动词仍然预测目标词,直到足够的信息表征扰乱这种过程。也正是因为如此,低比例组块才要在实验中首先表征给被试。这样,被试在看到低比例组块时,至少还能基于关系结构启动找到迹象预测目标词。在整个实验中,也会有诸如注意力和疲劳因素的影响,这些与实验被试相关的主体因素也很可能随时间降低 N400 效应,与主要假设——增加的促进效应与预测密切相关——相矛盾。

本研究将会就以下两个假设进行讨论。第一,正如之前诸多研究所显示的,语义启动会引起一个主导的关联效应。具体而言,与非相关的目标词相比,与汉语关系结构启动相关的目标词会引起 N400 波幅的降低。第二,如果增加的相关性比例需要被试使用关系结构预测即将出现的目标词,这样的预测结果能进一步促进词汇加工,那么实验结果中就会得到大量不同的相关性比例效应:高比例组块的相关目标词的 N400 波幅减少程度要比低比例组块的更大。

第二节　研究方法

一、被试

实验被试为大连理工大学的 20 名硕士研究生(12 男,8 女),年龄在 20—26 岁之间,平均年龄为 23.4 岁。所有被试的母语均为汉语,使用右手,视力正常或矫正正常,无阅读困难史或神经紊乱史。在实验进行前,根据大连理工大学的现存准则,所有被试都以文本或电子形式享有知情权,自愿参加本实验并同意配合实验全部过程,实验结束后获得适当报酬。

二、实验材料

表 7.1 概括了本实验所用材料的设计情况。本实验采用的是 2(低比例/高比例)×2(相关性/非相关性)的双因素设计。实验材料分为两种:

低比例组块和高比例组块。其中,10%的关系结构被设定为与低比例组块相关,而50%则被设定为与高比例组块相关。实验还选取了几组设计平衡的测试配对,对照检验实验因素引起的效应。比例控制则是通过将不同比例的相关性和非相关性填充配对插入测试配对来实现。最后,从每个组块中,选取一组动物词汇,作为语义探测检测任务。每种组块均含共200个关系结构配对,每个实验中总共有400个测试配对(见附录7)。实验刺激包括相关的汉语关系结构启动和目标词语。每个目标词语仅出现一次,且紧随着相关性或非相关性的结构启动,分别与高比例组块和低比例组块相组合。

表 7.1　两组比例组块的材料设计

低 比 例 组 块	高 比 例 组 块
20 个相关性目标刺激	20 个相关性目标刺激
20 个非相关性目标刺激	20 个非相关性目标刺激
20 个动物词探测刺激	20 个动物词探测刺激
140 个非相关性填充刺激	60 个非相关性填充刺激 80 个相关性填充刺激

　　为创建如上所述的相关性和非相关性的实验对,本实验从南佛罗里达大学自由联想规范(University of South Florida Free Association Norms)中选取了80个高关联的启动—目标配对。该数据库是美国最大的词汇自由联想数据库。针对5 019个刺激词,6 000多名参与者贡献了100万词中的将近四分之三的反应词。其中,参与者被要求在看到呈现的刺激词时,在旁边的空白处写出脑海中首先想到的,与呈现的词语义相关或密切联系的词。在该数据库中,自由联想用于识别词语关联强度、数量和方向。用自由联想测量关联度一直被视为一种可靠的手段。与词对的关联性相比,自由联想存在诸多优势(Nelson et al., 2004)。

　　本实验材料的标准之一就是,所有配对的顺向联想强度都被检验,且都保证在0.5(即当呈现该启动词时,有50%的被试会反映出相应的目标词)以上,而平均关联强度大于0.6。所有的关联配对都在实验前被至少100个被试测试过。那些在英语中有词形重叠的关联对被排除在外。由于设定的探测任务是针对动物词汇做出反应,所有的关联对都是筛选过的动物词汇。

　　然后,我们将筛选出的 80 对关联性强的启动—目标配对组成汉语关系结构。为保持一致性,整个过程严格遵循"关系结构由七个汉字组成和目标词由两个汉字组成"的模式,对汉语关联对在数量上进行关系重建,并去掉准确的汉语。最后再校对并改正汉语中无意义的动物词汇。

　　之后,我们随机重新把汉语关系结构分配到目标词语中,并手动确认所有的关联对都不是偶然形成的,形成 40 个非相关性测试配对。然后再形成 80 个相关性和非相关性配对,并加入拉丁方设计的两个列表中,确保这两个列表不包含重复的结构或目标词。之后把列表再继续一分为二,保证每个组块中都有 20 个相关性配对和 20 个非相关性配对。

　　最后,我们为每个组块分配 20 个探测试次和余下的填充刺激配对。一个探测试次包含一个随机选取和建构好的汉语关系结构及一个动物目标词。其中的汉语关系结构与目标词毫无关联。实验中用到的动物词汇来源于在线的《中国大百科全书》,全部选用两字汉语词汇。为使每个组块中的相关性比例达到预期要求,实验在低比例组块中加入了 140 个非相关性填充刺激试次,使相关性试次占到 10%;在高比例组块中则加入 60个非相关性填充刺激试次和 80 个相关性填充刺激试次,使其占到 50%。另外,相关填充配对也是从南佛罗里达大学自由联想规范中选取的,并且确保不存在重复的词汇或结构。

三、实验程序

(一) 实验刺激呈现

　　实验材料按照预设顺序,借助心理学软件工具 E-Prime 依次呈现。它的优势在于能单独呈现文本、图片、声音这三种形式,或同时呈现三种中的任意两种;能提供详细的时间和事件,包括呈现事件和反应时间,供进一步数据分析使用;有利于理解真实实验中操作时间引起的问题。E-Prime 主要用于心理学实验,并且使得心理学实验时间最优化。刺激的呈现与屏幕刷新同步,精确度可达毫秒级别。

　　在实验过程中,被试坐在舒适的凳子上,在光线较弱、隔音效果良好的房间中单独进行实验。刺激以 60 Hz 的刷新率呈现在分辨率为 1 920×1 080 的 LED 显示屏上。这些刺激词均以 24 号黄色宋体呈现在黑色背景中。每组实验都以固定的十字形开始,呈现在屏幕中央 700 ms 后,出现100 ms 的无画面黑屏。然后呈现 500 ms 的启动词,之后又是 100 ms 的无画面黑屏,接着呈现 900 ms 的目标词。最后再以 100 ms 的无画面黑屏结束。每组实验均如此。实验开始前,被试被提前告知,看到屏幕上出现动物名时,按下键盘上的"J"键,图 7.1 是一组实验的流程图。实验过程分为两个阶段(两个组块),每次都从低比例组块开始。200 组实验,每组大概需花费 8 分钟。在实验正式开始前,为了使被试熟悉实验流程,会有五组练习实验。

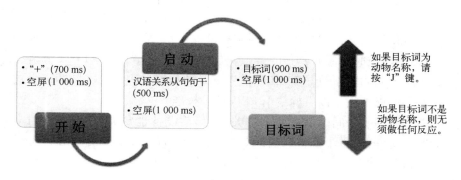

图 7.1　实验单个试次流程图

(二) 脑电记录

主试首先测量电极位置 Cz、FPz 和 Oz,然后给被试带上 36 导的电极帽,同时要保证 Cz 电极准确地落在标记的位置。

主试将电极帽的 10/20 配置连接到 Neuroscan Nuamps Amplifier,用 USB 连接线将 Model 7181 型号(Compumedics Neuroscan)连接到电脑上,用于收集足够强的 EEG 信号。同时,在电脑上安装、配置软件 Scan 4.3,用于检测数据获取过程。按下扫描接口左侧面板的"Acquire"键,即可启动获取程序。然后从菜单面板到加载电极位置配置文件,执行 File → Load Setup 命令。更多的参数设置要执行菜单面板的 Edit → Overall Parameters 命令,设定样本率为 250 Hz,带通为 0.1—40 Hz。最后,把电极放入左侧和右侧的乳突中作为参考,执行 Edit → Nuamps Setup 命令,设定参考电极选项为(A1+A2)/2。

然后,主试依次把电极导电膏注射到各个电极中。注射前,先执行电脑菜单面板中的 Impedance 命令,检测每个连接电极的即时阻力状态。注射时,要先从 GND 位置注入。直到所有头皮、乳突和眼电电极阻力小于 5 kΩ,能够正常接收信号为止。用磨砂膏清洁头皮的角质层后,把参考电极 A1 和 A2 注满导电膏,用胶带粘在被试耳朵边的乳突处。然后用同样的方法把 HEOR(右眼眼角)和 VEOL(左眼往下 1 厘米处)电极处分别注入导电膏。此时要注意不能把放大镜的连接线翻过来,以免挡住被试的视线。再依次将其他电极注入导电膏。当这些步骤都完成时,电脑显示器显示除了 A2 电极外,其他连接电极的即时阻抗都低于 5 kΩ。这说明,被试和电脑已经建立良好的连接,随时可以开始收集数据。

被试准备好时按下工具栏的绿色"Start"键,使当前的 EEG 信号即时呈现。在 E-Prime 上设置并开始呈现实验材料时,主试要按下工具栏的圆形"Record"键,开始记录信号。在实验过程中,当被试集中精力于面前的显示器做出及时反应时,另外一台之前连接过的有着 1 280×1 024 分辨率 LED 显示屏的电脑,会追踪 EEG 信号记录的持续过程。校准脉冲也会被记录下来,以便用于以后的线下 EEG 信号校准。

实验期间,房间内的灯要全部关掉,移动设备也要关掉,以减少对电脑和放大器的电磁干扰,帮助被试在光线较暗的条件下专心于屏幕上呈现的材料。同时,实验房间也应禁止无关人士进入,以避免产生不必要的噪声,干扰被试以自然状态完成实验任务。

(三)数据分析

用 EEGLAB 工具栏(Delorme & Makeig,2004)提供的预处理功能及附加程序 MARA(Multiple Artifact Rejection Algorithm)(Winkler et al.,2011)的自动识别功能滤去眼睛和肌肉电波后,线下对目标词汇平均 ERP 的锁时就会形成。所谓的 EEGLAB 是交互软件 MATLAB 的工具栏,用于处理持续的、和事件相关的 EEG、MEG 及其他电生理数据,包括独立成分分析、时间/频率分析、排除伪迹,事件相关统计及几个有用的平均或单实验数据的可视化模式。EEGLAB 提供的交互式图表使用界面,允许用户灵活、交互地利用独立成分分析、时间/频率分析和标准平均方法,处理高密度的 EEG 和其他动态脑电数据(Delorme & Makeig,2004)。MARA 是 EEGLAB 内置的开放资源,可以使手动标记的独立成分自动化排除伪迹。MARA 的核心是一个学习算法的检测机器,能通过空间、光谱和时间域提取六种特征,向 1 290 种成分的专家评级学习。这些特征被优化,用来解决"拒绝 vs 接受"的二元分级问题(Winkler et al.,2011)。

只有被试在下一组实验开始前做出的或抑制的正确反应才能被算在目标词汇的加工中。对这 20 个被试的数据的分析结果显示,其中 6 个的数据不可用,因为它们有超过 50% 的干扰电波。在统计分析前,我们从所有的波形中提取一个 100 ms 的前刺激基线作为纪元参考,并对数据设置一个 15 Hz 的低通滤波,然后创建波形。

为验证高相关性比例会增加 N400 启动的假说,进一步确认 N400 的预测效应存在,实验用 IBM SPSS Statistics 21,以同样的方法即类型 III 方差分析,计算所有电极位置,刺激实施后 300 ms 和 500 ms 之间的 ERP 波幅的均值,并将相关性和比例分别作为相关实验系数。IBM SPSS Statistics 是一个统计分析软件,可以从头到尾为数据分析过程提供核心功能(Greenhouse & Geisser,1959)。该软件使用方便,有助于编辑和发布调查、数据采矿、文本分析、统计分析、协作和部署等。

第三节 实验结果

一、行为数据结果

实验要求被试只有在探测目标刺激中遇到动物词时才按键。计算结果时,只会考虑对目标呈现的反应时在 900 ms 以内,并且对非探测目标刺激的反应准确率在 99.1% 的数据。统计数据分析显示,被试在低比例条件下识别动物探测词汇的平均准确率为 97.5%($SD = 3.3\%$),而高比例条件下为 97.5%($SD = 3.8\%$)。说明比例条件对实验无影响。被试对低比例组块的平均反应时是 591 ms($SD = 69$ ms),而对高比例条件组块平均反应时为 634 ms($SD = 85$ ms)。配对样本 t 检验结果显示,被试在这两种组块中的反应时差异性显著,$t(13) = 2.16, p < 0.01$。这说明,正如假设的那样,相对于低比例组块而言,被试在高比例组块中对动物词汇反应慢一些。

二、ERP 数据结果

图 7.2 和 7.3 展示了高低比例组块的四种组合(相关性高比例/非相关性高比例、相关性低比例/非相关性低比例、相关性低比例/相关性高比例、非相关性低比例/非相关性高比例)情况下被试的 N400 波幅。从表中可以看出,这两种比例组块中都有特殊的 N400 语义启动效应(非相关性目标的效应比相关性目标的负性更强);和假设一致,高比例组块中的 N400 效应要比低比例中的强。

我们用相同方法对所有电极位置的 300—500 ms 时间窗内的波幅做了方差分析,结果表明相关性起主导作用,$F(1,13) = 8.06, p < 0.01$,相关性和比例之间有着显著的关联,$F(1,13) = 9.92, p < 0.01$。这种关联是因

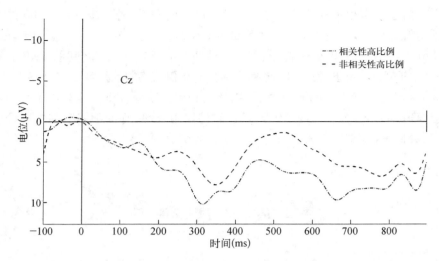

图 7.2 Cz 位置相关性和非相关性高比例目标刺激平均 ERP 波形图

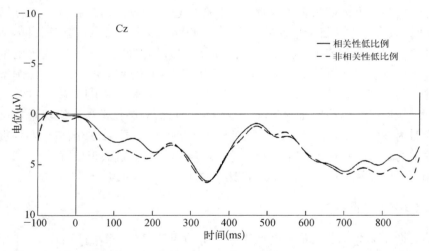

图 7.3 Cz 位置相关性和非相关性低比例目标刺激平均 ERP 波形图

为高比例条件下的相关性效应更大(相关性低比例为 $0.98\ \mu V$,非相关性低比例为 $1.23\ \mu V$,相关性高比例为 $4.79\ \mu V$,非相关性高比例为 $2.25\ \mu V$)。对每种比例组块的配对 t 检验结果显示,无论是低比例组块,$t(13)=3.13$,$p<0.01$,还是高比例组块,$t(13)=2.07$,$p=0.049$,相关性效应都很显著。这也说明,两个组块之间的启动效应有波幅差异,才引起了相关性和比例的关联,而不是低比例组块中的启动效应缺失造成的。

有这样一个假设：完成预测的促进效应和未完成预测的冲突效应会在 N400 处依次被观察到,而 N400 处的相关性比例和启动刺激之间的关联也会使得在高比例非相关性目标词中出现 N400 波幅增大。但是从图 7.5 的结果看来,高低比例组块的确在中央顶叶电极处存在匹配的非相关

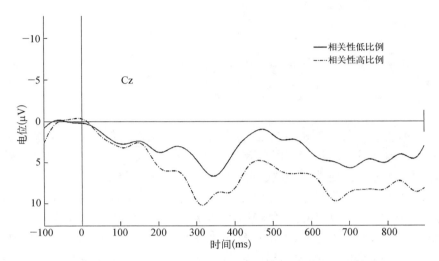

图 7.4 Cz 位置的相关性启动刺激相关性低
比例和高比例平均 ERP 波形图

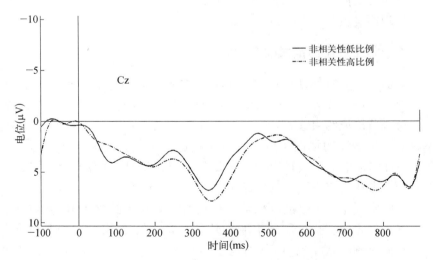

图 7.5 Cz 位置的非相关性启动刺激相关性低
比例和高比例平均 ERP 波形图

性目标的 N400 波幅。相反,相关性目标词的高比例组块也会产生 N400 波幅减小的情况。每个级别的相关性匹配样本 t 检验结果均与这种视觉呈现结果一致,证明了比例(高/低)因素对相关性目标的反应有显著的效应,$t(13) = 4.78, p < 0.01$。同时,比例对非相关性目标的效应并不显著,$t(13) = 1.53, p = 0.15$。

第四节　讨　　论

为使语境保持常规和地道,本实验利用相关性比例范式调节汉语关系结构启动成分对目标刺激的预测效度。同时,实验还采用了语义范畴探测检测任务以促进实验被试在排除对实验内容偏好的前提下对材料进行语义加工。结果显示,当相关性比例增加时,因为预测加工的调节作用,N400 效应会因相关性目标刺激大大减弱(Neely, 1977)。以往的 ERP 研究证实,相关性比例的增加会促进 N400 效应(Brown et al., 2000; Holcomb, 1988),本研究结果与之相吻合。在实验的各种条件下,均出现了 N400 效应,平均时间框架(timeframe)472 ms 时才会达到最大的效应值。这也与之前研究发现 N400 效应的首端和峰值效应会因实验材料的快速呈现而延迟的结果一致(Kutas, 1993)。

一、关于相关性比例范式的多种解释

如引言部分所示,用句子或语篇层面的刺激很难区分两种解释 N400 促进效应的说法。关系结构语境和目标刺激之间关联的差异性可能很容易通过调节语境约束或词汇预测而产生。本研究涉及一个重要的认识:不改变即时语境的情况下,N400 效应能通过预测强度来调节。这也说明,N400 启动效应不只是引起了存储的长时记忆项之间的广泛共振,也似乎与读者从现存语境预测目标项的关联性密不可分。

实验中的相对定位也可能是观察到的相关性比例的 N400 效应的备择解释。与先前实验一致,高比例组块总是晚于低比例组块呈现,以确保被试在低比例组块中对关系结构充当对目标语有效预测的情况毫不知情。但是,有人可能会认为,组块间的差异不是由关联性比例调节本身造成的,而是由某些原始性质呈现顺序引起的。虽然,目前的实验范式还不能将实验顺序与相关性比例条件分开。但是,单凭实验顺序并不能很好地解释观察到的实验现象。低级的变量如较低的关注和动机通常都与实验顺序相关,它们可能会引起与实验任务无关的调节的效应量减小。而且,相关性关系结构比例的变化也自然地解释了实验的第二阶段后期出现的较大的启动效应。

一种更有说服力的关于实验顺序的解释就是,N400 启动效应的调节确实是由增长的预测驱动的。但是,是被试遇到的关联的启动—目标配对数量驱使着他们做出预测,而不是组块比例。这样,只要被试在低比例组块中的实验时间足够长,他们仍然会使用关系结构启动来预测目标词。这也是另外一种可能,与另外一个更大的问题相关,即优先的输入性质是如何整体调节预测策略的。即使这种可能成立,也不会影响本研究预测程度调节 N400 效应的主要结论。

二、N400 预测效应的实现

N400 预测效应能通过以下方式实现。在强预测语境中,被试可能会在工作记忆中保留启动语,并用该呈现直接预激活有高度关联的词汇呈现。这种高关联的词汇呈现是在目标刺激出现前附加到工作记忆中的。结果,如 N400 波幅反映的那样,词汇加工会在关联词之一呈现时变得较容易。这种说法与下面的观点部分一致:长时记忆中储存的词汇概念信息促进激活的 N400 效应(Kutas & Hillyard,1984;Kutas & Federmeier,2000;Lau et al.,2008)。

但是,也存在这样的可能性:关系结构启动呈现之前,目前的语境预测启动效应就在预激活目标词语时发生。例如,起初的目标词激活可能完全建立在自底部向上的信息基础上,但是在高预测效度环境下,被试也更可能会把优先语境带入一个后期阶段的加工中(Marslen-Wilson,1987)。另外一种可能性就是,被试倾向于进一步加工有更多预测效度的启动,这样就能引起关联记忆呈现的扩散被动激活效应(这样解释时,高比例启动可能会预期出现更大的绝对 N400 波幅。但是,本实验结果却恰恰相反)。

尽管上述的备择假说能解释观察到的 N400 调节形式,但本实验结果更倾向于支持预测的说法。因为实验观察到,启动语境效应在高比例条件下出现得较早。这些结果会在接下来得到进一步讨论,它们也可以直接解释预测机制在这种条件下是否选择性地被激活。但是,它们远不能解释另外一些问题,如后期过程是否使用了语境,或同一个扩散激活机制的增强是否只是由低到高比例的变化引起。正如引言部分所提到的,也有从句子层面研究关键词词首的词汇预测效应的证明（Wicha，et al.，2004；DeLong et al.，2005；Van Berkum et al.，2005）。最后，如果关联性比例效应仅仅是由启动刺激的进一步加工引起的，那么也可以这样认为，在启动位置检测动物词探测的准确度也会较高。不过，另外一个在启动和目标位置包含动物词探测的类似实验中，尽管所有的检测速率均低于上限，却并未发现高低比例组块之间检测速率的差异（Lau et al.，2013）。

事实上，实验在低比例条件下也出现了 N400 启动效应。这说明，N400 促进效应可能并不完全归结于预测加工。此结论与先前的讨论欲证明在一定条件下，N400 启动效应会激发更多的自动加工，例如：启动刺激和目标刺激的时间间隔的 N400 语义启动（Anderson & Holcomb，1995；Deacon et al.，1999；Franklin et al.，2007）、目标启动仅间接与启动词相关联（Chwilla et al.，2000；Kreher et al.，2006）、半意识掩蔽（masked）语义启动（Kiefer，2002；Holcomb et al.，2005；Grossi，2006）。回顾语义加工过程，如语义配对，也出现了 N400 效应（Chwilla et al.，1998），因此，尽管语义探测任务会使 N400 效应不太可能出现，但可能引起低比例 N400 效应。N400 启动效应在预测不存在情况下的出现与近年来在句子和语篇层面的诸多研究相吻合。这些研究显示，N400 对目标词的促进是不可预测的，也在语义上与被预测项不一定关联，却与语境中的其他独立词汇关联（Camblin et al.，2007；Ditman et al.，2007；Boudewyn et al.，2012），或者与语境激活的整体储存图式关联（Sanford et al.，2011；Paczynski & Kuperberg，2012）。因为关系结构与语境中的词语之间的语义关联不可能预测实际理解中即将出现的材料，包含这种关联关系的句子或语篇就更与低比例条件下的情况相似。两种比例条件下的效应可能会通过更多被动共鸣机制进行调节。这也解释了为什么在句子或语篇范式中，独立于信息层面呈现的词汇关联效应往往是相对更小，变化更多（Carroll & Slowiaczek，1986；Morris，1994；Van Petten et al.，1997；Morris & Folk，1998；Traxler et al.，2000；Camblin et al.，2007；Boudewyn et al.，2012）。

综上所述，扩散激活和预测可能会在人们准备即将出现的句子或语篇时有互补效应。即使扩散激活效应不起主导作用，但仍在某种程度上呈现加工优势，如当语境中的特定预测不起作用时。

第五节 结 论

　　本研究结果表明,语境预测调节 N400 波幅促进效应,且语境形成对目标语预测的程度会直接影响促进效应。尽管汉语关系结构启动和目标刺激配对范式仍离自然语言理解语境还存在一定距离,但是本研究的结果从理论上说明,在恒定内容语境下,特定的词汇—概念预测能在一定程度上影响 N400 波幅,这种影响是扩散被动激活效应所不及的。这些实验结果与之前的长时记忆扩散激活模型不符,该模型只能实现 N400 语境调节。另外,本研究的结果支持包含世界知识的语境在理解过程中能够在线预测即将出现的输入信息,为汉语关系从句加工机制提供了一个依据。因此,未来可以借助自然语言,继续研究有较多范式的、由世界知识构成的语境促进所引起的加工机制的特征,以进一步证实世界知识在关系结构加工中的作用;也可以深入研究汉语关系从句的加工机制,为其加工优势提供更全面的解释。

第八章

Wh-移位句子加工的ERP研究

第一节 引 言

一、研究背景

　　句子作为沟通的最基本形式之一,是话语的重要组成部分。因此,对句子的理解或加工被看作人类最重要的认知活动之一。句子类型有很多种,Wh-问句就是其中之一,受到句法、二语习得及认知语言学领域学者的广泛关注(Fiebach et al., 2001; Ueno & Kluender, 2009; Basten et al., 2010)。具体来讲,Wh-问句在句法研究领域受到的关注使其在认知语言学研究领域也变得尤为重要。Wh-问句可以从不同的角度划分为不同的类型。对于英语(Toosarvandani,2008;Schulz & Roeper,2011)或其他罗曼语族(De Vincenzi, 1991)的语言来说,Wh-问句就是一种移位,原因在于特殊疑问词被从原来的位置抽取并移走。然而,有一些语言,如汉语,属于疑问词原位语言,即疑问词仍保留在其原来的位置,不发生移动。特殊疑问词的移位在某种程度上对语法分析造成了一些困难(Fiebach et al., 2002)。

　　在句子加工过程中主要涉及两类重要信息,分别是句法和语义。二者对语言使用者在语言知识和语言能力两方面有着不同的要求,因此它们也限制了句子理解和分析过程的不同方面。认知神经科学的 ERP 研究已经发现,尽管二语学习者与英语母语者在语义加工方面有一定的相似性,但在句法加工方面却有显著性差异。这表明二语学习者与母语使用者在句子加工的句法机制上有很大差别。当一个句子成分被移至句首时,它原来的位置将会产生音系上的一个空缺,也称"空位"或"语迹"。因此,被移动的成分被称为填充语,与产生的空缺相互依存,而这二者之间的距离被称为依存关系。毫无疑问,依存关系的长度会影响句子加工的难度,很多研究已经证明了这一点(Kluender & Kutas, 1993; Felser et al., 2003; Marinis et al., 2005)。另一方面,填充语的格,即 Wh-移位的类型是影响句子加工的另一个关键因素。说话者对格标信息的敏感程度也将对句子理解的正确率和/或速度产生影响。然而,研究者在这一问题上持有不同观点(Fiebach et al., 2002; Jackson & Bobb, 2009)。有些研究者认为,语言学习者表现出主语关系从句加工优势;另有研究者认为,语言学习者对宾语关系从句具有加工优势,而对主语成分语法抽取存在困难,这样的困难是由句法分析的问题造成的(Juffs & Harrington, 1996; Juffs, 2005)。虽然影响母语以及第二外语学习的因素错综复杂,研究者们还是建立了不同的模型和机制,并在采用各种研究方法进行多次实验之后得出了丰硕的研究成果。从这些研究成果可以看出,实验材料、被试属性等方面的差异均会导致不同的实验结果。

　　尽管已有很多的证据和理论支撑上述不同观点,但用来解释二语学习者在主语疑问词前置的 Wh-问句加工过程中表现出加工优势的理论依据主要有两个:一个是最简方案针对语言能力方面的探讨,另一个是句法预测局域性理论(Gibson, 1998, 2000)。一方面,最少节点挂靠原则(Minimal Attachment Principle)常用于进行句子的句法分析,是已经被证明了的、用来分析和理解句子加工过程的著名理论之一。以往的研究大多强调该理论从句子结构角度描述和阐释句子加工的句法功能,鲜有研究者将这一原则应用于从语言说话者立场解释 Wh-问句的加工优势现象。Juffs 于 2005 年进行了关于 Wh-问句的实验研究。他提出了与最简学派方法一致的框架,用来证明来自不同语系的二语学习者的加工优势(Juffs, 2005)。在该实验中,句子的限定性决定了 Wh-问句的理解。另一方面,SLAP 也被用于证明德语的主语加工优势,它也体现出填充语—空位依存关系距离的影响(Fiebach et al., 2002)。该研究显示,与空位对应的填充语一直保存在记忆中,所以工作记忆也被看作一个关键因素。工作记忆不仅可以保存一定的信息并维持其活跃状态,还可以帮助人们处理该类信息。因此,工作记忆在语言认知加工过程中是十分必要的。

Juffs 在 2005 年通过采用工作记忆测量的方法,以母语为汉语的学习者为被试,再现了他的经典实验。他在论文中更加详尽地综述了语法分析理论框架,同时,他也调查了母语是如何影响二语习得者加工英语 Wh-问句的(Juffs, 2005)。Juffs 通过行为实验数据分析这一更为传统的方式来开展实验,该方法考虑了反应时及正确率两个因素。随着最近数十年来事件相关电位研究方法被广泛运用,神经科学技术与行为实验相结合的方式为展现认知机制提供了更多强有力的心理学依据。

本研究运用 ERP 方法考察中国英语学习者对英语 Wh-问句的加工优势。英语 Wh-问句的句法结构和汉语相比存在着很大差异,这一点和英、汉语关系从句的差异具有一致性,因此,在具体加工过程中同样出现了不对称的现象,具体体现在宾语特殊疑问词前置时 Wh-问句的加工优势,这一结果主要可以用与工作记忆密切相关的整合资源解释和依赖位置理论来解释。我们以英语 Wh-问句为语料,在被试对英语 Wh-问句是否符合语法规则进行在线任务判断时,就主语特殊疑问词前置的长句、主语特殊疑问词前置的短句、宾语特殊疑问词前置的长句以及宾语特殊疑问词前置的短句四种语句的加工过程进行比较分析,并检验句子结构的复杂程度、句子结构中填充语—空位依存关系中的距离以及特殊疑问词的格标效应等三个因素对中国英语学习者加工英语 Wh-问句的过程是否产生作用及是否具有规律性。事件相关电位的结果表明:较其他三种刺激句而言,在被试对主语特殊疑问词前置的长句加工过程中的 LAN 成分表现出了更强的激活,加工机制也有所不同;依存关系中填充语和空位之间距离较短的句子体现了一定的加工优势,宾语特殊疑问词前置的 Wh-问句较主语特殊疑问词前置的 Wh-问句更具有加工优势,这一结果主要基于句法工作记忆和整合记忆消耗两个因素,符合整合资源解释和依赖位置理论。

二、研究目的

在 Juffs & Harrington(1995)实验范式的启发下,本研究将回答以下四个问题:第一,中国英语学习者会对 Wh-移位产生主语加工优势还是宾语加工优势? 第二,抽取因素在何种程度上影响了英文 Wh-问句的加工和理解,即何时以及如何产生影响? 第三,对于熟练掌握英语的中国英语学习者来说,依存关系距离的长短是否对他们加工英语 Wh-问句产生影响? 第四,为什么中国英语学习者在加工某特定类型的英语 Wh-问句时存在一定困难,以及这种加工困难与关系从句加工优势之间是否一致?

本研究共有三个假设。第一个假设是,因为插入的从句将会使依存关系变长,在加工过程中被试在大脑中储存的句法信息越多,其所需的工作记忆时间越长;第二个假设是,依存关系较长的 Wh-问句需要被试更长的反应时,并且中国英语学习者在加工宾语疑问词前置的 Wh-问句时,正确率高于加工主语疑问词前置的 Wh-问句;第三个假设是,当被试加工主语疑问词前置且依存关系较长的 Wh-问句时,可以观察到持续的左前负波(LAN),而当这类句子的依存关系较短时,则不存在这一现象。

第二节 文献综述

一、Wh-移位

英语中除了以 how 开头的疑问句之外,以 wh-疑问词开头的疑问句最为常见(例如 what、where、who,等等)。因此,简单来讲,Wh-问句指的就是以前置疑问短语开头的疑问句,这一过程称为 Wh-移位。如图 8.1所示,"which girl"被移至句首后,句子就会产生一个空缺。被移动的成分称为填充语,空出来的位置称为空位或语迹。

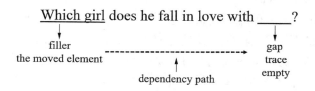

图 8.1 Wh-问句图解

Chomsky 于 1977 年提出 Wh-移位概念,并在 1982 年进行了修订。自此,该领域的研究成果愈发丰硕,尤其是在句法领域。Wh-移位不仅受到生成语言学的关注,也得到了认知语言学的偏爱。本研究主要关注认知语言学领域的相关研究。该领域研究者提出了一系列的理论,其中之一就是活跃填充语策略。该理论的提出旨在描述 Wh-填充语的主宾模糊性（Stowe et al., 1991）。其他学者也引入了其他有关 Wh-移位的研究模式。

语言不同，其内部成分排列顺序亦不相同。语序的变化使得句子加工起来更为困难。以英语为例，Wh-移位可导致非常规语序。汉语则因为没有疑问词移位的规则，属于"疑问词原位"语言，与英语中此种类型移位截然不同（吴淼，2013）。

(1) 汤姆爱上了谁？

由例(1)可以看出，疑问词"谁"并未移至句首位置，而是仍然留在动词短语之后。与英语中显性的 Wh-移位不同，汉语中的疑问词移位是隐性的。因此，不少研究者专注于研究汉语或其他语种学习者 Wh-问句的习得情况。

在处理 Wh-移位过程中，普遍语法是对成年英语学习者能力的另一个限制（Tayyebi, 2012）。除了二语习得中 Wh-问句的限制外，此研究也将探讨不同母语的学习者在处理 Wh-问句过程中的抽取不对称现象。

二、Wh-移位加工优势

疑问词移位受到疑问词词性的影响，但是移位成分可以放在无数个单词或短语之前。填充语和空位之间的距离称作"非限制关系"或"依存关系"。移位成分的类型以及空位和填充语之间的依存关系是影响 Wh-问句加工的主要因素。上述观点可以用很多方法进行证明，如可接受度判断、阅读时间以及其他神经科学方法，如 ERP、PET 或 fMRI（functional Magnetic Resonance Imaging，功能性磁共振成像）等。研究证明，因为加工宾语特殊疑问词前置的时间更长且可接受度判断率更低，同时捕捉到了慢前负波，所以没有产生宾语疑问词前置 Wh-移位加工优势。可见，句子加工过程中的认知负荷增加了。前人的研究表明，主语疑问词前置和宾语疑问词前置 Wh-移位的加工优势有所不同。被试表现出对主语疑问词前置的 Wh-问句的加工优势。研究发现，当将意大利语 Wh-问句呈现给被试时，被试对主语疑问词前置的句子的反应要比对宾语疑问词前置句子的反应快（De Vincenzi, 1996），Wh-问句控制疑问词移位的位置，目的是证明最短链原则下的语法分析对依存关系的类型很敏感。结果表明，主语疑问词前置始终都有加工优势。与宾语特殊疑问词前置相比，Wh-问句（包括关系从句）都表现出对主语特殊疑问词前置的加工优势

（Thompson et al.，1999）。其他证据来自在线任务研究，这些研究表明：含嵌入主语关系从句的句子所获得的加工优势要大于宾语关系从句的句子（King & Just，1991；King & Kutas，1995）。尽管关系从句中也涉及Wh-移位，但是，主语关系从句中的依存关系太短，填充语和空位之间没有空隙。而主语疑问词前置Wh-问句则不同，它和宾语疑问词前置Wh-问句一样，句中确实存在依存关系。主语疑问词前置Wh-问句和宾语疑问词前置Wh-问句除了在依存关系方面不同之外，由于必须满足之后的加工过程，它们句首疑问词的格也不相同。

宾语疑问词移位的加工负荷和加工难度长期以来得到了广泛关注，尤其是在关系从句的研究方面。虽然很少有研究能够证明在Wh-问句加工过程中相关的关键点，但是前人研究所使用的理论仍然可以作为进一步研究的参考。例如，有些研究者认为，加工宾语移位Wh-问句产生不同的加工难度。也有研究者认为，工作记忆能力存在个体差异，这与加工的难易程度也有关系，也就是所谓的"容量理论"。一个人的工作记忆容量越低，他/她在句子加工过程中需要付出的努力就越大。

当然，还有人不断提出不同意见。很多文献已经证明，在加工Wh-问句时，填充语和空位之间距离较长，加工起来就更费力。举例来说，无论是母语者还是第二语言学习者都未必能判断出主语前置Wh-问句是否符合语法规则，但是在判断宾语疑问词前置的Wh-问句是否符合语法规则时却没有丝毫困难（Schachter & Yip，1990；Juffs，2005；Jackson & Bobb，2009）。Schachter & Yip（1990）挑选了英语母语者和非英语母语者作为被试，以主语疑问词前置Wh-问句和宾语疑问词前置Wh-问句为语料，要求被试对这两种Wh-问句是否符合语法规则进行在线任务判断。结果显示，英语母语者表现出了加工优势，而非英语母语者也表现出了加工优势，他们的母语并没有影响他们对另外一种结构的判断。Juffs（2005）选取了三组不同的母语被试，并要求三组被试对这两种Wh-问句是否符合语法规则进行在线任务判断。结果证明，限定性从句中的主语抽取对所有学习者来说都尤为困难，而宾语抽取则是最简单的。三组被试中，日本人在判断主语抽取的句子时最为困难，之后分别是中国人和西班牙人。相对而言，三组被试在判断宾语抽取的句子时较为轻松。结果还表明，两个限定性动词彼此相邻可能也是导致语法分析失败的重要因素。另外，如果英语学习者的母语不存在特殊疑问词移位现象，那么母语的语序对英语Wh-问句的加工也有额外的负面影响。一些类型的主语前置Wh-问句加工和判断起来尤为困难，如非限定性从句和that-语迹中的主语疑问词前置(Belikova & White,2009)。Wh-问句中疑问词前置的习得过程也得到了研究。研究表明,宾语疑问词前置 Wh-问句与主语前置疑问句同时或更早习得(Stromswold,1995)。这似乎与 Seidl et al.(2003)得到的结果相反,尽管主—宾抽取不对称的加工优势并没有太多提及。他们发现,15 个月大的婴儿对主语前置疑问句有一定的反应,而 20 个月大的婴儿对主语前置疑问句和宾语前置疑问句都有反应。

三、理论框架

人类对阅读和理解的材料做出反应涉及复杂的心理过程,而这些心理过程的发生机制引起了广大研究者对句子加工机制的广泛关注和研究。心理语言学家们做出了很多努力来研究人们在句子理解和加工过程中如何使用语言知识。

时代不同,语言学派不同,有关句子加工的理论也就不同。Chomsky 在 1981 年提出了其句法研究的主要理论。他的假设认为,当一个句子成分移至从句句首时,将会产生音系上的一个空位,被移动的成分与产生的空位相互依存(Chomsky,1993)。跨通道启动研究的行为数据证明,当语法分析器到达被移动成分原来的位置时,它的填充语将会被激活(Just & Carpenter,1992),这从心理学的角度支持了空位的存在。尽管大量实证结果都支持加工结构复杂的句子时涉及工作记忆机制这一假设(King & Kutas,1995;Vos et al.,2001a,2001b),但是,针对在结构加工和整合过程中工作记忆成本如何产生这一问题,人们仍存在一些疑问。另外,对于句子加工过程中所涉及的认知资源的类型还有待进一步证明。

活跃填充语策略是早期提出用来解释填充语—空位之间依存关系的理论,主要用于分析 Wh-填充语的主—宾歧义。活跃语迹策略认为,填充语需要保持在工作记忆中,直到句法分析识别出相应的空位。另外一个假设强调在该过程中工作记忆的必要性,但是它不能充分预见将填充语保持在工作记忆中是否会产生或是如何产生工作记忆负载的。Friederici (2011)基于电生理技术以及神经学实验提出了一个句子理解的认知模型。该模型主张句子理解包括三个阶段:阶段一(100—300 ms)指的是初始句法结构形成的时间段,阶段二(300—500 ms)包括词汇语义和形态句法加工,阶段三(500—1 000 ms)整合不同信息类型(韩宗义等,2007;常欣、王沛,2007;周莉,2009)。模块结构和交互模式是心理语言学领域接受最广、最为重要的两个句子加工理论。现有的 ERP 研究支持了之前的研究,即语义学、句法学、语用学是彼此独立的,不存在交互信息。

关于句子加工过程中出现的加工优势现象前人已经提出了几种理论，如基于工作记忆的理论、句法关联理论、论元关联理论和基于频率的理论。由于目前的研究多集中在中国英语学习者加工 Wh-问句过程中的认知机制，基于工作记忆的理论需要使用句法预测局域性理论来进一步证明实验结果。

句法预测局域性理论由 Gibson（1998）提出。该理论认为，人们在加工句子某一成分时，会对随后将要出现的句子成分进行预测。这是一个关于句子加工机制和可用的计算资源之间关系的理论。这期间所需预测的成分越多，工作记忆的消耗就越大。Gibson（1998）认为，宾语在句首提示了稍后位置主语的出现，加工者需要预测句子的第二个论元。而当主语在句首时，加工者则不需要预测句子的第二个论元，因为"主语+不及物动词"是一个最简单的合理结构，加工者倾向于把句子解释为最简单的结构。也就是说，宾语在首比主语在首的句子需要加工者做出更多的预测（郑媛媛、李晓庆，2011）。因此，前一类型需要更多的工作记忆，并产生主语优先效应。

句子加工的总耗损包括记忆耗损和整合耗损两个成分。其中，记忆耗损依赖于加工过程中给定点上工作记忆中所保存的句法预期的数目。而整合耗损依赖于待整合成分的中心词与主成分的中心词之间所插入的话语所指对象的数目（Felser et al.，2003；张亚旭等，2007）。"局域性"是句法预期局域性理论中非常主要的一个成分，指的是语言结构中填充语的距离。Gibson（1998）总结了前人有关工作记忆的结果并得出一个结论，即记忆耗损和整合耗损都在很大程度上受到"局域性"的影响。一方面，这种句法预期（即预期一个能为填充语指派题元角色的词类），必须保持在工作记忆中，直到预期得到满足，时间越长，存储耗损越大；另一方面，填充语和空位之间的距离越长，整合耗损就越大。

然而，在众多解释中，句法预测局域性理论主要用于解释关系从句的加工（关系从句也是一种特殊的 Wh-移位句子），很少用于解释 Wh-问句的加工。根据以往的研究，学者们还发现，关系从句中宾语的类型或句子中第一论元的类型对加工偏好也有影响。因此句法预测局部性理论在一定程度上有所局限，因为它不能解释为什么主语加工优势在一些情况下消失了。

尽管有证据证明加工复杂句时有工作记忆机制参与其中，但要解决一些未有定论的问题还需要更加直接的证据。虽然有数据能够证明语法分析过程可以引起并增加工作记忆，但是，在加工复杂 Wh-问句时需要哪一种认知资源仍然是一个问题。

四、基于 ERP 的 Wh-移位句子加工研究

随着技术发展的愈加成熟,研究者采用的研究方法也变得多种多样,从行为研究到认知神经科学研究不尽相同。认知神经科学的典型技术手段之一就是事件相关电位(ERP)。在利用 ERP 技术研究 Wh-移位依存关系的加工过程(Kluender & Kutas, 1993; Haarmann et al., 2003)以及加工过程中对移位的限制和违反方面,研究者们取得了很大进展(McKinnon, 1996; Cowles et al., 2007)。借助 ERP 技术,研究者在句法加工过程中的记忆耗损方面对一些语言的 Wh-移位展开了研究,如德语和日语(Fiebach et al., 2001,2002; Ueno & Kluender, 2009)。

虽然 ERP 在对句子加工和理解的研究方面的作用已得到证明,但心理语言学家将其视为一种有效的方法来加以使用也只有不到 30 年的时间。也就是说,这种研究句子理解的方法还处在初级阶段。早期的研究主要集中在语义方面,近 10 年来,研究者们开始越来越关注句子结构的电生理学相关性。他们主要通过两种方式研究认知机制:一种是关注于某个脑电成分的研究,考察其属性、发生源和心理意义等;一种是关注于与某个认知过程有关的脑电差异的研究,如通过不同条件下 ERP 波形的差异研究形、音、义的加工进程(刘燕妮、舒华,2003;常欣、王沛,2007;蒙志珍,2008;周莉,2009;周婷、李娟,2009)。

研究者不是仅仅利用 ERP 来找出工作记忆效果,更是为了研究在句子理解过程中工作记忆的作用。迄今为止,关于 Wh-移位加工过程的研究较多,且大部分是关于关系从句的主语加工优势,其中涉及的成分包括 LAN 和 P600。20 世纪末到 21 世纪初,Kluender 和 Kutas 等人便开始在 Wh-问句的研究中使用 ERP 技术(Kluender & Kutas, 1993; Kaan et al., 2000; Fiebach et al., 2001; Fiebach et al., 2002; Felser et al., 2003; Phillips et al., 2005)。这些实验的研究对象主要是英语和德语母语者,被试或者掌握一门与母语同语系的外语,或者是单语者,研究者们主要关注的 ERP 成分为持续性左前负波(sustained Left Anterior Negativity, sLAN)。sLAN 或 LAN 是一种位于大脑皮层的左前部,并且持续较长时间的负波,是与填充语—空位依存关系加工有关的 ERP 成分。LAN 主要在脑前部而不是后部。有研究发现 LAN 短暂持续了几百毫秒,并以持续慢波的形式持续了若干秒。LAN 不仅出现在短语结构和形态句法违反时,它也与移动成分和空位之间产生的工作记忆负载有密切的关系(Kluender & Kutas, 1993; Thompson et al., 1997)。研究者将 sLAN 看作

工作记忆负担加重的反映,因为与主语在先相比,宾语在先时需要做的预测有所增加(Chomsky,1993)。

　　加工复杂句的过程在空位位置还涉及另一个成分,即 P600。P600 是在刺激呈现后 500—700 ms 时窗内出现的正成分,主要分布在中央—顶区。发生句法违反时可以观察到 P600,在对没有句法错误但句法加工比较复杂的句子的 ERP 研究中也发现了 P600。Osterhout & Holcomb(1992)利用花园小径句对其进行了证明。近年来,越来越多的研究将 LAN 成分和 P600 成分结合起来(Fiebach et al.,2001;Fiebach et al.,2002;Felser et al.,2003;Phillips et al.,2005)。研究者在英语 Wh-问句的动词位置发现了 P600 成分,填充语在这个位置被整合成次类范畴动词。自控步速实验中发现,加工时间在这个位置也有所增加(Kaan et al.,2000)。然而,德语的论元特征不同于英语。德语、法语和西班牙语这样的语言很难在填充语—空位构建方面产生歧义,因为它们都是格标明显的语言。德语为 SOV 型语言,而英语是 SVO 型语言,而填充语—空位加工发生在动词加工之前(Fanselow et al.,2002)。

第三节　研　究　方　法

一、被试

　　实验正式开始之前,所有被试都须填写一份有关个人基本信息的问卷,内容包括语言学习背景等。除预实验阶段的 20 名研究生外,另外还有 38 名来自大连理工大学和辽宁师范大学的学生(31 女,7 男),均持有英语专业八级证书,这些被试均参加了正式实验。被试年龄在 22 岁到 26 岁之间,均为右利手,无神经疾病和精神疾病,未服用过治疗此类疾病的药物。所有被试视力正常或矫正后正常。学习英语时间在 10 年至 15 年之间。被试均自愿参加本实验并同意配合实验全部过程,实验结束后获得适当报酬。

二、实验材料

　　为证明前文的假设,本实验中的刺激一半来自 Juffs & Harrington(1995)的实验,其余刺激则是在原有基础上对依存关系和 Wh-移位进行了部分修改。由于本研究主要着眼于句法因素在句子理解过程中的作用，所以尽量少地提及语义对句子理解的影响。来自 Juffs 和 Harrington 的 64 个刺激都被增加了 1 个从句，作为新加入的刺激。共有 64 对句子用于实验。其中 32 对句子由 64 个包含主语特殊疑问词前置的 Wh-问句构成，另外 32 对句子由 64 个包含宾语特殊疑问词前置的 Wh-问句构成（见附录 8-1）。除了移位词的位置之外，依存关系长短也是考虑因素之一。长句刺激有两个内嵌从句，第二个添加的为关系从句。刺激句子使用的动词出现次数绝不超过两次，并且所有动词都出于 *Fashionable Realtime for Steno Writers* 总结的最常用的 5 000 个单词。因此，判断结果不会受到动词出现频率或动词使用偏好的影响。下面对每种类型的实验句子进行举例说明：

(2) a. Who did the client mention shot the banker?（主语特殊疑问词前置的短句）

　　b. Who did the client mention the banker shot?（宾语特殊疑问词前置的短句）

　　c. Which one did the client who had been in great trouble believe shot the tricky banker?（主语特殊疑问词前置的长句）

　　d. Which one did the client mention the tricky banker who had been in great trouble shot?（宾语特殊疑问词前置的短句）

除了刺激句外，还有 96 个填充句（见附录 8-2），其中包括 16 个符合语法的疑问句和 80 个不符合语法的疑问句。

三、实验程序

（一）实验步骤

在预实验阶段，20 名研究生应邀参加一次离线测试。实验中他们被要求对所有的刺激做出语法判断，指出不熟悉的单词或短语以摆脱阅读时词汇的影响。参加预实验的被试或者是已通过英语专业八级考试的学生，或者是英语达到同等级别的英语专业学生。

实验在隔音、灯光微暗的电磁屏蔽室内进行，分为四个部分，包括练习、指导语说明、实验和总结，每部分持续约 40 分钟。被试坐在电脑前，面对显示器，距离约 75 厘米。实验前，被试都需要做练习，以熟悉实验环境。实验与数字 EEG 系统连接，在 E-Prime 软件上进行，实验程序也采用该软件进行编制。实验过程中对被试的反应时和正确率进行记录,实验结束后用 SPSS 软件统计收集的数据。

将一定数量的目标句呈现在被试眼前。考虑到被试的承受能力,也考虑到一些填充句需要重复,整个实验分成两个阶段进行,中间有两周的时间间隔。

在数据采集的过程中,刺激句子将被呈现在移动窗口上,被试需逐字读出。阅读速度设置如下:

实验指令呈现在电脑屏幕上,由被试控制。被试阅读完一句话后,马上按下按键,实验开始。句子每次呈现前,屏幕上出现一个提示符,持续时间为 500 ms。每个单词停留时间为 700 ms。每两个单词中间会出现一次空屏,呈现时间为 400 ms。当被试按下判断按钮后才会出现新的定位标,然后下一个句子才会显示。

所有句子都逐词在计算机屏幕上呈现,屏幕背景为白色,字号 18,大写。每个句子最后一个单词出现之后,被试按下"F"键或"J"键来判断句子是否合乎语法规则。

(二)脑电记录

我们使用国际 10—20 系统确定 32 导电极的安放位置,以记录头皮 EEG。双眼外侧安置电极以记录水平眼电(HEOG),眼眶下安置电极以记录垂直眼电(VEOG)。每个电极处的头皮电阻保持在 5 kΩ 以下。采样频率为 250 Hz/导,A1 和 A2 电极作为参考。在 EEG 和 EOG 被放大并传输到电脑的过程中,Neuroscan 放大器被用来记录原始数据。采样频率为 250 Hz/导,滤波带宽为 0.05—70 Hz。以刺激呈现前 100 ms 作为基线,刺激呈现后扩至 300 ms。ERP 数据使用 1—30 Hz 的带通滤波器进行离线分析和过滤,得到了制备间隔期间产生的慢波。

(三)数据分析

E-Prime 软件(2.0 版)用于记录行为数据、反应时和正确率,然后再通过 SPSS(16.0 版)进行分析。重复测量方差分析也被用来分析反应时和正确率。在两种条件下进行配对样本 t 检验结果,包括长依存关系条件和短依存关系条件。比较结果也可以用来做进一步的详细分析,然后计算不同依存关系长度下主语疑问词前置和宾语疑问词前置的平均反应时和平均精度。

我们采用重复测量方差分析进行统计分析,以求得到 350—450 ms

（LAN）和500—700 ms（P600）潜伏期间隔的平均波幅,其中主要涉及三个因素。

　　三组电极安放在不同位置,分别是额区、中央区、顶区。句子条件包括长依存关系和短依存关系。填充语类型包括主语前置填充语和宾语前置填充语。电极在头皮上的位置决定其分类,额区: FP1、FP2、F3、Fz、F4、FT7、FC3、FCz、FC4、FT8,中央区: T3、C3、Cz、C4、T4、CPz,顶区: T5、P3、Pz、P4、T6、01、Oz、O2。经统计,在不同电极位置长依存关系条件和短依存关系条件之间的波幅有差异,我们通过脑地形图展现了 LAN 效应和 P600 效应的分布,这对 ERP 数据分析至关重要。

第四节　实　验　结　果

一、行为数据结果

　　我们运用方差分析对被试的正确率和反应时进行计算。对所有条件句下被试的正确率和反应时进行重复测量方差分析。行为结果按照 Wh-抽取成分和依存关系的长短进行说明。

（一）正确率

　　从表8.1显示的结果可以清楚地看出,被试判断宾语特殊疑问词前置的短句时正确率最高,判断主语特殊疑问词前置的长句时正确率最低。长句条件下,主语特殊疑问词前置比宾语特殊疑问词前置更难判断,这与短句条件下的情况一致。也就是说,无论是在长句中还是在短句中,判断主语疑问词前置的 Wh-问句时的正确率要低于宾语疑问词前置的 Wh-问句。

表 8.1　长句 Wh-问句和短句 Wh-问句正确率对比

句子长度	前　置	M	SD
	主语	61.830 0	13.824 40
长	宾语	71.653 6	18.607 18
	合计	66.741 8	16.844 56

句子长度	前　置	M	SD
短	主语	76. 342 9	15. 682 48
	宾语	79. 465 0	14. 120 50
	合计	77. 903 9	14. 729 04
合计	主语	70. 647 5	16. 390 47
	宾语	73. 998 2	17. 053 41
	合计	72. 322 9	16. 658 48

表 8.2 的结果显示,句子类型($F = 7.100, p = 0.010$)和依存关系长度($F = 0.640, p = 0.043$)主效应显著。因此,这两个变量的平均效应也很有价值,表明抽取类型和依存关系长度会直接影响判断任务的正确率。另外,抽取类型与依存关系长度之间的交互作用也很显著($p = 0.028$),也就是说,将抽取类型(主语前置和宾语前置)与依存关系长度(长句和短句)交替组合,得出四种句子类型,而被试判断不同句子类型的正确率明显不同。

表 8.2　正确率的双因素重复测量方差分析

因　素	MS(mean square)	F	Sig.
依存关系	1 744. 308	7. 100	0. 010*
抽取类型	157. 182	0. 640	0. 043*
依存关系×抽取类型	586. 570	2. 388	0. 028*

注:　*$p < 0.05$, **$p < 0.01$。

表 8.3 表明,虽然判断主语疑问词前置的长句和宾语疑问词前置的短句间的正确率差只是接近显著($p = 0.055$),却与表 8.1 中的结果相符合,而且进一步解释了被试在主语疑问词前置长句时最困难。同样,判断主语疑问词前置短句和宾语疑问词前置短句之间的正确率差也是接近显著($p = 0.064$)。另外,正确率最显著的差异反映在宾语疑问词前置的长 Wh-问句(LO)和宾语疑问词前置的短 Wh-问句(SO)之间,还有主语疑问词前置的长 Wh-问句(LS)和主语疑问词前置的短 Wh-问句(LS)之间。

由此可以得出结论,抽取类型和句子长度两个因素影响着 Wh-问句的理解和加工。

表 8.3　不同类型 Wh-问句间配对样本 t 检验结果

(I)类型	(J)类型	平均差(I—J)	*Sig.*
LS	SS	−17.635 00	0.041*
	LO	−9.823 57	0.439
	SO	−14.512 86	0.055
SS	LS	17.635 00	0.041*
	LO	7.811 43	0.631
	SO	−3.122 14	0.064
LO	LS	9.823 57	0.439
	SS	−7.811 43	0.631
	SO	−4.689 29	0.045*
SO	LS	14.512 86	0.055
	SS	3.122 14	0.064
	LO	4.689 29	0.045*

注:$* p<0.05$,$** p<0.01$。

(二) 反应时

结果证明,被试在判断主语疑问词前置的长句和宾语疑问词前置的长句时的正确率差别明显,当被试判断主语疑问词前置的长句时,反应时的平均值达到了最高。短句条件下情况则有所不同。当被试阅读短 Wh-问句时,前置类型对反应时并没有太大影响,主语疑问词前置短句与宾语疑问词前置短句反应时平均值接近。

一般情况下,被试判断长 Wh-问句时的反应时明显比判断短 Wh-问句时要短,这与 Fiebach et al.(2002)的结果基本一致。具体来说,被试判断主语特殊疑问词前置的长句的反应时最长,判断宾语特殊疑问词前置的短句的反应时最短。

表 8.4　抽取类型和依存关系长度结合下的描述性统计分析

句子长度	前　置	M	SD	N
长	主语	4 038.79	3 526.314	331
	宾语	2 557.78	791.757	343
	合计	3 285.10	2 539.728	674
短	主语	2 243.49	687.454	320
	宾语	1 922.30	477.097	272
	合计	2 095.92	600.886	592
合　计	主语	3 084.09	2 643.553	603
	宾语	2 406.08	743.727	663
	合计	2 729.02	1 903.24	1 266

表 8.5 中的统计数据体现出抽取类型($F=1.839,p=0.017$)和依存关系长度($F=8.076,p=0.005$)的主效应明显。因此,这两个变量的平均效应也很有价值,表明抽取类型和/或依存关系长度会影响被试的判断反应时。另外,抽取类型与句子长度之间的交互作用也显著($p=0.035$)。也就是说,将抽取类型(主语前置和宾语前置)与依存关系长度(长句和短句)交替组合,得出四种类型的句子,被试判断不同类型的句子所需反应时具有显著性差异。

表 8.5　反应时的双因素重复测量方差分析

因　素	df	F	Sig.
抽取类型	1	1.839	0.017*
依存关系	1	8.076	0.005**
依存关系×抽取类型	1	4.439	0.035*

注：* $p<0.05$，** $p<0.01$。

　　将主语疑问词前置的长句分别与主语疑问词前置的短句($p=0.035$)、宾语疑问词前置的长句($p=0.047$)以及宾语疑问词前置的短句($p=0.009$)进行配对样本 t 检验结果分析,可以发现明显的差异(见表 8.6)。由于这些差异均呈正显著性,表明主语疑问词前置的长句在加工时需要最多的时间

汉英关系从句加工研究

和认知资源,这与表8.4的结果一致。主语疑问词前置的短句和宾语疑问词前置的长句间无显著性差异。宾语疑问词前置的短句和主语疑问词前置的短句之间的差异呈负显著,宾语疑问词前置的短句和宾语疑问词前置的长句间也是如此。这些结果都证实了表8.5的内容,即依存关系长度或抽取类型确实会对判断和理解Wh-问句时的反应时产生影响。

表 8.6 不同类型 Wh-问句的反应时对比

(I)类型	(J)类型	平均差(I—J)	*Sig.*
LS	SS	1 795.30	0.035*
	LO	1 481.01	0.047*
	SO	2 116.49	0.009**
SS	LS	−1 795.30	0.035*
	LO	−314.29	0.963
	SO	321.19	0.043*
LO	LS	−1 481.02	0.047*
	SS	314.29	0.963
	SO	635.48	0.028*
SO	LS	−2 116.49	0.009**
	SS	−321.19	0.043*
	LO	−635.48	0.028*

注: * $p<0.05$, ** $p<0.01$。

二、ERP 数据结果

为了呈现实验中神经效果分布的全貌,本实验将特定电极、头皮范围以及其他各种可能条件都考虑在内。本部分每个子部分的内容都与检测到的 ERP 数据相吻合。首先,我们对每个刺激句首的特殊疑问词诱发的电位研究都加以阐述,无论是依存关系长的句子还是依存关系短的句子。其次,对空位位置也将按照主语抽取成分和宾语抽取成分加以分析。最后,本研究将重点关注主句和从句的动词位置诱发的电位。

一般实验会将头皮分为三个区域,在不同的条件下进行比较:额区、中央区和顶区。每个部分可按照偏侧化优势再划分为三个部分,即左侧、中线和右侧。此外,用来进行描述和讨论的主要有两个因素(四个水平),即依存关系长度(短或长)×抽取类型(主语或宾语)。

(一) LAN 成分

本研究选取了额区的八个电极对额区进行比较和分析(F3、Fz、F4、FT7、FCz、FC4、FT8),结果如表 8.7 所示。我们对四种类型刺激中的疑问词(每个实验的填充语)进行对比,发现刺激类型和电极位置的主效应分别显著[F(刺激类型)= 5.231,p = 0.001,F(电极位置)= 4.007,p = 0.001];刺激类型和电极位置的交互效应不显著(F = 0.893,p = 0.382)。在对各类型刺激中分句动词(每个实验的空位位置)进行比较时,刺激类型和电极位置的主效应分别显著[F(刺激类型)= 3.018,p = 0.001,F(电极位置)= 1.217,p = 0.013]。刺激类型和电极位置的交互作用不显著。

我们对中央区的六个电极(C3、Cz、C4、T4、T3、CPz)进行统计。四种类型刺激的疑问词在该区域没有表现出任何显著性差异(p = 0.393)。疑问词的情况以及从句动词(空位)也未在该区域(p = 0.774)显示出显著性差异。

我们对顶区的五个电极(T5、P3、Pz、P4、T6)的统计结果与中央区的结果相似。从统计数据上看,在各类型刺激的填充语(p = 0.527)位置没有发现任何区分性效果,但在电极位置检测到边缘性显著性差异(F = 3.219,p = 0.059)。组内两两比较的结果也未发现显著性差异。空位位置的实验结果与填充语位置的结果相似,刺激类型和电极位置的主效应均不显著(p = 0.463,p = 0.077),且各条件和电极位置之间交互作用也未出现显著性差异(F = 1.357,p = 0.721)。

表 8.7　350—450 ms 时间窗内 LAN 成分的多因素重复测量方差分析

脑　区	句子位置	因素和因素交互	F	$Sig.$
额区	填充语	类型	5.231	0.001 **
		电极	4.007	0.001 **
		类型×电极	0.893	0.382
	空位	类型	3.018	0.011 *
		电极	1.217	0.013 *
		类型×电极	1.135	0.106

续　表

脑　区	句子位置	因素和因素交互	F	Sig.
中央区	填充语	类型	0.731	0.393
		电极	3.145	0.210
		类型×电极	0.812	0.576
	空位	类型	0.310	0.774
		电极	0.271	0.662
		类型×电极	0.498	0.477
顶区	填充语	类型	0.592	0.527
		电极	3.219	0.059
		类型×电极	1.017	0.067
	空位	条件	1.428	0.463
		电极	2.323	0.077
		类型×电极	1.357	0.721

注：＊$p<0.05$，＊＊$p<0.01$。

为了更详细地了解在 350—450 ms 时间窗内偏侧优势各部分之间的差异,本实验对其进行了两两比较。如表 8.8 所示,左部和右部之间的差异非常显著($p=0.037$)。此外,在左侧和中线位置出现了显著性差异($p=0.003$)。综合以上结果可以认为,左侧额区的电压是最具区分意义的,这一区域也正是 LAN 成分在 350—450 ms 时间窗内的主要头皮分布区。

表 8.8　偏侧化优势各部分的配对样本 t 检验结果

(I)偏侧优势	(J)偏侧优势	平均差(I—J)	标准误差	Sig.
1	2	−0.736	0.294	0.037＊
	3	−0.517	0.125	0.003＊＊
2	1	−0.218	0.232	0.374
	3	0.517	0.125	0.003＊＊
3	1	0.218	0.232	0.374
	2	0.736	0.294	0.037＊

注：＊$p<0.05$，＊＊$p<0.01$。偏侧 1：大脑左半球;偏侧 2：大脑中线;偏侧 3：大脑右半球。

（二）额区 LAN 成分的配对样本 *t* 检验结果（350—450 ms）

以上数据显示,中央区和顶区之间的差异并不显著,所以我们将分析的重点放在 350—450 ms 时间窗内的额区。

主语特殊疑问词前置的长句和宾语特殊疑问词前置的短句诱发的 LAN 成分差异最大（$p = 0.016$）。宾语特殊疑问词前置的长句和短句之间的差异也很显著（$p = 0.040$）。尽管主语特殊疑问词前置的长句和短句之间的差异只是边缘显著（$p = 0.064$）,电压引起的结果与正确率和反应时引起的结果相似。从 ERP 实验获得的结果可以进一步说明,中国的英语学习者在加工主语特殊疑问词前置的长句时最困难。如果将抽取成分考虑在内,对汉英双语者来说,主语疑问词前置的句子比宾语疑问词前置的句子更难。如果将依存关系也考虑在内,则依存关系越长,句子加工难度越大。

对具体的 Wh-问句进行比较之后,在空位位置仍然可以发现显著性差异。首先,主语疑问词前置的长 Wh-问句和宾语疑问词前置的短 Wh-问句之间存在显著性差异（$p = 0.001$）。另一个是主语疑问词前置的短 Wh-问句间的显著性差异（$p = 0.022$）。尽管主语疑问词前置的长 Wh-问句和宾语疑问词前置的长 Wh-问句之间的差异只是边缘显著（$p = 0.054$）,但是结果仍与上文相符。因此,在 350—450 ms 时间窗口内,四种类型句子在空位位置的情况与在填充语位置的情况相似。

第五节　讨　　论

一、行为数据结果讨论

在理解句子时,中国英语学习者在正确率和反应时上表现出显著性差异。正如表 8.2 所示,抽取成分和依存关系长度是 Wh-问句加工过程中重要的影响因素。根据之后的分析结果可以总结出,与宾语特殊疑问词前置的句子相比,中国英语学习者在主语疑问词前置的 Wh-问句加工方面难度更大。另外,填充语和空位之间的依存关系越长,Wh-问句的加工难度就越大。然而,被试在判断短 Wh-问句时的正确率低于 Juffs & Harrington（1995）得出的结果。可能的原因如下:第一,判断任务增多。与 Juffs & Harrington（1995）的实验相比,本实验增加了两组刺激,每组有

15 个词,而 Juffs & Harrington(1995)的实验中每组刺激只有 7 个词。第二,因为重组的词汇相对复杂,对实验结果也有影响。第三,实验期间外部条件一直都有不足之处。与德语情况不同,中国英语双语者在加工 Wh-问句时表现出宾语加工优势。与主语特殊疑问词前置的句子相比,宾语特殊疑问词前置的句子中填充语和空位之间的距离更长。尽管如此,宾语特殊疑问词前置的句子仍然获得了加工优势。

在本研究中,正确率和反应时的结果与前人的一些研究不一致。一些研究者根据被试对不同类型 Wh-问句的回答速度来判断加工优势。他们发现,较之回答宾语特殊疑问词前置的意大利语句子,被试在回答主语特殊疑问词前置的意大利语句子时速度更快(De Vincenzi,1996)。Kluender & Kutas(1993)还认为,与宾语特殊疑问词前置 Wh-问句相比,主语特殊疑问词前置的句子获得更多的加工优势,更容易加工。然而,本研究的结果与 Juffs(2005)的研究结果是一致的。原因如下:首先,汉语的语序与英语相似,都是 SVO 顺序。一旦将主语从原来的位置提走,说话者就会首先找到相应的动词。汉语虽然是疑问词原位语言,但是英语和汉语之间还是有很多相似之处。在这两种语言中,动词通常与空位相邻。因为汉语和英语语序相同,中国英语学习者在嵌入从句遇到第二个动词时不受其影响。这也是为什么德语二语学习者的结果和中国英语学习者的结果不同。其次,当中国英语学习者在句子开头就遇到疑问词时,很可能将疑问特征附加给句子。如果内嵌分句是插入语,说话者往往将特殊疑问词看作宾语特殊疑问词前置。在主语疑问词前置的句子和宾语疑问词前置的句子中,填充语和空位之间的距离各不相同。即使抽取成分在脑中存储的时间要长于加工主语疑问词前置的句子,中国英语学习者还是更倾向于将其按照主语疑问词前置句子处理,直到遇到疑问词的谓语动词。换句话说,汉语为母语的英语学习者对宾语特殊疑问词前置句子中特殊疑问词的格标效应更加敏感,因为当他们发现特殊疑问词并不是宾语时不必重新分析。主语特殊疑问词前置的句子和宾语特殊疑问词前置的句子不同,既是因为填充语和空位之间的距离不同,也是因为各自的格标信息不同。最后,Williams et al.(2001)曾提出,中国英语学习者在遇到两个谓语动词彼此相邻时,会出现"花园小径现象",这发生在主语特殊疑问词前置的句子当中。一旦汉语为母语的英语学习者受到该现象的影响,要想复原错误的语法分析就更加困难,不仅加工时间更长,还增加了误判的可能性。因为本研究选择的刺激都是清晰可信的 Wh-问句,所以花园小径现象的影响不是很大。因此,中国英语学习者更多利用的是动词—论元结构信息,而不是填充语—空位策略。

中国熟练英语学习者对符合语法和不合语法的 Wh-移位非常敏感。Juffs(2005)的研究结果已经证明了这一点。而且中国英语学习者在判断任务时的表现与英语母语者类似。但是,因为取自 Juffs & Harrington (1995)的刺激都已经被修改成更长的句子,所以无论是正确率还是反应时的结果都与前人的研究有所差异。这种修改在一定程度上增加了加工的困难,尤其是多了一个内嵌从句,增加了一个分句层级。汉语语序中缺少 Wh-移位对英语 Wh-疑问句也有一定的负面影响。因此,本研究中的依存关系将重点放在前置成分相同且距离特别加长的句子上,而不仅仅是移位成分不同的句子间的比较。

二、ERP 数据结果讨论

本研究按照填充语和空位间距离的长短以及抽取成分的不同将句子分为几种类型,当被试理解和判断这些 Wh-问句时,记录被试的脑电。所用刺激均修改自 Juffs 和 Harrington 1995 年版实验,均符合语法规则,没有歧义。观察结果总结如下:句子类型不同,事件相关电位也不同。与宾语特殊疑问词前置的短句相比,疑问代词前置的长句诱发了持续左前负波。这些发现肯定了前面章节中提到的假设,也与先前的行为数据一致。在主语特殊疑问词前置的长句中,从句中动词后的填充语和空位位置出现 LAN 成分,直到填充语在句子后部遇到空位后负波才逐渐消失。这更加印证了中国英语学习者对主语特殊疑问词前置的长句的加工优势。依存关系对主语疑问词 Wh-问句/宾语疑问词 Wh-问句的加工产生影响。实验发现,如果填充语和空位之间距离加长,负波的波幅也随之增加。另一个假设是,抽取成分在 Wh-问句加工方面有着重要作用,但本研究中的结果与前人的研究结果不一致。语言加工是激活存储在记忆中各种信息的过程,而句子的加工和理解取决于参数间语法关系的重建,因此,如果重建更加复杂的语法关系或抽取的类型不同,加工时间就会延长。

部分研究者没有发现在主语填充语位置诱发的事件相关电位和宾语填充语位置诱发的事件相关电位之间有何显著差别(Fiebach et al., 2002)。然而 ERP 研究结果表明,关系从句中的 Wh-移位诱发的正向事件相关电位表现出了显著性差异(Friederici et al., 1998)。本研究中的情况与之类似,只在依存关系长度不同的宾语疑问词前置的句子间、依存关系长度不同的主语疑问词前置的句子间发现了差异,但是行为数据表现出的差异却非常显著。对主语特殊疑问词前置的句子加以比较,统计后得到的差异是最大的。这表明中国英语学习者加工主语特殊疑问词前置的句子时最困难。对这些发现的理论解释主要可以从两方面展开：第一，只要被试看到 Wh-填充语，由于有主句紧随其后，他们就倾向于把它看作宾语疑问词前置。因此，填充语都被被试在记忆中赋予了格标信息。其他研究者证明，只在有和没有 Wh-移位的疑问句间发现了 ERP 数据的差异（Kluender & Kutas，1993；Kaan et al.，2000），这进一步证明，在加工 Wh-问句时填充语和空位之间的距离比抽取成分起着更重要的作用。第二，不同类型 Wh-问句之间发现的 LAN 成分显著性差异可能与信息被依照句法信息完成前在工作记忆中存储的时间长短有关。此外，ERP 诱发的 LAN 成分在填充语位置表现出显著性差异，因为在该位置填充语和空位之间的距离比抽取类型影响作用更大。

　　空位位置的实验结果有力地证明了句子内部结构的依存关系耗费了工作记忆许多资源。由于 LAN 成分反映了句子加工过程中的工作记忆负载，所以工作记忆就是语言加工过程中不可或缺且至关重要的因素，不仅可以帮助人们在活性状态下保持有限信息数量，还可以帮助操控保留的信息。空位位置诱发的 LAN 成分结果与提出上述观点的以往研究一致（Fiebach et al.，2002）。目前的研究还充分证明依存关系的长度影响 Wh-问句的加工。句法分析解析策略所给的定义是语言学习者倾向于在工作记忆中保留填充语。要完成的句法结构越复杂，对认知机制中工作记忆负载的需求就越大。在加工宾语疑问词前置的短句时，由于填充语和空位之间的依存关系较短，被试无须消耗过多的认知资源来连接填充语和空位。然而，尽管宾语特殊疑问词无须保持很长时间，但是仍然可以发现这种类型的 Wh-问句诱发的 LAN 成分。空位的实验结果仍然与前面行为数据部分和先前研究的结果一致。还有一些学者未能得到相同的结果，这可能是与信息保持在记忆中的距离有关。本研究中加长的 Wh-问句是从 Juffs 和 Harrington 的实验修改而来，因为加入的部分是另一个内嵌从句，单词数增加，句子结构也更加复杂。

　　总的来说，可从以下三个方面对填充语和空位位置产生的 ERP 结果进行解释。首先，为了将非规范句子加工成符合语法规则的疑问句，中国英语学习者一开始就准备好预测特殊疑问词的特征和类别。该预测诱发了记忆成本，而记忆成本是句法预测局域性理论的一个成分。随着依存关系的加长和更多语言的输入，被试无论加工哪种类型的 Wh-问句，都有一定难度。这也合理地解释了为什么整合成本会出现，因为如果填充语和空位之间的距离越长，整合一句话的新句法输入需要消耗的认知资源就越多。其次,句法分析策略在中国英语学习者阅读和理解 Wh-问句的过程中发挥关键作用,尤其是遇到主语疑问词前置的 Wh-问句时。当遇到内嵌从句的分句动词时,储存在工作记忆中特殊疑问词的假定格标信息必须改变,必须重新分析填充语,改变其格标信息以便整合到空位中。汉语和英语之间语序的相似性决定了宾语抽取优势的出现,而这两种语言之间疑问句语序的差异又使得英语学习者加工 Wh-问句时备感棘手。最后,和其他类型的句子一样,Wh-问句也可以通过无限增加内嵌分句使句子无限延长。无论是添加从句还是增添新词都会增加句子的复杂度。对于任何二语学习者来说,这种复杂度都会加重工作记忆负担,从而导致在本研究中出现的加工困难。

第 六 节 结   论

本研究和相关研究已经证明,中国英语学习者在加工 Wh-问句时,疑问词不同和/或填充语和空位间的距离不同,加工优势也不同。较之依存关系较长的、主语前置的 Wh-问句,中国英语学习者更喜欢依存关系较短的、宾语前置的 Wh-问句。行为数据和 ERP 数据结果都可以为此提供合理且强有力的证据。综上所述,我们可以得出以下结论。

第一,从行为数据的角度看,被试进行判断任务时的正确率和反应时都证明宾语特殊疑问词前置的短句获得最大的加工优势。至于抽取成分,由于 Wh-问句彼此都是一致的,当被试加工依存关系较短的 Wh-问句时可以观察到加工优势。第二,该结果被 ERP 结果再次确认。我们通过神经科学的方法将情况复制,发现在 300—500 ms 的时间窗内会诱发一个负波,并反映出与上文提到的加工优势相一致的统计数据。第三,依存关系长度可以算作 Wh-问题加工过程当中的一个关键因素。第四,中国的英语学习者在加工主语特殊疑问词前置的长句时最为困难。在此过程中抽取成分优势的研究结果与前人的研究略有不一致。

关于被试对特殊疑问词的加工优势问题,尽管本研究和前人的研究结果有所不同,但是却有合理的原因。首先,目标语 Wh-问句和被试母语中情况的差异在加工过程中发挥着显著的作用。汉语拥有与英语相似的语序(SVO),但同时属于"疑问词原位"语言,Wh-问句中鲜有句法元素移位的情况。其次,改变 Wh-问句的因素也对句子加工产生了影响。本研究中这些因素包括抽取成分和依存关系。填充语和空位之间的距离越长,造成的工作记忆负载就越大。当主语疑问词遇到内嵌从句的另一个动词时,主语疑问词导致对格标信息的重新分析。最后,依存关系彼此并不会因为增加了新词距离变长而发生变化。此外,内嵌从句的插入增加了句子的复杂性。

进一步的研究可以对本研究的一些局限加以改进,从而得出更好的、更加显著的结果。第一,插入 Wh-问句中的关系从句的长度可以控制在一个比较合理的范围内,关系从句中不出现疑问词。这样可以减小嵌入从句中的疑问词的影响,一些判断也可以更准确。第二,注意平衡被试的性别比例。本研究招募的被试大多为女性,目前尚不清楚性别因素是否会对加工过程造成影响。第三,刺激之间的时间间隔可以适当增加,这样更有利于得到信噪比较高、更稳定的 ERP 数据结果。

第
九
章

结语与展望

综合前面八章的内容,本研究的主要发现归纳如下:

一、基于定量的研究方法对关系从句加工的文献进行的综述表明,关系从句加工优势的研究是一个主要的研究热点。本书通过运用科学计量学和信息可视化方法,对关系从句领域的已有研究进行定量分析,并运用可视化的手段展示该领域的研究进展以及未来的发展趋势。借助CiteSpace软件实现了对关系从句领域的文献共被引分析、突现检测分析和信息可视化分析。研究结果表明:目前关系从句领域的11个研究聚类可进一步归纳为7个主要研究方向:关系从句的歧义研究,关系从句中的推定代词研究,基于工作记忆的主语关系从句加工优势研究,基于工作记忆的宾语关系从句加工优势研究,关系从句加工的脑机制研究,非典型发展人群对关系从句的理解研究,句子理解策略相关研究。言语治疗研究、关系从句语法结构研究和美国英语中的关系从句研究是关系从句研究早期阶段的三个研究方向。此外,关系从句领域未来的研究趋势将更倾向于探讨关系从句加工优势的解释、加工机制的形成原因、汉语关系从句理解加工、启动效应研究和干扰效应等,研究方法更倾向于采用心理语言学、神经科学和统计学等方法。

二、汉语(一语)关系从句的 ERP 研究支持了宾语关系从句加工优势。本书通过事件相关电位实验,对四种汉语关系从句(主语抽取式主语关系从句、宾语抽取式主语关系从句、主语抽取式宾语关系从句、宾语抽取式宾语关系从句)的加工优势进行了检验。实验旨在考察关系从句加工的普遍性和语言独特性。实验结果表明,宾语抽取加工优势既存在于主语关系从句中,也存在于宾语关系从句中。在主语关系从句中,主语抽取式在关系从句部分的 P600 效应较宾语抽取式更显著,支持了经典语序理论。在关系从句部分,在主句的宾语位置和其后的词(C1)上,主语抽取式的 P600 效应较宾语抽取式更显著,反映了句法建构中题元结构的影响优势和整个句子的加工优势所在。在宾语关系从句中,在句子的第三个词上,主语抽取式的 N400 和 P600 效应大于宾语抽取式的效应,反映了意义干扰的影响,并支持了经典语序理论。在句子的第四个词上,N400 效应在主语抽取式句子中较宾语抽取式中更显著,证明了实时语义加工难度有可能被之前的语义加工难度覆盖。在先行词和其后的词(C1)上,主语抽取式关系从句中的 P600 效应强于宾语抽取式宾语关系从句中的 P600 效应,显示了 LPC 效应,并支持了并行功能解释和视角转换解释。

三、英语(二语)关系从句的 ERP 研究验证了主语加工优势。本书采用事件相关电位技术,考察了汉英双语者对主语位置主语抽取式和主语位置宾语抽取式的英语关系从句的加工过程。实时语言加工监测及脑区活动表明,汉英双语者对英语关系从句的加工支持主语关系从句加工优势,其原因在于英语的关系从句标记性比汉语更强,双语学习者的工作记忆能力相对母语使用者更低,从而使汉英双语学习者对英语的关系从句的加工更趋向于英语母语使用者的加工模式。研究结果在关系从句的每个位置和主句的动词位置都表现出差异,我们运用实验的结果对当前有关关系从句的优势解释进行了检查,发现基于指称距离的解释和工作记忆的解释适用于本研究的发现。ERP 实验结果观察到了在两种关系从句类型中出现的填充语和空位加工过程早期出现的 LAN 成分,在填充语和空位的依存关系加工结束时出现了 P600 成分。但对于词义敏感 ERP 成分——N400 成分却没有较清晰地呈现,可能的原因是实验中采用的单一位置嵌入使得依存距离较短,不足以引发较明显的 N400 成分。

　　四、本书通过控制汉语关系从句中两个论元的生命性证实了生命性信息对关系从句加工产生了重要影响。此项研究基于两个实验,实验一采用的刺激句中从句动词的两个论元均为生命性名词,目的是研究主语关系从句与宾语关系从句的加工差异。实验结果显示,两类关系从句在从句区域表现出显著的差异性,具体表现为主语关系从句诱发了更大的 ERP 波幅,由此推断其理解难度更大。但是,在关系标志"的"以及中心词的位置没有发现两类从句存在差异。宾语关系从句在主句动词位置诱发比主语关系从句更明显的 P600 成分,据此推断理解加工难度更大。实验二控制了从句动词的论元生命性,刺激句中从句主语为生命性名词,从句宾语为无生命性名词。在关系从句标志"的"以及"的"之前的关系从句区域,主语关系从句都显示出更大的 ERP 波形,说明比宾语关系从句更难加工。但是,在中心词和主句动词位置,实验结果显示宾语关系从句更难加工。宾语关系从句引发的这一理解难度符合视角转换解释,原因在于无生命性名词更少作为句子中心词出现。通过比较两个实验的结果,本研究证明生命性信息有助于论元角色的指派,因而影响关系从句的加工。论元生命性差异使得角色的指派更加容易,并且改变了主语关系从句和宾语关系从句的加工难度差异。在一些词语区域它降低了从句的加工难度,而在另一些区域则增加了加工难度。两个实验的结果证明了生命性信息对汉语从句加工的重要作用,即在加工一开始,生命性就被读者作为理解句意的重要线索。

　　五、智力水平与汉语从句加工之间有显著相关性。本研究通过韦氏成人智力量表对被试进行测验,96 个刺激句被用于汉语关系从句加工的行为实验中。实验结果表明,智力水平与汉语从句加工之间有显著相关性。汉语关系从句的反应时和智力水平显著相关,尤其是被试的总智商和言语智商。汉语关系从句的反应时和操作智商之间没有发现明显的相关性。汉语关系从句加工的正确率和言语智商显著相关,和总智商还有操作智商之间没有明显的相关性。总之,汉语关系从句加工和言语智商相关性最大。对于汉语中主语关系从句的加工,反应时和正确率都和言语智商相关。就汉语中宾语关系从句的加工和智力水平间的关系来看,反应时和正确率依旧和言语智商有关。不同之处在于,汉语中宾语关系从句加工的反应时和总智商之间也具有相关性。根据相关系数,汉语中宾语关系从句加工的反应时和言语智商的相关性要大于汉语中主语关系从句加工的反应时和言语智商间的相关性,这一结果涉及关系从句加工的优势问题,加工宾语关系从句的难度要大于加工主语关系从句。这两种汉语关系从句的正确率和言语智商之间的相关性基本处于同一水平。从智力中具体的智力因素来看,反应时和常识、数字符号以及数字广度三项分测验相关,相关性最高的是数字广度测验,正确率仅和领悟测验相关。和汉语关系从句加工相关的这四项分测验分别可以反映出不同的智力因素在影响汉语关系从句加工,包括语言理解、工作记忆以及加工速度等。实验结果表明,和汉语关系从句加工最相关的智力因素为工作记忆能力,而工作记忆能力正是影响关系从句加工优势的主要因素。

六、汉语关系结构的限制性语境条件下,预测机制对于调节 N400 波幅起了主导作用。当具有很强约束性的句法结构形成语境时,该结构后所接词汇的事件相关电位成分 N400 的波幅出现减少。对于这一现象当前学界存在两种观点:其一的被动激活观点认为,波幅的减少代表着对长期语义记忆呈现的广泛性被动激活;另一种基于语境预测的观点则认为,波幅的减少表现了对即将出现的语言输入的特定预测。目前的争议在于两种观点所述原因如何影响 N400 成分减少的程度。本书的研究通过在更为激励预测活动的实验性语境中构建语义上关联的汉语关系结构与词语的配对,将对于这一争议的讨论引入汉语关系结构语境的范畴。在保持语义关联不变的前提下,通过控制相关配对的所在比例,调节关系结构启动成分对于目标词语的预测效度。实验采用了语义范畴探测检测任务,激励被试在排除对实验内容偏好的前提下对材料进行语义加工。实验中观察到相关目标词语的 N400 波幅减少量在相关性的高比例组块条件下要大于低比例组块条件。这一结果印证了:被试基于自身的世界知识,对即将呈现的输入进行预测会产生 N400 效应。

七、本书运用事件相关电位的方法,考察了中国英语学习者对英语 Wh-问句的加工优势。英语 Wh-问句的句法结构和汉语相比存在着很大差异,这一点和英、汉语关系从句的差异性一致,因此,在具体加工过程中同样出现了不对称现象,表现为宾语特殊疑问词前置的 Wh-问句加工优势的不一致。究其原因,主要可以用与工作记忆密切相关的整合资源解释和依赖位置理论来解释。以英语 Wh-问句为语料,在被试对英语 Wh-问句是否符合语法规则进行在线任务判断时,就主语特殊疑问词前置的长句、主语特殊疑问词前置的短句、宾语特殊疑问词前置的长句、宾语特殊疑问词前置的短句四种语句的加工过程进行比较分析,并检验句子结构的复杂程度、句子结构中填充语—空位依存关系中的距离以及特殊疑问词的格标效应三个因素对中国的英语学习者加工英语 Wh-问句的过程是否产生作用及是否具有规律性。行为实验的结果显示,在中国的英语学习者阅读并理解英语 Wh-问句时反应时最长,正确率最低,阅读宾语特殊疑问词前置的短句时反应时最短,正确率最高。事件相关电位的结果与行为实验的结果相对应并显示了一致性。较其他三种刺激句而言,主语特殊疑问词前置的长句加工的过程中,LAN 成分表现出了更强的激活,加工机制也有所不同,在不同的时间区域内,波幅表现出了明显的差异。而依存关系方面,填充语和空位之间距离较短的句子也体现了一定的加工优势,宾语特殊疑问词前置的 Wh-问句较主语特殊疑问词前置的 Wh-问句更具有加工优势。引起相关优势的原因来源于句法工作记忆和整合记忆消耗,因此可以用整合资源解释和依赖位置理论来解释。

第二节 价值和意义

本研究具有以下价值和意义:

一、揭示语言的认知神经系统特征。本研究基于前期的汉语(一语)和英语(二语)关系从句加工的以句法为主的研究,进一步开展利用 ERP 技术的语义相关的实验研究,探究中国人汉、英关系从句加工的认知神经机制,可为汉语(一语)和英语(二语)认知语言学和神经语言学研究提供支持。

二、丰富关系从句加工的研究,推进成果的实际应用。综合影响关系从句加工的相关因素,可以帮助建立汉、英关系从句加工模型,丰富关系从句加工研究成果,同时也可为其他领域(例如:机器翻译、知识发现等)提供研究基础和技术支持,推进相应的研究成果的应用。

三、加深理解知识结构、语言修养、文化差异和思维方式之间的相互作用关系。从某种意义上说,语言是人类对思维和文化的适应形式。因此,本研究通过对汉英关系从句的 ERP 研究,一定意义上揭示了母语和二语熟练程度及其他诸如知识结构、语言修养、文化差异和思维方式等相关因素分别在一语和二语关系从句加工中的相互作用。

四、促进应用语言学的跨学科研究。本书展示了基于语言学的跨学科研究,以汉英关系从句为研究对象,探讨影响关系从句加工的相关因素之间的相互作用关系,从语言学、心理学、神经科学、哲学的不同角度揭示关系从句加工的机制。

　　五、为中国 EFL(English as a Foreign Language)和 ESL(English as a Second Language)学习者的外语学习和二语学习与习得提供建设性意见。基于汉英关系从句的不同层次的差异,究其原因,可以追溯到西方哲学和中国哲学的哲学思想。一方面,西方哲学一直是一种实在论研究。英语关系从句具有独特性,拥有独立的主、谓、宾等中心成分,具有独立的句子特征,但是又以整个句子的中心词为中心。关系从句的独立性使其与中心词的连接需要连接词来实现,因此,即使关系从句有一套完整的中心成分,但在整个大的句子中其地位并不如中心词。英语关系从句后置还与实在论思想中的"关系外在性"有关,正是因为关系是外在的,加工句子时会首先将中心词引出,之后再添加一种关系性在这个中心词实在之上。另一方面,中国传统哲学思维的特点是"一体性",主要通过直觉或者直观的方式来体悟世界。世界上的存在物并非单纯和孤立的实在,而是处于一种关系之中的实在;各个存在之间的关系不是一种外部的人为的或者强加的关系,而是实在之间本身就具有的。这种关系性的哲学思想也反映在语言中。汉语的中心词并不如英语的中心词那么突出,各个词汇之间的关系主要是按照一种体验式的经验逻辑相互联系。因此,在汉语中,关系从句并不如英语中关系从句的位置,大多数情况下有一个关系化标记词"的"标记关系从句或关系结构,但是"中心词"之间并不需要关系词来连接,而是依靠一种自然的联系。汉语关系从句表现为中心词后置,也与汉语注重关系有关。因为汉语的关系从句与中心词之间并不是附属关系而是并列关系,将关系从句前置能引出一种关系,在这样的关系引出之后,中心词的出现才能完全将整个关系和意义凸显出来。因为汉英关系从句的差异直接体现在思维方式上,对于 EFL 和 ESL 学习者来说,理解不同思维差异对于英语学习会起到根本性的理性的作用,减少和杜绝英语学习中的口语和写作表达能力差的现象,从而在掌握地道的英语表达方面能起到事倍功半的作用。

第三节　局限性及未来的研究工作

　　本研究的局限性和未来的研究工作主要体现在以下三个方面:

一、刺激的选择。关系从句加工优势的研究主要基于行为实验和脑电实验，刺激的选择需要符合实验设计的要求，要考虑熟悉度、难度、句子长度、使用频率等方面的因素，因此大部分的刺激都是实验者编制出来的，而不是基于真实的语言材料，这可能在一定程度上影响实验的结果。因此，未来的研究可以考虑使用真实的句子作为刺激，以验证汉语（一语）和英语（二语）的加工优势具有普遍性还是特异性。

二、关系从句加工的相关因素。我们知道，影响汉语（一语）和英语（二语）关系从句加工的因素很多，不仅仅局限在句法和语义上。以往的研究更多地关注句法的研究，本研究试图将语义因素补充进来，而影响语义构建的因素更为复杂，如生活经历、知识结构、语言能力、沟通能力、社会环境、认知风格、运动感觉、情感情绪、人格个性、性别年龄、教育程度，等等。因此，未来的关系从句的加工研究，乃至语言理解和加工研究应该把上述因素考虑在内，综合研究人类如何通过语言构建意义，进一步研究句法和语义的交互作用。

三、研究手段。以往的研究主要使用心理语言学的行为实验方法以及认知神经科学的电生理方法，很少使用大脑成像的方法。大脑成像的方法具有高空间分辨率等优势，可以更好地进行语言加工过程中的脑区定位。因此，借助大脑成像的方法，可以帮助我们更好地区分和理清影响语言加工的相关因素，为包括关系从句加工在内的语言加工带来更多的维度，使人类更好地了解语言在认识世界中的作用。

参 考 文 献

Adani, F. , Lely, H. K. J. V. D. , Forgiarini, M. , & Guasti, M. T. (2010). Grammatical feature dissimilarities make relative clauses easier: A comprehension study with Italian children. *Lingua*, *120*(9), 2148 – 2166.

Anastasi, A. , & Schaefer, C. (1971). Note on the concepts of creativity and intelligence. *Journal of Creative Behavior*, *5*, 113 – 116.

Anderson, J. E. , & Holcomb, P. J. (1995). Auditory and visual semantic priming using different stimulus onset asynchronies: An event-related brain potential study. *Psychophysiology*, *32*, 177 – 190.

Arnon, I. (2005). Relative clause acquisition in Hebrew: Toward a processing-oriented account. In: Brugos A. , Clark-Cotton M. R. , & Ha S. (Eds.), *Proceedings of the 29th Boston University Conference on Language Development* (pp. 37 – 48). Somerville, MA: Cascadilla Press.

Bader, M. , & Meng, M. (1999). Subject-object ambiguities in German embedded clauses: An across-the-board comparison. *Journal of Psycholinguistic Research*, *28* (2), 121 – 143.

Balaban, N. , Friedmann, N. , & Ariel, M. (2016). The effect of theory of mind impairment on language: Referring after right-hemisphere damage. *Aphasiology*, *30* (12), 1424 – 1460.

Barr, D. J. , Levy, R. , Scheepers, C. , & Tily, H. J. (2013). Random effects structure for confirmatory hypothesis testing: Keep it maximal. *Journal of Memory and Language*, *68*(3), 255 – 278.

Basten, U. , Biele, G. , Heekeren, H. R. , & Fiebach, C. J. (2010). How the brain integrates costs and benefits during decision making. *Proceedings of the National Academy of Sciences*, *107*(50), 21767 – 21772.

Becker, C. A. (1980). Semantic context effects in visual word recognition: An analysis of semantic strategies. *Memory & Cognition*, *8*, 493 – 512.

Belikova, A. , & White, L. (2009). Evidence for the fundamental difference hypothesis or not? *Studies in Second Language Acquisition*, *31*(2), 199 – 223.

Bernolet, S. , Collina, S. , & Hartsuiker, R. J. (2016). The persistence of syntactic priming revisited. *Journal of Memory and Language*, *91*, 99 – 116.

Betancort, M. , Carreiras, M. , & Sturt, P. (2009). The processing of subject and object relative clauses in Spanish: An eye-tracking study. *The Quarterly Journal of Experimental Psychology*, *62*(10), 1915 – 1929.

Bever, T. G. (1970). *The Cognitive Basis for Linguistic Structures.* New York: Wiley.

Boudewyn, M. A., Gordon, P. C., Long, D., Polse, L., & Swaab, T. Y. (2012). Does discourse congruence influence spoken language comprehension before lexical association? Evidence from event-related potentials. *Language and Cognitive Processes*, *27*, 698 – 733.

Brown, C. M., Hagoort, P., & Chwilla, D. J. (2000). An event-related brain potential analysis of visual word priming effects. *Brain and Language*, *72*, 158 – 190.

Buckingham, B. R. (1921). Intelligence and its measurement: A symposium—XIV. *Journal of Educational Psychology*, *12*(5), 271 – 275.

Camblin, C. C., Gordon, P. C., & Swaab, T. Y. (2007). The interplay of discourse congruence and lexical association during sentence processing: Evidence from ERPs and eye tracking. *Journal of Memory and Language*, *56*, 103 – 128.

Campione, J. C., & Brown A. L. (1978). Toward a theory of intelligence: Contributions from research with retarded children. *Intelligence*, *2*(3), 279 – 304.

Caplan, D., & Futter, C. (1986). Assignment of thematic roles to nouns in sentence comprehension by an agrammatic patient. *Brain and Language*, *27*(1), 117 – 134.

Caplan, D., Vijayan, S., Kuperberg, G., West, C., Waters, G., Greve, D., & Dale, A. M. (2002). Vascular responses to syntactic processing: Event-related fMRI study of relative clauses. *Human Brain Mapping*, *15*(1), 26 – 38.

Caramazza, A., & Zurif, E. B. (1976). Dissociation of algorithmic and heuristic processes in sentence comprehension: Evidence from aphasia. *Brain and Language*, *3*(4), 572 – 582.

Carreiras, M., & Clifton, C. (1993). Relative clause interpretation preferences in Spanish and English. *Language and Speech*, *36*(4), 353 – 372.

Carreiras, M., Duñabeitia, J. A., Vergara, M., De La Cruz-Pavía, I., & Laka, I. (2010). Subject relative clauses are not universally easier to process: Evidence from Basque. *Cognition*, *115*(1), 79 – 92.

Carroll, P., & Slowiaczek, M. L. (1986). Constraints on semantic priming in reading: A fixation time analysis. *Memory & Cognition*, *14*, 509 – 522.

Cattell, R. B. (1963). Theory of fluid and crystallized intelligence: A critical experiment. *Journal of Educational Psychology*, *54*(1), 1 – 22.

Chen, B., & Ning, A. (2008). The comparison of processing difficulty between Chinese subject-relative and object-relative clauses. *Chinese Journal of Applied Psychology*, *14*(1), 29 – 34.

Chen, B., Ning, A., Bi, H., & Dunlap, S. (2008). Chinese subject-relative clauses are more difficult to process than the object-relative clauses. *Acta Psychologica*, *129*(1), 61 – 65.

Chen, C. (2006). CiteSpace II: Detecting and visualizing emerging trends and transient patterns in scientific literature. *Journal of the American Society for Information*

参
考
文
献

Science & Technology, *57*(3), 359 – 377.

Chen, Q., Xu, X., Tan, D., Zhang, J., & Zhong, Y. (2013). Syntactic priming in Chinese sentence comprehension: Evidence from event-related potentials. *Brain & Cognition*, *83*(1), 142 – 152.

Chomsky, N. (1981). *Lectures on Government and Binding*. Dordrecht: Foris.

Chomsky, N. (1993). *Lectures on Government and Binding: The Pisa Lectures* (No. 9). Berlin: Walter de Gruyter.

Chomsky, N. (1995). *The Minimalist Program* (Vol. 28). Cambridge: Cambridge University Press.

Chomsky, N. (2000). Minimalist inquiries: The framework. In R. Martin, D. Michaels, & J. Uriagereka (Eds.), *Step by step: Essays on minimalist syntax in honor of Howard Lasnik*, (pp. 89 – 155). Cambridge, MA: MIT Press.

Chwilla, D. J., Hagoort, P., & Brown, C. M. (1998). Themechanism underlying backward priming in a lexical decision task: Spreading activation versus semantic matching. *Quarterly Journal of Experimental Psychology: Human Experimental Psychology*, *51*, 531 – 560.

Chwilla, D. J., Kolk, H. H., & Mulder, G. (2000). Mediated priming in the lexical decision task: Evidence from event-related potentials and reaction time. *Journal of Memory and Language*, *42*, 314 – 341.

Clifton Jr, C., & Frazier, L. (1989). Comprehending sentences with long-distance dependencies *Linguistic Structure in Language Processing*, *7*, 273 – 317.

Cohen, L., & Mehler, J. (1996). Click monitoring revisited: An on-line study of sentence comprehension. *Memory & Cognition*, *24*(1), 94 – 102.

Comrie, B. (1989). *Language universals and linguistic typology: Syntax and morphology*. (2nd ed.). Chicago, MI: The University of Chicago Press.

Coulson, S., Federmeier, K. D., Van Petten, C., & Kutas, M. (2005). Right hemisphere sensitivity to word- and sentence-level context: Evidence from event-related brain potentials. *Journal of Experimental Psychology: Learning, Memory, and Cognition*, *31*, 129 – 147.

Cowles, H. W., Kluender, R., Kutas, M., & Polinsky, M. (2007). Violations of information structure: An electrophysiological study of answers to wh-questions. *Brain and Language*, *102*(3), 228 – 242.

Croteau, K. C. (1995). Second language acquisition of relative clause structures by learners of Italian. In: F. R. Eckman, D. Highland, P. W. Lee, J. Mileham, & R. R. Weber (Eds.), *Second Language Acquisition Theory and Pedagogy* (pp. 115 – 128). Mahwah, NJ: Erlbaum.

Cruz-Pavía, I. D. L., & Elordieta, G. (2015). Prosodic phrasing of relative clauses with two possible antecedents in Spanish: A comparison of Spanish native speakers and L1 Basque bilingual speakers. *Folia Linguistica*, *49*(1), 185 – 204.

Culicover, P. W. (2011). A Reconsideration of English Relative Constructions.

Constructions, *2*, 1 – 14.

Das, J. P. , Naglieri, J. A. , & Kirby, J. R. (1994). *Assessment of Cognitive Processes*. Needham Heights, MA: Allyn & Bacon.

Deacon, D. , Uhm, T. J. , Ritter, W. , Hewitt, S. , & Dynowska, A. (1999). The lifetime of automatic semantic priming effects may exceed two seconds. *Cognitive Brain Research*, *7*, 465 – 472.

De Groot, A. M. B. (1984). Primed lexical decision: Combined effects of the proportion of related prime-target pairs and the stimulus-onset asynchrony of prime and target. *Quarterly Journal of Experimental Psychology: Series A, Human Experimental Psychology*, *36*, 253 – 280.

DeLong, K. A. , & Kutas, U. M. (2005). Probabilistic word pre-activation during language comprehension inferred from electrical brain activity. *Nature Neuroscience*, *8*(8), 1117.

DeLong, K. A. , Urbach, T. P. , & Kutas, M. (2005). Probabilistic word pre-activation during language comprehension inferred from electrical brain activity. *Nature Neuroscience*, *8*, 1117 – 1121.

De López, K. J. , Olsen, L. S. , & Chondrogianni, V. (2014). Annoying Danish relatives: Comprehension and production of relative clauses by Danish children with and without SLI. *Journal of Child Language*, *41*(1), 51 – 83.

Delorme, A. , & Makeig, S. (2004). EEGLAB: An open source toolbox for analysis of single-trial EEG dynamics. *Journal of Neuroscience Methods*, *134*, 9 – 21.

Den Heyer, K. , Briand, K. , & Dannenbring, G. L. (1983). Strategic factors in a lexical-decision task: Evidence for automatic and attention-driven processes. *Memory & Cognition*, *11*, 374 – 381.

Desmet, T. , Brysbaert, M. , & Baecke, C. D. (2002). The correspondence between sentence production and corpus frequencies in modifier attachment. *The Quarterly Journal of Experimental Psychology: Section A*, *55* (3), 879 – 896.

Desmet, T. , De Baecke, C. , Drieghe, D. , Brysbaert, M. , & Vonk, W. (2006). Relative clause attachment in Dutch: On-line comprehension corresponds to corpus frequencies when lexical variables are taken into account. *Language and Cognitive Processes*, *21*(4), 453 – 485.

De Villiers, J. G. , Flusberg, H. B. T. , Hakuta, K. , & Cohen, M. (1979). Children's comprehension of relative clauses. *Journal of Psycholinguistic Research*, *8*(5), 499 – 518.

De Vincenzi, M. (1991). Filler-gap dependencies in a null subject language: Referential and nonreferential WHs. *Journal of Psycholinguistic Research*, *20*(3), 197 – 213.

De Vincenzi, M. (1996). Syntactic analysis in sentence comprehension: Effects of dependency types and grammatical constraints. *Journal of Psycholinguistic Research*, *25*(1), 117 – 133.

Diessel, H. , & Tomasello, M. (2000). The development of relative clauses in

参考文献

spontaneous child speech. *Cognitive Linguistics*, *11*(1/2), 131–152.

Dikker, S., Rabagliati, H., & Pylkkänen, L. (2009). Sensitivity to syntax in visual cortex. *Cognition*, *110*, 293–321.

Ditman, T., Holcomb, P. J., & Kuperberg, G. R. (2007). The contributions of lexico-semantic and discourse information to the resolution of ambiguous categorical anaphors. *Language and Cognitive Processes*, *22*, 793–827.

Doughty, C. (1991). Second language instruction does make a difference: Evidence from an empirical study of SL relativization. *Studies in Second Language Acquisition*, *13*(4), 431–469.

Eckman, F. R., Bell, L., & Nelson, D. (1988). On the generalization of relative clause instruction in the acquisition of English as a 2nd language. *Applied Linguistics*, *9*(1), 1–20.

Ellis, R. (1994). *The Study of Second Language Acquisition*. Oxford: Oxford University.

Fanselow, G., Kliegl, R., Schlesewsky, M. (2002). Processing difficulty and principles of grammar. In: S. Kemper, & R. Kliegl (Eds) *Constraints on Language: Aging, Grammar, and Memory*. (pp. 170–200). Boston, MA: Springer.

Federmeier, K. D. (2007). Thinking ahead: The role and roots of prediction in language comprehension. *Psychophysiology*, *2007*(44), 491–505.

Federmeier, K. D., & Kutas, M. (1999). A rose by any other name: Long-term memory structure and sentence processing. *Journal of Memory and Language*, *41*, 469–495.

Felser, C., Clahsen, H., & Münte, T. F. (2003). Storage and integration in the processing of filler-gap dependencies: An ERP study of topicalization and wh-movement in German. *Brain and Language*, *87*(3), 345–354.

Felser, C., Gross, R., Roberts, L., & Marinis, T. (2002). The processing of ambiguous sentences by first and second language learners of English. *Applied Psycholinguistics*, *24*(3), 453–489.

Fernández, E. M. (2003). *Bilingual Sentence Processing: Relative Clause Attachment in English and Spanish*(Vol. 29). Amsterdam: John Benjamins.

Ferreira, F., & Clifton, C. (1986). The independence of syntactic processing. *Journal of Memory and Language*, *25*(3), 348–368.

Fiebach, C. J., Schlesewsky, M., & Friederici, A. D. (2001). Syntactic working memory and the establishment of filler-gap dependencies: Insights from ERPs and fMRI. *Journal of Psycholinguistic Research*, *30*(3), 321–338.

Fiebach, C. J., Schlesewsky, M., & Friederici, A. D. (2002). Separating syntactic memory costs and syntactic integration costs during parsing: The processing of German Wh-questions. *Journal of Memory and Language*, *47*(2), 250–272.

Filik, R., Paterson, K. B., & Liversedge, S. P. (2005). Parsing with focus particles in context: Eye movements during the processing of relative clause ambiguities. *Journal of Memory and Language*, *53*(4), 473 – 495.

Fodor, J. D. (1998). Learning to parse? *Journal of Psycholinguistic Research*, *27* (2), 285 – 319.

Ford, M. (1983). A method for obtaining measures of local parsing complexity throughout sentences. *Journal of Verbal Learning and Verbal Behavior*, *22*(2), 203 – 218.

Franklin, M. S., Dien, J., Neely, J. H., Huber, E., & Waterson, L. D. (2007). Semantic priming modulates the N400, N300, and N400RP. *Clinical Neurophysiology*, *118*, 1053 – 1068.

Frauenfelder, U., Segui, J., & Mehler, J. (1980). Monitoring around the relative clause. *Journal of Verbal Learning and Verbal Behavior*, *19*(3), 328 – 337.

Frazier, L. (1987). Syntactic processing: Evidence from Dutch. *Natural Language* & *Linguistic Theory*, *5*(4), 519 – 559.

Frazier, L., & Fodor, J. D. (1978). The sausage machine: A new two-stage parsing model. *Cognition*, *6*(4), 291 – 325.

Friederici, A. D. (1995). The time course of syntactic activation during language processing: A model based on neuropsychological and neurophysiological data. *Brain and Language*, *50*(3), 259 – 281.

Friederici, A. D. (2002). Towards a neural basis of auditory sentence processing. *Trends in Cognitive Sciences*, *6*(2), 78 – 84.

Friederici, A. D. (2011). The brain basis of language processing: From structure to function. *Physiological Reviews*, *91*(4), 1357 – 1392.

Friederici, A. D., Steinhauer, K., Mecklinger, A., & Meyer, M. (1998). Working memory constraints on syntactic ambiguity resolution as revealed by electrical brain responses. *Biological Psychology*, *47*(3), 193 – 221.

Friedmann, N., Belletti, A., & Rizzi, L. (2009). Relativized relatives: Types of intervention in the acquisition of A-bar dependencies. *Lingua*, *119*(1), 67 – 88.

Friedman, D., & Johnson, Jr, R. (2000). Event-related potential (ERP) studies of memory encoding and retrieval: A selective review. *Microscopy Research & Technique*, *51*(1), 6.

Friedmann, N., & Novogrodsky, R. (2004). The acquisition of relative clause comprehension in Hebrew: A study of SLI and normal development. *Journal of Child Language*, *31*(3), 661 – 681.

Frisch, S., Schlesewsky, M., Saddy, D., & Alpermann, A. (2002). The P600 as an indicator of syntactic ambiguity. *Cognition*, *85*(3), B83 – B92.

Frizelle, P., & Fletcher, P. (2014). Profiling relative clause constructions in children with specific language impairment. *Clinical Linguistics & Phonetics*, *28*(6), 437 – 449.

Gardner, H., (1983, 2011). *Frames of Mind*. New York: Basic Books.

Gennari, S. P. , & MacDonald, M. C. (2008). Semantic indeterminacy in object relative clauses. *Journal of Memory and Language*, *58*(2) , 161 – 187.

Gennari, S. P. , & MacDonald, M. C. (2009). Linking production and comprehension processes: The case of relative clauses. *Cognition*, *111*(1) , 1 – 23.

Gerrig, R. J. , & McKoon, G. (1998). The readiness is all: The functionality of memory-based text processing. *Discourse Processes*, *26*, 67 – 86.

Gibson, E. (1998). Linguistic complexity: Locality of syntactic dependencies. *Cognition*, *68*(1) , 1 – 76.

Gibson, E. (2000). The dependency locality theory: A distance-based theory of linguistic complexity. *Image, Language, Brain*, 95 – 126.

Gibson, E. , Desmet, T. , Grodner, D. , Watson, D. , & Ko, K. (2005). Reading relative clauses in English. *Cognitive Linguistics*, *16*(2) , 313 – 353.

Gibson, E. , Pearlmutter, N. , Cansecogonzalez, E. , & Hickok, G. (1996). Recency preference in the human sentence processing mechanism. *Cognition*, *59*(1) , 23 – 59.

Gibson, E. , & Wu, H. H. I. (2013). Processing Chinese relative clauses in context. *Language and Cognitive Processes*, *28*(1 – 2) , 125 – 155.

Gimenes, M. , & Baudiffier, V. (2010). When a complex sentence is not so difficult to understand: the case of relative clauses. *Annee Psychologique*, *110*(4) , 629 – 654.

González, L. P. (2006). Interpreting strategic recontextualization cues in the courtroom: Corpus-based insights into the pragmatic force of non-restrictive relative clauses. *Journal of Pragmatics*, *38*(3) , 390 – 417.

Gordon, P. C. , Hendrick, R. , & Johnson, M. (2001). Memory interference during language processing. *Journal of Experimental Psychology: Learning, Memory, and Cognition*, *27*(6) , 1411 – 1423.

Greenhouse, S. W. , & Geisser, S. (1959). On methods in the analysis of profile data. *Psychometrika*, *24*, 95 – 112.

Grossi, G. (2006). Relatedness proportion effects on masked associative priming: An ERP study. *Psychophysiology*, *43*, 21 – 30.

Haarmann, H. J. , Cameron, K. A. , & Ruchkin, D. S. (2003). Short-term semantic retention during on-line sentence comprehension. Brain potential evidence from filler-gap constructions. *Cognitive Brain Research*, *15*(2) , 178 – 190.

Hagoort, P. (2005). On Broca, brain, and binding: A new framework. *Trends in Cognitive Sciences*, *9*(9) , 416 – 423.

Hagoort, P. , Brown, C. , & Groothusen, J. (1993). The syntactic positive shift (SPS) as an ERP measure of syntactic processing. *Language and Cognitive Processes*, *8*(4) , 439 – 483.

Hagoort, P. , Brown, C. M. , & Osterhout, L. (1999). The neurocognition of syntactic processing. In *The Neurocognition of language* (pp. 273 – 317). Oxford: Oxford University Press.

Hale, J. (2001). A probabilistic Earley parser as a psycholinguistic model. Paper presented at the *Proceedings of the Second Meeting of the North American Chapter of the Association for Computational Linguistics on Language Technologies*.

Hamilton, R. L. (1994). Is implicational generalization unidirectional and maximal? Evidence from relativization instruction in a second language. *Language Learning*, 44(1), 123–157.

Hartmann, R. R. K., & Stork, F. C. (1972). *Dictionary of Language and Linguistics*. New York: John Wiley & Sons.

Hawkins, R. (1989). Do second language learners acquire restrictive relative clauses on the basis of relational or configurational information? The acquisition of French subject, direct object, and genitive restrictive clauses by second language learners. *Second Language Research*, 5(2), 156–188.

Heider, P. M., Dery, J. E., & Roland, D. (2014). The processing of it object relative clauses: Evidence against a fine-grained frequency account. *Journal of Memory and Language*, 75(12), 58–76.

Hestvik, A., Schwartz, R. G., & Tornyova, L. (2010). Relative clause gap-filling in children with specific language impairment. *Journal of Psycholinguistic Research*, 39(5), 443–456.

Hickok, G., Zurif, E., & Canseco-Gonzalez, E. (1993). Structural description of agrammatic comprehension. *Brain and Language*, 45(3), 371–395.

Hitz, J., & Francis, E. J. (2016). On the usefulness of formal judgment tasks in syntax and in second-language research: The case of resumptive pronouns in English, Turkish, and Mandarin Chinese. *Linguistics*, 54(6), 1241–1280.

Hochstadt, J. (2009). Set-shifting and the on-line processing of relative clauses in Parkinson's disease: Results from a novel eye-tracking method. *Cortex*, 45(8), 991–1011.

Holcomb, P. J. (1988). Automatic and attentional processing: An event-related brain potential analysis of semantic priming. *Brain and Language*, 35, 66–85.

Holcomb, P. J., Grainger, J., & O'Rourke, T. (2002). An electrophysiological study of the effects of orthographic neighborhood size on printed word perception. *Journal of Cognitive Neuroscience*, 14, 938–950.

Holcomb, P. J., Reder, L., Misra, M., & Grainger, J. (2005). The effects of prime visibility on ERP measures of masked priming. *Cognitive Brain Research*, 24, 155–172.

Holmes, V. M., & O'Regan, J. K. (1981). Eye fixation patterns during the reading of relative-clause sentences. *Journal of Verbal Learning and Verbal Behavior*, 20(4), 417–430.

Hopp, H. (2014). Working memory effects in the L2 processing of ambiguous relative clauses. *Language Acquisition*, 21(3), 250–278.

Hsiao, F., & Gibson, E. (2003). Processing relative clauses in Chinese. *Cognition*,

90(1), 3 – 27.

Hutchison, K. A. (2007). Attentional control and the relatedness proportion effect in semantic priming. *Journal of Experimental Psychology: Learning, Memory, and Cognition*, *33*, 645 – 652.

Hutchison, K. A., Neely, J. H., & Johnson, J. D. (2001). With great expectations, can two "wrongs" prime a "right"? *Journal of Experimental Psychology: Learning, Memory, and Cognition*, *27*, 1451 – 1463.

Hyland, K. (2003). Genre-based pedagogies: A social response to process. *Journal of Second Language Writing*, *12*(1), 17 – 29.

Ishizuka, T. (2005). Processing relative clauses in Japanese. *UCLA Working Papers in Linguistics*, *13*, 135 – 157.

Ishizuka, T., Nakatani, K., & Gibson, E. (2003). Relative clause extraction complexity in Japanese. Paper presented at the Poster presented at the *16th Annual CUNY Conference on Human Sentence Processing*, Massachusetts Institute of Technology, Cambridge, MA.

Ishizuka, T., Nakatani, K., & Gibson, E. (2006). Processing Japanese relative clauses in context. Paper presented at the *19th Annual CUNY Conference on Human Sentence Processing*, CUNY, New York.

Izumi, S. (2002). Output, input enhancement, and the noticing hypothesis. *Studies in Second Language Acquisition*, *24*(4), 541 – 577.

Jackson, C. N., & Bobb, S. C. (2009). The processing and comprehension of wh-questions among second language speakers of German. *Applied Psycholinguistics*, *30* (4), 603 – 636.

Jacob, G., & Felser, C. (2016). Reanalysis and semantic persistence in native and nonnative garden-path recovery. *Quarterly Journal of Experimental Psychology*, *69* (5), 907 – 925.

Jäger, L., Chen, Z., Li, Q., Lin, C. J. C., & Vasishth, S. (2015). The subject-relative advantage in Chinese: Evidence for expectation-based processing. *Journal of Memory & Language*, *79 – 80*, 97 – 120.

Jeon, K. S., & Kim, H. -Y. (2007). Development of relativization in Korean as a foreign language: The noun phrase accessibility hierarchy in head-internal and head-external relative clauses. *Studies in Second Language Acquisition*, *29* (2), 253 – 276.

Jared, D. & Kroll, J. (2001). Do bilinguals activate phonological representations in one or both of their languages when naming words? *Journal of Memory and Language*, *44*(1), 2 – 31.

Jonides, J., Lewis, R. L., Nee, D. E., Lustig, C. A., Berman, M. G., & Moore, K. S. (2007) The mind and brain of short-term memory. *Annual Review of Psychology*, *59*, 193 – 224.

Juffs, A. (1998). Main verb versus reduced relative clause ambiguity resolution in L2 sentence processing. *Language Learning*, *48*(1), 107 – 147.

Juffs, A. (2005). The influence of first language on the processing of wh-movement in English as a second language. *Second Language Research*, *21*(2), 121 – 151.

Juffs, A., & Harrington, M. (1995). Parsing effects in second language sentence processing: Subject and object asymmetries in wh-extraction. *Studies in Second Language Acquisition*, *17*(4), 483 – 516.

Juffs, A., & Harrington, M. (1996). Garden path sentences and error data in second language sentence processing. *Language Learning*, *46*(2), 283 – 323.

Just, M. A., & Carpenter, P. A. (1992). A capacity theory of comprehension: Individual differences in working memory. *Psychological Review*, *99*(1), 122 – 149.

Just, M. A., Carpenter, P. A., Keller, T. A., Eddy, W. F., & Thulborn, K. R. (1996). Brain activation modulated by sentence comprehension. *Science*, *274* (5284), 114 – 116.

Kaan, E., Harris, A., Gibson, E., & Holcomb, P. (2000). The P600 as an index of syntactic integration difficulty. *Language and Cognitive Processes*, *15*(2), 159 – 201.

Kanno, K. (2007). Factors affecting the processing of Japanese relative clauses by L2 learners. *Studies in Second Language Acquisition*, *29*(2), 197 – 218.

Keenan, E. L., & Comrie, B. (1977). Noun phrase accessibility and universal grammar. *Linguistic Inquiry*, *8*(1), 63 – 99.

Kidd, E. (2003). Relative clause comprehension revisited: Commentary on Eisenberg (2002). *Journal of Child Language*, *30*(3), 671 – 679.

Kidd, E., & Bavin, E. L. (2002). English-speaking children's comprehension of relative clauses: Evidence for general-cognitive and language-specific constraints on development. *Journal of Psycholinguistic Research*, *31*(6), 599 – 617.

Kiefer, M. (2002). The N400 is modulated by unconsciously perceived masked words: Further evidence for an automatic spreading activation account of N400 priming effects. *Cognitive Brain Research*, *13*, 27 – 39.

Kimball, J. (1973). Seven principles of surface structure parsing in natural language. *Cognition*, *2*(1), 15 – 47.

King, J., & Just, M. A. (1991). Individual differences in syntactic processing: The role of working memory. *Journal of Memory and Language*, *30*(5), 580 – 602.

King, J. W., & Kutas, M. (1995). Who did what and when? Using word-and clause-level ERPs to monitor working memory usage in reading. *Journal of Cognitive Neuroscience*, *7*(3), 376 – 395.

Kitao, Y. (2011). The presence of head-raising and resumptive-stranding in Japanese relative clauses. *Acta Linguistica Hungarica*, *58*(3), 313 – 335.

Kleinberg, J. (2003). Bursty and hierarchical structure in streams. *Data Mining and Knowledge Discovery*, *7*(4), 373 – 397.

参考文献

Kluender, R. , & Kutas, M. (1993). Bridging the gap: Evidence from ERPs on the processing of unbounded dependencies. *Journal of Cognitive Neuroscience*, *5*(2), 196 – 214.

Korthals, C. (2001). Self embedded relative clauses in a corpus of German newspaper texts. Paper presented at the *Proceedings of the Sixth ESSLLI Student Session*.

Kreher, D. A. , Holcomb, P. J. , & Kuperberg, G. R. (2006). An electrophysiological investigation of indirect semantic priming. *Psychophysiology*, *43*, 550 – 563.

Kuno, S. (1974). The position of relative clauses and conjunctions. *Linguistic Inquiry*, *5*(1), 117 – 136.

Kuperberg, G. R. , Paczynski, M. , & Ditman, T. (2011). Establishing causal coherence across sentences: An ERP study. *Journal of Cognitive Neuroscience*, *23*, 1230 – 1246.

Kutas, M. (1993). In the company of other words: Electrophysiological evidence for single word versus sentence context effects. *Language and Cognitive Processes*, *8* (4), 533 – 572.

Kutas, M. , & Federmeier, K. D. (2000). Electrophysiology reveals semantic memory use in language comprehension. *Trends in Cognitive Sciences*, *4*, 463 – 470.

Kutas, M. , & Federmeier, K. D. (2000). Electrophysiology reveals semantic memory use in language comprehension. *Trends in Cognitive Sciences*, *4*(12), 463 – 470.

Kutas, M. , & Federmeier, K. D. (2010). Thirty years and counting: Finding meaning in the N400 component of the event related brain potential (ERP). *Annual Review of Psychology*, *62*(1), 621 – 647.

Kutas, M. , & Hillyard, S. A. (1980). Reading senseless sentences: brain potentials reflect semantic incongruity. *Science*, *207*(4427), 203 – 205.

Kutas, M. , & Hillyard, S. A. (1984). Event-related potentials in cognitive science. In Gazzaniga M. S. (eds), *Handbook of Cognitive Neuroscience*. Boston, MA: Springer.

Kutas, M. , & Van Petten, C. (1988). Event-related brain potential studies of language. *Advances in Psychophysiology*, *3*, 139 – 187.

Kutas, M. , & Van Petten, C. (1994). Psycholinguistics electrified: Event-related potential investigations. In Gernsbacher, M. A. (ed.) *Handbook of Psycholinguistics*. San Diego, CA: Academic Press, 83 – 143.

Kwon, N. , Kluender, R. , Kutas, M. , & Polinsky, M. (2013). Subject/object processing asymmetries in Korean relative clauses: Evidence from ERP data. *Language*, *89*(3), 537 – 585.

Kwon, N. , Polinsky, M. , & Kluender, R. (2006). Subject preference in Korean. Paper presented at the Proceedings of the 25th West Coast Conference on Formal Linguistics.

Lakoff, G. , & Johnson, M. (1980). *Metaphors We Live By*. Chicago: The University of Chicago.

Lau, E. (2016). The role of resumptive pronouns in Cantonese relative clause acquisition. *First Language*, *36*(4), 355 – 382.

Lau, E. F., Holcomb, P. J., & Kuperberg, G. R. (2013). Dissociating N400 effects of prediction from association in single-word contexts. *Journal of Cognitive Neuroscience*, *25*(3), 484 – 502.

Lau, E. F., Phillips, C., & Poeppel, D. (2008). A cortical network for semantics: (De)constructing the N400. *Nature Reviews Neuroscience*, *9*, 920 – 933.

Leclercq, A. -L., Majerus, S., Jacob, L., & Maillart, C. (2014). The impact of lexical frequency on sentence comprehension in children with specific language impairment. *Research in Developmental Disabilities*, *35*(2), 472 – 481.

Levy, R. (2008). Expectation-based syntactic comprehension. *Cognition*, *106*(3), 1126 – 1177.

Lewis, R. L., & Vasishth, S. (2010). An activation-based model of sentence processing as skilled memory retrieval. *Cognitive Science*, *29*(3), 375 – 419.

Li, Q., Guo, X., Yao, Y., & Müller, N. (2016). Relative clause preference in learners of Chinese as a second language, *39*(2), 199 – 214.

Li, Q., Zhang, J., & Yue, W. (2010). Chinese relative clauses processing in supportive context removing ambiguity. *Studies in Literature and Language*, *1*(4), 12 – 19.

Lin, C. J. C., & Bever, T. G. (2006). Subject preference in the processing of relative clauses in Chinese. Paper presented at the *Proceedings of the 25th West Coast Conference on Formal Linguistics*.

Lin, Y., & Garnsey, S. M. (2010). Animacy and the resolution of temporary ambiguity in relative clause comprehension in Mandarin. *Springer*, *38*(2010), 241 – 275.

MacDonald, M. C., & Christiansen, M. H. (2002). Reassessing working memory: Comment on Just and Carpenter (1992) and Waters and Caplan (1996). *Psychological Review*, *109*(1), 35 – 54.

MacDonald, M. C., Pearlmutter, N. J., & Seidenberg, M. S. (1994). The lexical nature of syntactic ambiguity resolution. *Psychological Review*, *101*(4), 676 – 703.

MacWhinney, B. (1987). The competition model. *Mechanisms of Language Acquisition*, 249 – 308.

MacWhinney, B., & Pleh, C. (1988). The processing of restrictive relative clauses in Hungarian. *Cognition*, *29*(2), 95 – 141.

Mak, W. M., Vonk, W., & Schriefers, H. (2002). The influence of animacy on relative clause processing. *Journal of Memory and Language*, *47*(1), 50 – 68.

Mak, W. M., Vonk, W., & Schriefers, H. (2006). Animacy in processing relative clauses: The hikers that rocks crush. *Journal of Memory and Language*, *54*(4), 466 – 490.

Marinis, T., Roberts, L., Felser, C., & Clahsen, H. (2005). Gaps in second

参
考
文
献

language sentence processing. *Studies in Second Language Acquisition*, *27*(1), 53 – 78.

Marslen-Wilson, W. D. (1987). Functional parallelism in spoken word-recognition. *Cognition*, *25*, 71 – 102.

McKinnon, R. (1996). Constraints on movement phenomena in sentence processing: Evidence from event-related brain potentials. *Language and Cognitive Processes*, *11*(5), 495 – 524.

Mecklinger, A., Schriefers, H., Steinhauer, K., & Friederici, A. D. (1995). Processing relative clauses varying on syntactic and semantic dimensions: An analysis with event-related potentials. *Memory & Cognition*, *23*(4), 477 – 494.

Mehravari, A. S., Tanner, D., Wampler, E. K., Valentine, G. D., & Osterhout, L. (2015). Effects of grammaticality and morphological complexity on the p600 event-related potential component. *PloS ONE*, *10*(10), e0140850.

Meltzer-Asscher, A., Fadlon, J., Goldstein, K., & Holan, A. (2015). Direct object resumption in Hebrew: How modality of presentation and relative clause position affect acceptability. *Lingua*, *166*, 65 – 79.

Miao, X. C. (1981). Word order and semantic strategies in Chinese sentence comprehension. *International Journal of Psycholinguistics*, *8*(3), 109 – 122.

Mitchell, D. C., Cuetos, F., Corley, M. M. B., & Brysbaert, M. (1995). Exposure-based models of human parsing: Evidence for the use of coarse-grained (nonlexical) statistical records. *Journal of Psycholinguistic Research*, *24*(6), 469 – 488.

Miyake, A., Carpenter, P. A., & Just, M. A. (1994). A capacity approach to syntactic comprehension disorders: Making normal adults perform like aphasic patients. *Cognitive Neuropsychology*, *11*(6), 671 – 717.

Miyamoto, E. T., & Nakamura, M. (2003). Subject/object asymmetries in the processing of relative clauses in Japanese. Paper presented at the *Proceedings of the 22nd West Coast Conference on Formal Linguistics*.

Morris, R. K. (1994) Lexical and message-level sentence context effects on fixation times in reading. *Journal of Experimental Psychology: Learning, Memory, and Cognition*, *20*, 92 – 103.

Morris, R. K., & Folk, J. R. (1998). Focus as a contextual priming mechanism in reading. *Memory & Cognition*, *26*, 1313 – 1322.

Müller, H. M., King, J. W., & Kutas, M. (1997). Event-related potentials elicited by spoken relative clauses. *Cognitive Brain Research*, *5*(3), 193 – 203.

Myers, J. L., & O'Brien, E. J. (1998). Accessing the discourse representation during reading. *Discourse Processes*, *26*, 131 – 157.

Nakamura, C., & Arai, M. (2015). Persistence of initial misanalysis with no referential ambiguity. *Cognitive Science*, *40*(4), 909 – 940.

Nakatani, K., & Gibson, E. (2010). An on-line study of Japanese nesting complexity.

Cognitive Science, 34(1), 94 – 112.

Neely, J. H. (1977). Semantic priming and retrieval from lexical memory: Roles of inhibitionless spreading activation and limited-capacity attention. *Journal of Experimental Psychology: General, 106*, 226 – 254.

Neely, J. H., Keefe, D. E., & Ross, K. L. (1989). Semantic priming in the lexical decision task: Roles of prospective prime-generated expectancies and retrospective semantic matching. *Journal of Experimental Psychology: Learning, Memory, and Cognition, 15*(6), 1003.

Nelson, D. L., McEvoy, C. L., & Schreiber, T. A. (2004). The University of South Florida free association, rhyme, and word fragment norms. *Behavior Research Methods, Instruments, & Computers, 36*, 402 – 407.

Nieuwland, M. S., & Kuperberg, G. R. (2008). When the truth is not too hard to handle: An event-related potential study on the pragmatics of negation. *Psychological Science, 19*, 1213 – 1218.

O'grady, W. (2007). *Syntactic development*. Chicago, MI: The University of Chicago Press.

O'Grady, W., & Lee, M. (2001). The isomorphic mapping hypothesis: Evidence from Korean. *Brain and Cognition, 46*(1), 226 – 230.

O'Grady, W., Lee, M., & Choo, M. (2003). A subject-object asymmetry in the acquisition of relative clauses in Korean as a second language. *Studies in Second Language Acquisition, 25*(3), 433 – 448.

Osterhout, L. & Holcomb, P. J. (1992). Event-related potentials elicited by syntactic anomaly. *Journal of Memory and Language, 31*, 785 – 806.

Otten, M., & Van Berkum, J. J. A. (2007). What makes a discourse constraining? A comparison between the effects of discourse message and priming on the N400. *Brain Research, 1153*, 166 – 177.

Packard, J. L., Ye, Z., & Zhou, X. (2010). Filler-gap processing in Mandarin relative clauses: Evidence from event-related potentials. *Processing and Producing Head-final Structures, 38*, 219 – 240.

Paczynski, M., & Kuperberg, G. R. (2012). Distinct effects of semantic relatedness on real-world event knowledge and selection restrictions during online processing: Evidence from event-related potentials. *Journal of Memory and Language, 67*, 426 – 448.

Papadopoulou D., & Clahsen H. 2003. Parsing strategies in L1 and L2 sentence processing: A study of relative clause attachment in Greek. *Studies in Second Language Acquisition, 24*, 501 – 528.

Phillips, C. (1996). Order and structure. Doctoral Dissertation. Massachusetts Institute of Technology.

Phillips, C. (2003). Linear order and constituency. *Linguistic Inquiry, 34*(1), 37 – 90.

Phillips, C. (2010). The linguistic processes underlying the p600. *Language & Cognitive*

汉英关系从句加工研究

Processes, *25*(2), 149 – 188.

Phillips, C., Kazanina, N., & Abada, S. H. (2005). ERP effects of the processing of syntactic long-distance dependencies. *Cognitive Brain Research*, *22*(3), 407 – 428.

Pickering, M. J., & Branigan, H. P. (1998). The representation of verbs: Evidence from syntactic priming in language production. *Journal of Memory and Language*, *39* (4), 633 – 651.

Polich, J., & Kok, A. (1995). Cognitive and biological determinants of P300: An integrative review. *Biological Psychology*, *41*(2), 103 – 146.

Polinsky, M. (2011). Reanalysis in adult heritage language: New evidence in support of Attrition. *Studies in Second Language Studies*, *33*(2), 305 – 328.

Poschmann, C., & Wagner, M. (2016). Relative clause extraposition and prosody in German. *Natural Language & Linguistic Theory*, *34*(3), 1021 – 1066.

Posner, M. I., & Snyder, C. R. R. (1975). Attention and cognitive control. In Solso, R. L. (Ed.) *Information Processing and Cognition: The Loyola Symposium*. Hillsdale, NJ: Erlbaum, 55 – 85.

Rahmany, R., Marefat, H., & Kidd, E. (2014). Resumptive elements aid comprehension of object relative clauses: evidence from Persian. *Journal of Child Language*, *41*(4), 937 – 948.

Rayner, K., Carlson, M., & Frazier, L. (1983). The interaction of syntax and semantics during sentence processing: eye movements in the analysis of semantically biased sentences. *Journal of Verbal Learning & Verbal Behavior*, *22*(3), 358 – 374.

Reali, F., & Christiansen, M. H. (2007). Word chunk frequencies affect the processing of pronominal object-relative clauses. *The Quarterly Journal of Experimental Psychology*, *60*(2), 161 – 170.

Roger, L., Evelina, F., & Edward, G. (2013). The syntactic complexity of Russian relative clauses. *Journal of Memory & Language*, *69*(4), 461 – 496.

Sag, I. A. (1997). English relative clause constructions. *Journal of Linguistics*, *33*, 431 – 484.

Sanford, A. J., Leuthold, H., Bohan, J., & Sanford, A. J. S. (2011). Anomalies at the borderline of awareness: An ERP study. *Journal of Cognitive Neuroscience*, *23*, 514 – 523.

Schachter, J., & Yip, V. (1990). Grammaticality judgments. *Studies in Second Language Acquisition*, *12*(4), 379 – 392.

Schriefers, H., Friederici, A. D., & Kuhn, K. (1995). The processing of locally ambiguous relative clauses in German. *Journal of Memory and Language*, *34*(4), 499 – 520.

Schulz, P., & Roeper, T. (2011). Acquisition of exhaustivity in wh-questions: A semantic dimension of SLI? *Lingua*, *121*(3), 383 – 407.

Schwartz, A. I., & Kroll, J. F. (2006). Bilingual lexical activation in sentence context. *Journal of Memory and Language*, *55*(2), 197 – 212.

Sedivy, J. C. (2002). Invoking discourse-based contrast sets and resolving syntactic ambiguities. *Journal of Memory and Language*, *46*(2), 341－370.

Seidl, A., Hollich, G., & Jusczyk, P. W. (2003). Early understanding of subject and object Wh-questions. *Infancy*, *4*(3), 423－436.

Sheldon, A. (1974). The role of parallel function in the acquisition of relative clauses in English. *Journal of Verbal Learning and Verbal Behavior*, *13*(3), 272－281.

Sheldon, A. (1977). On strategies for processing relative clauses: A comparison of children and adults. *Journal of Psycholinguistic Research*, *6*(4), 305－318.

Shirai, Y., & Ozeki, H. (2007). The acquisition of relative clauses and the noun phrase accessibility hierarchy: A universal in SLA? Introduction. *Studies in Second Language Acquisition*, *29*(2), 155－167.

Shopen, T. (1985). *Language Typology and Syntactic Description* (Vol. 3). Cambridge: Cambridge University Press.

Skut, W., Krenn, B., Brants, T., & Uszkoreit, H. (1997). An annotation scheme for free word order languages. Paper presented at the *Proceedings of the Fifth Conference on Applied Natural Language Processing*.

Spearman, C. (1904). General intelligence objectively determined and measured. *American Journal of Psychology*, *15*, 201－293.

Spiveyknowlton, M. J., Trueswell, J. C., & Tanenhaus, M. K. (1993). Context effects in syntactic ambiguity resolution: Discourse and semantic influences in parsing reduced relative clauses. *Canadian Journal of Experimental Psychology*, *47*(2), 276－309.

Staub, A., & Clifton, C. (2006) Jr. Syntactic prediction in language comprehension: Evidence from either … or. *Journal of Experimental Psychology: Learning, Memory, and Cognition*, *32*, 425.

Sternberg, R. J. (1985). *Beyond IQ A Triarchic Theory of Human Intelligence*. NewYork: Cambridge University Press.

Sternberg, R. J. & Detterman, D. K. (Eds.). (1986). *What is Intelligence? Contemporary Viewpoints on Its Nature and Definition*. Norwood, NJ: Ablex.

Stowe, L. A., Tanenhaus, M. K., & Carlson, G. N. (1991). Filling gaps on-line: Use of lexical and semantic information in sentence processing. *Language and Speech*, *34*(4), 319－340.

Stromswold, K. (1995). The acquisition of subject and object wh-questions. *Language Acquisition*, *4*(1－2), 5－48.

Stromswold, K., Caplan, D., Alpert, N., & Rauch, S. (1996). Localization of syntactic comprehension by positron emission tomography. *Brain and Language*, *52*(3), 452－473.

Su, Y. C., Lee, S. E., & Chung, Y. M. (2007). Asyntactic thematic role assignment by Mandarin aphasics: A test of the trace-deletion hypothesis and the double dependency hypothesis. *Brain and Language*, *101*(1), 1－18.

参
考
文
献

Sun, X. , Hancock, R. , Bever, T. G. , Cheng, X. , Schmidt, L. , & Seifert, U. (2016). Processing relative clauses in Chinese: Evidence from event-related potentials. *Chinese Journal of Applied Linguistics*, *39*(1), 92 – 114.

Sung, Y. T. , Cha, J. H. , Tu, J. Y. Wu, M. D. , & Lin, W. C. (2016). Investigating the processing of relative clauses in Mandarin Chinese: Evidence from eye-movement data. *Journal Psycholinguist Research*, *45*(5), 1089 – 1113.

Tarallo, F. , & Myhill, J. (1983). Interference and natural language processing in second language acquisition. *Language Learning*, *33*(1), 55 – 76.

Tavakolian, S. (1981). The conjoined-clause analysis of relative clauses. In *Language Acquisition and Linguistic Theory*, Cambridge, MA: MIT Press, 167 – 187.

Tavakolian, S. L. (1981). The conjoined-clause analysis of relative clauses. U S. L. Tavakolian (Ed), Language acquisition and linguistic theory (167 – 187). Cambridge, MA: MIT Press.

Taylor, W. L. (1953) "Cloze procedure": A new tool for measuring readability. *Journalism Quarterl*, *30*, 415 – 433.

Tayyebi, G. (2012). The availability of universal grammar to second language learners: A case of wh-movement. *International Journal of English Linguistics*, *2*(3), 34.

Thompson, C. K. , Shapiro, L. P. , Ballard, K. J. , Jacobs, B. J. , Schneider, S. S. , & Tait, M. E. (1997). Training and generalized production of wh-and NP-movement structures in agrammatic aphasia. *Journal of Speech, Language, and Hearing Research*, *40*(2), 228 – 244.

Thompson, C. K. , Tait, M. E. , Ballard, K. J. , & Fix, S. C. (1999). Agrammatic aphasic subjects' comprehension of subject and object extracted *Wh*Questions. *Brain and Language*, *67*(3), 169 – 187.

Thorndike, E. L. (1920). Intelligence and its uses, *Harper's Magazine*, *140*, 227 – 235.

Thurstone, L. L. (1938). *Primary Mental Abilities*. Chicago: The University of Chicago Press.

Tiehua, S. (2016). Study on Chinese college EFL learners' comprehension and production of English relative clauses: Testing three hypotheses. *Chinese Journal of Applied Linguistics*, *39*(1), 26 – 37.

Toosarvandani, M. (2008). Wh-movement and the syntax of sluicing. *Journal of Linguistics*, *44*(3), 677 – 722.

Traxler, M. J. , Foss, D. J. , Seely, R. E. , Kaup, B. , & Morris, R. K. (2000). Priming in sentence processing: Intralexical spreading activation, schemas, and situation models. *Journal of Psycholinguistic Research*, *29*, 581 – 595.

Traxler, M. J. , Morris, R. K. , & Seely, R. E. (2002). Processing subject and object relative clauses: Evidence from eye movements. *Journal of Memory and Language*, *47*(1), 69 – 90.

Traxler, M. J. , Pickering, M. J. , & Clifton, C. (1998). Adjunct attachment is not a form of lexical ambiguity resolution. *Journal of Memory and Language*, *39*(4), 558 – 592.

Traxler, M. J. , Williams, R. S. , Blozis, S. A. , & Morris, R. K. (2005). Working memory, animacy, and verb class in the processing of relative clauses. *Journal of Memory and Language*, *53*(2), 204 – 224.

Troche, M. S. , & Altmann, L. J. P. (2012). Sentence production in Parkinson disease: Effects of conceptual and task complexity. *Applied Psycholinguistics*, *33* (2), 225 – 251.

Trueswell, J. C. (1996). The role of lexical frequency in syntactic ambiguity resolution. *Journal of Memory and Language*, *35*(4), 566 – 585.

Trueswell, J. C. , Tanenhaus, M. K. , & Garnsey, S. M. (1994). Semantic influences on parsing: Use of thematic role information in syntactic ambiguity resolution. *Journal of Memory and Language*, *33*(3), 285 – 318.

Tsai, W. T. (1994). On economizing the theory of a-bar dependencies. Doctoral Dissertation. Massachusetts: Massachusetts Institute of Technology.

Tsao, F. F. (1986). Relativization in Chinese and English: A contrastive study of form and function. *Journal of Chinese Language Teachers Association*, *21*(3), 13 – 47.

Ueno, M. , & Garnsey, S. M. (2008). An ERP study of the processing of subject and object relative clauses in Japanese. *Language and Cognitive Processes*, *23*(5), 646 – 688.

Ueno, M. , & Kluender, R. (2009). On the processing of Japanese wh-questions: An ERP study. *Brain Research*, *1290*, 63 – 90.

Ullman, T. M. (2001). The neural basis of lexicon and grammar in first and second language: The declarative/procedural model. *Bilingualism: Language and Cognition*, *4*(2), 105 – 122.

Van, A. E. , Duyck, W. , Hartsuiker, R. J. , & Diependaele, K. (2010). Does bilingualism change native-language reading? cognate effects in a sentence context. *Psychological Science*, *20*(8), 923 – 927.

Van Berkum, J. J. A. , Brown, C. M. , Zwitserlood, P. , Kooijman, V. , & Hagoort, P. (2005). Anticipating upcoming words in discourse: Evidence from ERPs and reading times. *Journal of Experimental Psychology: Learning, Memory, and Cognition*, *31*, 443 – 467.

Van Dyke, J. A. , & Mcelree, B. (2006). Retrieval interference in sentence comprehension. *Journal of Memory and Language*, *55*(2), 157 – 166.

Van Gompel, R. P. G. , Pickering, M. J. , & Traxler, M. J. (2000). Unrestricted race: A new model of syntactic ambiguity resolution. In: A. Kennedy, R. Radach, D. Heller, & J. Pynte (Eds.), *Reading as a Perceptual Process* (pp. 621 – 648).

Van Petten, C. (1993). A comparison of lexical and sentence-level context effects in event-related potentials. *Language and Cognitive Processes*, *8*, 485 – 531.

Van Petten, C. , & Kutas, M. (1990). Interactions between sentence context and word frequency in event-related brain potentials. *Memory & Cognition*, *18*, 380 – 393.

Van Petten, C. , & Kutas, M. (1991). Influences of semantic and syntactic context on open- and closed-class words. *Memory & Cognition*, *19*, 95 – 112.

Van Petten, C. , Weckerly, J. , McIsaac, H. K. , & Kutas, M. (1997). Working memory capacity dissociates lexical and sentential context effects. *Psychological Science*, *8*, 238 – 242.

Van Valin, R. D. , & Lapolla, R. J. (1997). *Syntax: Structure, Meaning and Function*. Cambridge University Press.

Vasishth, S. , Chen, Z. , Li, Q. , & Guo, G. (2013). Processing Chinese relative clauses: Evidence for the subject-relative advantage. *PloS ONE*, *8*(10), e77006.

Vos, S. H. , Gunter, T. C. , Kolk, H. H. , & Mulder, G. (2001a). Working memory constraints on syntactic processing: An electrophysiological investigation. *Psychophysiology*, *38*(1), 41 – 63.

Vos, S. H. , Gunter, T. C. , Schriefers, H. , & Friederici, A. D. (2001b). Syntactic parsing and working memory: The effects of syntactic complexity, reading span, and concurrent load. *Language and Cognitive Processes*, *16*(1), 65 – 103.

Wang, H. , Ma, L. , Wang, Y. , Troyer, M. , & Li, Q. (2015). An ERP study in English relative clause processing by Chinese-English bilinguals, *Chinese Journal of Applied Linguistics*, *38*(1), 3 – 35.

Wang, H. , & Thompson, C. K. (2016). Assessing syntactic deficits in Chinese broca's aphasia using the Northwestern Assessment of Verbs and Sentences-Chinese (NAVS-C). *Aphasiology*, *30*(7), 815 – 840.

Wang, H. , Yin, L. , & Li, Q. (2011). Research into the processing mechanism of english relative clause by chinese english learners. *International Journal of Business & Social Science*, *21*(2), 49 – 58.

Wang, H. , Yue, W. , Li, Q. , & Li, J. (2017). An ERP study of the object preference in processing Chinese relative clauses, *Journal of Electronic Science and Technology*, *15*(1), 5 – 19.

Wang, L. L. , Fu, S. M. , Feng, C. L. , Luo, W. B. , Zhu, X. R. , & Luo, Y. J. (2012). The neural processing of fearful faces without attention and consciousness: An event-related potential study. *Neuroscience Letters*, *506*(2), 317 – 321.

Wanner, E. (1978). An ATN approach to comprehension. In: M. Halle, J. Bresnan, and G. A. Miller (Eds.), *Linguistic Theory and Psychological Reality*. Cambridge, MA: MIT Press.

Wei, L. (2010). A dynamic parsing approach to presence and absence of resumptive pronouns in mandarin relative clauses. Paper presented at the *International Conference on Artificial Intelligence and Computational Intelligence*.

Wicha, N. Y. Y. , Moreno, E. M. , & Kutas, M. (2004). Anticipating words and their gender: An event-related brain potential study of semantic integration, gender expectancy, and gender agreement in Spanish sentence reading. *Journal of Cognitive*

Neuroscience, *16*, 1272–1288.

Williams, J. N., Möbius, P., & Kim, C. (2001). Native and non-native processing of English wh-questions: Parsing strategies and plausibility constraints. *Applied Psycholinguistics*, *22*(4), 509–540.

Willis, D. (2001). On the distribution of resumptive pronouns and wh-trace in Welsh. *Journal of Linguistics*, *36*(3), 531–573.

Winkler, I., Haufe, S., & Tangermann, M. (2011). Automatic classification of artifactual ica-components for artifact removal in eeg signals. *Behavioral and Brain Functions*, *7*(1), 30.

Wu, F., Kaiser, E., & Andersen, E. (2012). Animacy effects in Chinese relative clause processing. *Language and Cognitive Processes*, *27*(10), 1489–1524.

Yang, C. L., Perfetti, C. A., & Liu, Y. (2010). Sentence integration processes: An ERP study of Chinese sentence comprehension with relative clauses. *Brain and Language*, *112*(2), 85–100.

Yip, V., & Matthews, S. (2007). Relative clauses in Cantonese-English bilingual children — typological challenges and processing motivations. *Studies in Second Language Acquisition*, *29*(2), 277–300.

Yufen, H. (2016). Structural priming during sentence comprehension in Chinese-English bilinguals. *Applied Psycholinguistics*, *38*(3), 657–678.

Yun, J., Whitman, J., & Hale, J. (2010). Subject-object asymmetries in Korean sentence comprehension. Paper presented at the *Proceedings of the 32nd Annual Meeting of the Cognitive Science Society*.

Zurif, E., Swinney, D., Prather, P., Solomon, J., & Bushell, C. (1993). An on-line analysis of syntactic processing in Broca's and Wernicke's aphasia. *Brain and Language*, *45*(3), 448–464.

邴文铎.(2013).生命性信息对汉语关系从句加工的影响(硕士论文).大连:大连理工大学.

邴文铎,王慧莉.(2013).主、宾语关系从句加工难度比较综述.南昌教育学院学报,(5),170—171.

常欣,王沛.(2007).句子加工:句法违例与语义违例范式下的 ERP 研究述评.外语教学与研究,*39*(1),56—61.

常欣,朱黄华,王沛.(2014).跨语言句法结构相似性对二语句法加工的影响.外语教学与研究,*46*(4),560—571.

陈宝国,宁爱华.(2008).汉语主语和宾语关系从句加工难度的比较.应用心理学,*14*(1),29—34.

陈超美.(2015).转折点:创造性的本质.北京:科学出版社.

陈小异,邱江,袁宏,史滋福,尹华站,张庆林.(2007).中英文 Stroop 干扰效应的脑机制.心理科学,*30*(3),529—534.

陈幼贞,任国防,袁宏,黄希庭,陈有国,岳彩镇.(2007).事件性前瞻记忆的加工机制:来自 ERP 的证据.心理学报,*39*(6),994—1001.

陈宗利,王恒英.(2007).关系结构中的复指代词.外语教学,28(4),29—33.

戴运财,朱庆,叶志雄.(2010).二语习得中英汉关系从句习得的对比研究.西安外国语大学学报,(3),18—22.

丁秀峰.(2001).心理测量学.郑州:河南大学出版社.

杜成.(2004).从英汉比较角度谈定语从句的翻译方法.井冈山医专学报,11(3),37—39.

杜盼.(2014).不同位置汉语关系从句认知加工差异(硕士论文).大连:辽宁师范大学.

高玉祥,程正方,郑日昌.(1985).心理学.北京:北京师范大学出版社.

顾本柏,罗俊龙,贾磊,索涛,张庆林.(2012).条件推理中否定前件下信念偏差发生阶段的ERP研究.心理科学,(3),53—58.

郭涵宁.(2013).多元科学指标视角下的新兴研究领域识别探索(博士论文).大连:大连理工大学.

郭涵宁.(2017).新兴研究领域识别计量:理论·指标·实例.北京:科学出版社.

郭娟.(2004).中学生英语中介语特征——英语定语从句习得的实证研究.北京:首都师范大学.

郭周云,邱琴,罗蓉,胡竹菁.(2011).几何图形类比推理的ERP研究.心理学探新,31(6),515—519.

韩笑,梁丹丹,张新.(2009).智障儿童生命维度语义障碍的实验研究.中国特殊教育,(2)14—20.

韩宗义,吕勇,白学军.(2007).句法加工的ERP研究综述.心理学探新,27(2),50—53.

何立国,高秋凤.(2011).基于E-Prime的眼动实验刺激呈现.实验室科学,14(6),81—84.

何文广,陈宝国,崔鹏.(2012).主、宾关系从句加工不对称性效应及其神经机制.心理科学进展,20(7),981—994.

何晓炜,喻浩朋.(2013).汉语特殊型语言障碍儿童关系从句理解研究.现代外语,36(4),340—346.

何媛媛,袁加锦,伍泽莲,李红.(2008).正性情绪刺激效价强度的变化对外倾个体注意的调制作用.心理学报,40(11),1158—1164.

胡晓丹.(2016).汉英双语者英语关系从句认知机制研究综述.海外英语,(21),205—206.

黄娟,宋松岩.(2010).关系从句习得研究综述.语文学刊:外语教育与教学,(7),146—148.

黄媛.(2016).高一英语学习者Wh-疑问句敏感性研究(硕士论文).漳州:闽南师范大学.

蒋瑛.(2013).关系从句二语习得的文献综述.现代语文:语言研究版,(6),12—15.

李功平(2013).焦点算子only对理解简缩关系从句的影响(硕士论文).郑州:河南大学.

李海江,贾磊,罗俊龙,杨娟,张庆林,李冰冰.(2013).低自尊个体注意偏向的ERP研究.心理发展与教育,29(1),2—9.

李金满.(2015).汉语二语关系从句产出研究——类型学视角.当代外语研究,(2),34—39.

李静华,郑涌.(2014).内隐/外显不同水平攻击者的注意偏向:行为和ERP证据.心理科学,(1),40—47.

李倩南.(2014).不同英语水平汉语母语者英语关系从句加工的ERP研究(硕士论文).徐州:江苏师范大学.

梁毅,陈红,邱江,高笑,赵婷婷.(2008).负面身体自我女性对身体信息的记忆偏向:来自ERP研究的证据.心理学报,40(8),913—919.

林仲贤.(2003).林仲贤心理学文集.北京:中国林业出版社.

刘涛.(2011).汉语句法移位的神经语言学研究(博士论文).南京:南京师范大学.

刘涛,周统权,杨亦鸣.(2011).主语关系从句加工优势的普遍性——来自汉语关系从句ERP研究的证据.语言科学,10(1),1—20.

刘燕妮,舒华.(2003).ERP与语言研究.心理科学进展,11(3),296—302.

罗俊波.(2014).预警时间对视觉反应的影响机制—来自ERP的证据.当代体育科技,(35),9—11.

罗俊龙,李文福,张庆林.(2013).汉字识别的时间进程:来自字谜任务的ERP证据.心理与行为研究,11(1),43—48.

马如梦,马进.(2012).学业成绩的影响因素及其预测方法.现代生物医学进展,12(3),551—553.

蒙志珍.(2008).句子理解从传统范式到ERP的研究.成功:教育版,(11),108—109.

欧阳虹,张锋.(2009).心理实验系统e-prime在实验教学中的应用.中国现代教育装备,(15),32—34.

邱桂凤,张庆林.(2014).反应与刺激冲突的脑机制差异:来自ERP研究的证据.心理与行为研究,12(5),583—587.

邱江,罗跃嘉,吴真真,张庆林.(2006).再探猜谜作业中"顿悟"的ERP效应.心理学报,37(1),19—25.

慎益.(2003).关系从句的理解与翻译.大学英语,(9),50—51.

汤春晓,许家金.(2011).中国高中生英语关系从句习得顺序研究——定量定性综合研究视角.外语教学与研究,(1),96—108.

孙荷芊.(2011).关系从句习得研究综述.海外英语,(15),258—259.

孙晓霞,成晓光.(2011).汉语关系从句加工研究现状和展望.东北师大学报(哲学),(5),84—88.

孙智,王海华.(2006).航海英语中非限制性定语从句的分析.大连海事大学学报(社科版),5(2),145—147.

王慧莉,邴文铎.(2013).汉语关系从句使用频率与加工难度的非一致性——来自ERP的证据.外语研究,139(3),13—22.

王健,邹义壮,崔界峰,范宏振,陈楠,姚晶,晏丽娟.(2013).韦氏成人智力量表第四版中文版的信度和结构效度.中国心理卫生杂志,27(9),692—697.

王丽丽,邱江,郭亚桥,张庆林,罗跃嘉.(2010).返回抑制梯度效应的认知神经机制:

来自 ERP 研究的证据. 心理科学,(5),1074—1078.

王帅亭子,胡雪飞,杨娟.(2008).自我—他人褒贬评价的后期事件相关定位差异.川北医学院学报,23(1),44—47.

吴芙芸.(2011).基于经验还是基于工作记忆?——来自汉语新闻语料库中关系从句生命度格局的证据.语言科学,10(4),396—408.

吴芙芸,吕骏.(2016).汉语关系从句与指量词的位序:二语产出视角.汉语学习,(4),84—94.

吴淼.(2013).汉英双语者 Wh-位移句子加工过程中心理机制的 ERP 研究(硕士论文).大连:大连理工大学.

吴天敏.(1980).关于智力的本质.心理学报,12(3),12—19.

谢孝兰.(2002).从英汉对比角度看英语定语从句的翻译.怀化学院学报,21(6),74—75.

徐飞.(2016).国内英语关系从句习得研究综述.临沂大学学报,38(3),110—114.

闫超.(2016).基于定名结构和述谓性功能的关系从句结构类型划分——来自汉语和韩语的证据.解放军外国语学院学报,39(4),67—75.

杨金华,邱江,王曼,张庆林.(2011).阈下正负性情绪启动对图像记忆影响的 ERP 研究.西南大学学报(自然科学版),33(8),162—166.

杨娟,李海江,张庆林.(2012).自尊对情绪面孔注意偏向的影响.心理科学,(4),793—798.

于秒,闫国利,石锋.(2016).语境对汉语"V+N"式歧义结构消解作用的眼动研究.心理科学,39(1),22—27.

乐伟.(2012).汉语关系从句加工的宾语抽取优势(硕士论文).大连:大连理工大学.

张凤华,曾建敏,张庆林.(2010).框架效应:情感的启发式.心理科学,(6),1375—1380.

张凤华,曾晓青,胡竹菁.(2012).不同模糊程度下的模糊决策的 ERP 研究.心理学探新,32(4),334—339.

张凤华,张庆林,胡竹菁.(2011).不同预测率的不确定决策的 ERP 研究.心理学探新,31(5),421—427.

张楠.(2008).从《瑞文标准推理测验》引发的比较与思考——音乐专业与非音乐专业大学生智力差异性研究(硕士论文).北京:首都师范大学.

张强,杨亦鸣.(2010).汉语宾语关系从句加工优势——来自神经电生理学研究的证据.语言科学,9(4),337—353.

张秋杭.(2014).关系从句的语篇功能研究.上海:上海外国语大学.

张亚旭,蒋晓鸣,黄永静.(2007).言语工作记忆、句子理解与句法依存关系加工.心理科学进展,15(1),22—28.

张烨,张凤华,向玲,杨群,张庆林.(2014).人类面孔早期加工特异性神经机制.心理学探新,34(4),316—322.

张悦,付秋芳,傅小兰,高小榕.(2008).序列学习习得行为与事件相关电位相关性的实验研究.北京生物医学工程,27(3),244—248.

赵庆柏,张小菲,隋丹妮,周治金,陈其才,周宗奎.(2013).局部表象产生中行为性别差异的神经基础.心理学报,*45*(4),438—445.

郑媛媛,李晓庆.(2011).主语优先现象及其认知机制.心理科学进展,*19*(12),1749—1758.

钟正凤.(2016).普通语言学视角下汉语关系从句的重新审视——结合当代语言学理论对汉语关系从句的重新认定和定义.外语教学理论与实践,(1),17—24.

周长银.(2017)."单线加工"还是"多线加工"?——语义 P600 的争议与最新进展.外国语,(40),98—107.

周莉.(2009).ERP 成分 N400 运用于语言理解的实证研究综述.桂林师范高等专科学校学报,*23*(3),102—105.

周婷,李娟.(2009).轻度认知损伤重复效应脑电研究:范式及应用.心理科学进展,*17*(6),1185—1190.

周统权,郑伟,舒华,杨亦鸣.(2010).汉语宾语关系从句加工优势论——来自失语症研究的证据.语言科学,*9*(3),225—243.

附录 3-1　刺激句

G1 SSR

体谅|球迷|的|球星|劝说了|警卫|并且|得到了|谅解。

警卫得到了谅解。N

G1 SOR

球迷|体谅|的|球星|劝说了|警卫|并且|得到了|谅解。

警卫得到了谅解。N

G1 OSR

警卫|劝说了|体谅|球迷|的|球星|并且|得到了|谅解。

警卫得到了谅解。Y

G1 OOR

警卫|劝说了|球迷|体谅|的|球星|并且|得到了|谅解。

警卫得到了谅解。Y

G2 SSR

联系|家属|的|刑警|了解了|嫌犯|并|打算|改变|计划。

嫌犯了解了刑警。对吗? N

G2 SOR

家属|联系|的|刑警|了解了|嫌犯|并|打算|改变|计划。

嫌犯了解了刑警。对吗? N

G2 OSR

嫌犯|了解了|联系|家属|的|刑警|并|打算|改变|计划。

嫌犯了解了刑警。对吗? Y

G2 OOR

嫌犯|了解了|家属|联系|的|刑警|并|打算|改变|计划。

嫌犯了解了刑警。对吗? Y

G3 SSR

举报|老师|的|学生|很信任|教委|并|决定|寻找|证据。

学生举报了老师。对吗? Y

G3 SOR

老师|举报|的|学生|很信任|教委|并|决定|寻找|证据。

学生举报了老师。对吗? N

G3 OSR

教委 | 很 | 信任 | 举报 | 老师 | 的 | 学生 | 并 | 决定 | 寻找 | 证据。
学生举报了老师。对吗？Y

G3 OOR

教委 | 很 | 信任 | 老师 | 举报 | 的 | 学生 | 并 | 决定 | 寻找 | 证据。
学生举报了老师。对吗？N

G4 SSR

奉承 | 老板 | 的 | 男子 | 看不起 | 专家 | 因而 | 十分 | 讨厌 | 他。
男子看不起专家。对吗？Y

G4 SOR

老板 | 奉承 | 的 | 男子 | 看不起 | 专家 | 因而 | 十分 | 讨厌 | 他。
男子看不起专家。对吗？Y

G4 OSR

专家 | 看不起 | 奉承 | 老板 | 的 | 男子 | 因而 | 十分 | 讨厌 | 他。
男子看不起专家。对吗？N

G4 OOR

专家 | 看不起 | 老板 | 奉承 | 的 | 男子 | 因而 | 十分 | 讨厌 | 他。
男子看不起专家。对吗？N

G5 SSR

勾引 | 院长 | 的 | 少女 | 碰到了 | 校长 | 而 | 感到 | 非常 | 尴尬。
少女勾引了院长。对吗？Y

G5 SOR

院长 | 勾引 | 的 | 少女 | 碰到了 | 校长 | 而 | 感到 | 非常 | 尴尬。
少女勾引了院长。对吗？N

G5 OSR

校长 | 碰到了 | 勾引 | 院长 | 的 | 少女 | 而 | 感到 | 非常 | 尴尬。
少女勾引了院长。对吗？Y

G5 OOR

校长 | 碰到了 | 院长 | 勾引 | 的 | 少女 | 而 | 感到 | 非常 | 尴尬。
少女勾引了院长。对吗？N

G6 SSR

欣赏 | 总监 | 的 | 秘书 | 暗恋着 | 主任 | 但 | 始终 | 不为人知。
秘书暗恋着主任。对吗？Y

G6 SOR

总监 | 欣赏 | 的 | 秘书 | 暗恋着 | 主任 | 但 | 始终 | 不为人知。
秘书暗恋着主任。对吗？Y

G6 OSR

主任 | 暗恋着 | 欣赏 | 总监 | 的 | 秘书 | 但 | 始终 | 不为人知。

秘书暗恋着主任。对吗？N

G6 OOR

主任丨暗恋着丨总监丨欣赏丨的丨秘书丨但丨始终丨不为人知。
秘书暗恋着主任。对吗？N

G7 SSR

提拔丨市长丨的丨书记丨见到了丨总理丨并丨安排了丨见面会。
总理见到了书记。对吗？N

G7 SOR

市长丨提拔丨的丨书记丨见到了丨总理丨并丨安排了丨见面会。
总理见到了书记。对吗？N

G7 OSR

总理丨见到了丨提拔丨市长丨的丨书记丨并丨安排了丨见面会。
总理见到了书记。对吗？Y

G7 OOR

总理丨见到了丨市长丨提拔丨的丨书记丨并丨安排了丨见面会。
总理见到了书记。对吗？Y

G8 SSR

忽视丨巡警丨的丨摊贩丨怒骂了丨买主丨并丨狠狠地丨打了丨他。
买主怒骂了摊贩。对吗？N

G8 SOR

巡警丨忽视丨的丨摊贩丨怒骂了丨买主丨并丨狠狠地丨打了丨他。
买主怒骂了摊贩。对吗？N

G8 OSR

买主丨怒骂了丨忽视丨巡警丨的丨摊贩丨并丨狠狠地丨打了丨他。
买主怒骂了摊贩。对吗？Y

G8 OOR

买主丨怒骂了丨巡警丨忽视丨的丨摊贩丨并丨狠狠地丨打了丨他。
买主怒骂了摊贩。对吗？Y

G9 SSR

召唤丨护士丨的丨病人丨误会了丨医生丨还丨差点丨引起丨争执。
病人误会了医生。对吗？Y

G9 SOR

护士丨召唤丨的丨病人丨误会了丨医生丨还丨差点丨引起丨争执。
病人误会了医生。对吗？Y

G9 OSR

医生丨误会了丨召唤丨护士丨的丨病人丨还丨差点丨引起丨争执。

病人误会了医生。对吗？N

G9 OOR

医生｜误会了｜护士｜召唤｜的｜病人｜还｜差点｜引起｜争执。
病人误会了医生。对吗？N

G10 SSR

质疑｜教练｜的｜选手｜淘汰了｜对手｜并｜赢得了｜第一名。
选手淘汰了对手。对吗？Y

G10 SOR

教练｜质疑｜的｜选手｜淘汰了｜对手｜并｜赢得了｜第一名。
选手淘汰了对手。对吗？Y

G10 OSR

对手｜淘汰了｜质疑｜教练｜的｜选手｜并｜赢得了｜第一名。
选手淘汰了对手。对吗？N

G10 OOR

对手｜淘汰了｜教练｜质疑｜的｜选手｜并｜赢得了｜第一名。
选手淘汰了对手。对吗？N

G11 SSR

信任｜厨师｜的｜主管｜警告了｜客人｜并｜正式｜起诉了｜他。
客人警告了主管。对吗？N

G11 SOR

厨师｜信任｜的｜主管｜警告了｜客人｜并｜正式｜起诉了｜他。
客人警告了主管。对吗？N

G11 OSR

客人｜警告了｜信任｜厨师｜的｜主管｜并｜正式｜起诉了｜他。
客人警告了主管。对吗？Y

G11 OOR

客人｜警告了｜厨师｜信任｜的｜主管｜并｜正式｜起诉了｜他。
客人警告了主管。对吗？Y

G12 SSR

敬佩｜教授｜的｜作家｜拜访了｜农民｜并｜与他｜成了｜朋友。
作家拜访了农民。对吗？Y

G12 SOR

教授｜敬佩｜的｜作家｜拜访了｜农民｜并｜与他｜成了｜朋友。
作家拜访了农民。对吗？Y

G12 OSR

农民｜拜访了｜敬佩｜教授｜的｜作家｜并｜与他｜成了｜朋友。
作家拜访了农民。对吗？N

G12 OOR

农民 | 拜访了 | 教授 | 敬佩 | 的 | 作家 | 并 | 与他 | 成了 | 朋友。
作家拜访了农民。对吗？N

G13 SSR

中伤 | 演员 | 的 | 导演 | 邀来了 | 媒体 | 并 | 要求 | 说明 | 真相。
媒体邀来了导演。对吗？N

G13 SOR

演员 | 中伤 | 的 | 导演 | 邀来了 | 媒体 | 并 | 要求 | 说明 | 真相。
媒体邀来了导演。对吗？N

G13 OSR

媒体 | 邀来了 | 中伤 | 演员 | 的 | 导演 | 并 | 要求 | 说明 | 真相。
媒体邀来了导演。对吗？Y

G13 OOR

媒体 | 邀来了 | 演员 | 中伤 | 的 | 导演 | 要求 | 说明 | 真相。
媒体邀来了导演。对吗？Y

G14

想念 | 丈夫 | 的 | 妻子 | 说服了 | 村长 | 并 | 公开了 | 好 | 消息。
妻子说服了村长。对吗？Y

G14 SOR

丈夫 | 想念 | 的 | 妻子 | 说服了 | 村长 | 并 | 公开了 | 好 | 消息。
妻子说服了村长。对吗？Y

G14 OSR

村长 | 说服了 | 想念 | 丈夫 | 的 | 妻子 | 并 | 公开了 | 好 | 消息。
妻子说服了村长。对吗？N

G14 OOR

村长 | 说服了 | 丈夫 | 想念 | 的 | 妻子 | 并 | 公开了 | 好 | 消息。
妻子说服了村长。对吗？N

G15

勾结 | 政客 | 的 | 商人 | 低估了 | 部长 | 因而 | 十分 | 的 | 懊悔。
部长低估了商人. 对吗？N

G15 SOR

政客 | 勾结 | 的 | 商人 | 低估了 | 部长 | 因而 | 十分 | 的 | 懊悔。
部长低估了商人。对吗？N

G15 OSR

部长 | 低估了 | 勾结 | 政客 | 的 | 商人 | 因而 | 十分 | 的 | 懊悔。
部长低估了商人。对吗？Y

G15 OOR

部长|低估了|政客|勾结|的|商人|因而|十分|的|懊悔。

部长低估了商人。对吗？Y

G16 SSR

巴结|队长|的|老翁|赶走了|支书|结果|遭到了|责备。

老翁赶走了支书。对吗？Y

G16 SOR

队长|巴结|的|老翁|赶走了|支书|结果|遭到了|责备。

老翁赶走了支书。对吗？Y

G16 OSR

支书|赶走了|巴结|队长|的|老翁|结果|遭到了|责备。

老翁赶走了支书。对吗？N

G16 OOR

支书|赶走了|队长|巴结|的|老翁|结果|遭到了|责备。

老翁赶走了支书。对吗？N

G17 SSR

欺骗|军官|的|警卫|不认识|少年|因而|没有|注意|他。

军官欺骗了警卫。对吗？N

G17 SOR

军官|欺骗|的|警卫|不认识|少年|因而|没有|注意|他。

军官欺骗了警卫。对吗？Y

G17 OSR

少年|不认识|欺骗|军官|的|警卫|因而|没有|注意|他。

军官欺骗了警卫。对吗？N

G17 OOR

少年|不认识|军官|欺骗|的|警卫|因而|没有|注意|他。

军官欺骗了警卫。对吗？Y

G18 SSR

陪伴|祖母|的|男孩|吵醒了|邻居|而|感到|十分|愧疚。

男孩吵醒了邻居。对吗？Y

G18 SOR

祖母|陪伴|的|男孩|吵醒了|邻居|而|感到|十分|愧疚。

男孩吵醒了邻居。对吗？Y

G18 OSR

邻居|吵醒了|陪伴|祖母|的|男孩|而|感到|十分|愧疚。

男孩吵醒了邻居。对吗？N

G18 OOR

邻居 | 吵醒了 | 祖母 | 陪伴 | 的 | 男孩 | 而 | 感到 | 十分 | 愧疚。
男孩吵醒了邻居。对吗？N

G19 SSR

协助 | 司机 | 的 | 导游 | 救活了 | 游客 | 并 | 叫来了 | 救护车。
导游救活了游客。对吗？Y

G19 SOR

司机 | 协助 | 的 | 导游 | 救活了 | 游客 | 并 | 叫来了 | 救护车。
导游救活了游客。对吗？Y

G19 OSR

游客 | 救活了 | 协助 | 司机 | 的 | 导游 | 并 | 叫来了 | 救护车。
导游救活了游客。对吗？N

G19 OOR

游客 | 救活了 | 司机 | 协助 | 的 | 导游 | 并 | 叫来了 | 救护车。
导游救活了游客。对吗？N

G20 SSR

联络 | 编辑 | 的 | 画家 | 很爱慕 | 歌手 | 并 | 决定 | 马上 | 娶 | 她。
画家很爱慕歌手。对吗？Y

G20 SOR

编辑 | 联络 | 的 | 画家 | 很爱慕 | 歌手 | 并 | 决定 | 马上 | 娶 | 她。
画家很爱慕歌手。对吗？Y

G20 OSR

歌手 | 很爱慕 | 联络 | 编辑 | 的 | 画家 | 并 | 决定 | 马上 | 娶 | 她。
画家很爱慕歌手。对吗？N

G20 OOR

歌手 | 很爱慕 | 编辑 | 联络 | 的 | 画家 | 并 | 决定 | 马上 | 娶 | 她。
画家很爱慕歌手。对吗？N

G21 SSR

陷害 | 雇主 | 的 | 劳工 | 找到了 | 领导 | 并 | 与 | 他 | 做了 | 交谈。
雇主陷害了劳工。对吗？N

G21 SOR

雇主 | 陷害 | 的 | 劳工 | 找到了 | 领导 | 并 | 与 | 他 | 做了 | 交谈。
雇主陷害了劳工。对吗？Y

G21 OSR

领导 | 找到了 | 陷害 | 雇主 | 的 | 劳工 | 并 | 与 | 他 | 做了 | 交谈。
雇主陷害了劳工。对吗？N

G21 OOR

领导 | 找到了 | 雇主 | 陷害 | 的 | 劳工 | 并 | 与 | 他 | 做了 | 交谈。
雇主陷害了劳工。对吗？Y

G22 SSR
引诱 | 女子 | 的 | 保安 | 看到了 | 警探 | 立即 | 明白了 | 真相。
保安引诱了女子。对吗？Y

G22 SOR
女子 | 引诱 | 的 | 保安 | 看到了 | 警探 | 立即 | 明白了 | 真相。
保安引诱了女子。对吗？N

G22 OSR
警探 | 看到了 | 引诱 | 女子 | 的 | 保安 | 立即 | 明白了 | 真相。
保安引诱了女子。对吗？Y

G22 OOR
警探 | 看到了 | 女子 | 引诱 | 的 | 保安 | 立即 | 明白了 | 真相。
保安引诱了女子。对吗？N

G23 SSR
邀集 | 工人 | 的 | 民众 | 惹恼了 | 主席 | 而 | 感到 | 非常 | 歉疚。
民众惹恼了主席。对吗？Y

G23 SOR
工人 | 邀集 | 的 | 民众 | 惹恼了 | 主席 | 而 | 感到 | 非常 | 歉疚。
民众惹恼了主席。对吗？Y

G23 OSR
主席 | 惹恼了 | 邀集 | 工人 | 的 | 民众 | 而 | 感到 | 非常 | 歉疚。
民众惹恼了主席。对吗？N

G23 OOR
主席 | 惹恼了 | 工人 | 邀集 | 的 | 民众 | 而 | 感到 | 非常 | 歉疚。
民众惹恼了主席。对吗？N

G24 SSR
投诉 | 客户 | 的 | 职员 | 找到了 | 律师 | 并 | 做了 | 详细 | 说明。
客户投诉了职员。对吗？N

G24 SOR
客户 | 投诉 | 的 | 职员 | 找到了 | 律师 | 并 | 做了 | 详细 | 说明。
客户投诉了职员。对吗？Y

G24 OSR
律师 | 找到了 | 投诉 | 客户 | 的 | 职员 | 并 | 做了 | 详细 | 说明。
客户投诉了职员。对吗？N

G24 OOR

律师 | 找到了 | 客户 | 投诉 | 的 | 职员 | 并 | 做了 | 详细 | 说明。
客户投诉了职员。对吗？Y

G25 SSR

撞倒 | 门将 | 的 | 前锋 | 招来了 | 裁判 | 但 | 却 | 避免了 | 争执。
门将撞倒了前锋。N

G25 SOR

门将 | 撞倒 | 的 | 前锋 | 招来了 | 裁判 | 但 | 却 | 避免了 | 争执。
门将撞倒了前锋。Y

G25 OSR

裁判 | 招来了 | 撞倒 | 门将 | 的 | 前锋 | 但 | 却 | 避免了 | 争执。
门将撞倒了前锋。N

G25 OOR

裁判 | 招来了 | 门将 | 撞倒 | 的 | 前锋 | 但 | 却 | 避免了 | 争执。
门将撞倒了前锋。Y

G26 SSR

熟识 | 经理 | 的 | 富豪 | 遇见了 | 官员 | 所以 | 心里 | 很高兴。
官员遇见了经理。对吗？N

G26 SOR

经理 | 熟识 | 的 | 富豪 | 遇见了 | 官员 | 所以 | 心里 | 很高兴。
官员遇见了经理。对吗？N

G26 OSR

官员 | 遇见了 | 熟识 | 富豪 | 的 | 经理 | 所以 | 心里 | 很高兴。
官员遇见了经理。对吗？Y

G26 OOR

官员 | 遇见了 | 富豪 | 熟识 | 的 | 经理 | 所以 | 心里 | 很高兴。
官员遇见了经理。对吗？Y

G27 SSR

尊敬 | 僧人 | 的 | 香客 | 发动了 | 政府 | 并且 | 筹得了 | 善款。
香客发动了筹款。Y

G27 SOR

僧人 | 尊敬 | 的 | 香客 | 发动了 | 政府 | 并且 | 筹得了 | 善款。
香客发动了筹款。Y

G27 OSR

政府 | 发动了 | 尊敬 | 僧人 | 的 | 香客 | 并且 | 筹得了 | 善款。
香客发动了筹款。N

G27 OOR

政府|发动了|僧人|尊敬|的|香客|并且|筹得了|善款。

香客发动了筹款。N

G28 SSR

会见|宾客|的|大使|介绍了|总统|并且|发表了|讲话。

大使发表了演讲。Y

G28 SOR

宾客|会见|的|大使|介绍了|总统|并且|发表了|讲话。

大使发表了演讲。Y

G28 OSR

总统|介绍了|会见|宾客|的|大使|并且|发表了|讲话。

大使发表了演讲。N

G28 OOR

总统|介绍了|宾客|会见|的|大使|并且|发表了|讲话。

大使发表了演讲。N

G29 SSR

喜欢|宝玉|的|黛玉|受不了|宝钗|但又|得|不露|声色。

宝钗受不了黛玉。N

G29 SOR

宝玉|喜欢|的|黛玉|受不了|宝钗|但又|得|不露|声色。

宝钗受不了黛玉。N

G29 OSR

宝钗|受不了|喜欢|宝玉|的|黛玉|但又|得|不露|声色。

宝钗受不了黛玉。Y

G29 OOR

宝钗|受不了|宝玉|喜欢|的|黛玉|但又|得|不露|声色

宝钗受不了黛玉。Y

G30 SSR

欺负|八戒|的|沙僧|叫来了|悟空|并让|他|去|找|师傅。

沙僧欺负了八戒。Y

G30 SOR

八戒|欺负|的|沙僧|叫来了|悟空|并让|他|去|找|师傅。

沙僧欺负了八戒。N

G30 OSR

悟空|叫来了|欺负|八戒|的|沙僧|并|让|他|去|找|师傅。

沙僧欺负了八戒。Y

G30 OOR

悟空｜叫来了｜八戒｜欺负｜的｜沙僧｜并｜让｜他｜去｜找｜师傅。
沙僧欺负了八戒。N

G31 SSR

配合｜管家｜的｜主人｜帮助了｜用人｜并｜替｜她｜找了｜医生。
主人找来了医生。Y

G31 SOR

管家｜配合｜的｜主人｜帮助了｜用人｜并｜替｜她｜找了｜医生。
主人找来了医生。Y

G31 OSR

用人｜帮助了｜配合｜管家｜的｜主人｜并｜替｜她｜找了｜医生。
主人找来了医生。N

G31 OOR

用人｜帮助了｜管家｜配合｜的｜主人｜并｜替｜她｜找了｜医生。
主人找来了医生。N

G32 SSR

联合｜职工｜的｜会计｜找到了｜厂长｜并｜传达了｜新｜意见。
会计传达了新意见。Y

G32 SOR

职工｜联合｜的｜会计｜找到了｜厂长｜并｜传达了｜新｜意见。
会计传达了新意见。Y

G32 OSR

厂长｜找到了｜联合｜职工｜的｜会计｜并｜传达了｜新｜意见。
会计传达了新意见。N

G32 OOR

厂长｜找到了｜职工｜联合｜的｜会计｜并｜传达了｜新｜意见。
会计传达了新意见。N

G33 SSR

跟随｜战士｜的｜群众｜赞扬了｜政委｜并｜打算｜在此｜安居。
政委赞扬了群众。N

G33 SOR

战士｜跟随｜的｜群众｜赞扬了｜政委｜并｜打算｜在此｜安居。
政委赞扬了群众。N

G33 OSR

政委｜赞扬了｜跟随｜战士｜的｜群众｜并｜打算｜在此｜安居。
政委赞扬了群众。Y

G33 OOR

政委｜赞扬了｜战士｜跟随｜的｜群众｜并｜打算｜在此｜安居。

政委赞扬了群众。Y

G34 SSR

体恤|大臣|的|皇上|离开了|皇后|并|开始|静心|休养。
皇上开始静心休养。Y

G34 SOR

大臣|体恤|的|皇上|离开了|皇后|并|开始|静心|休养。
皇上开始静心休养。Y

G34 OSR

皇后|离开了|体恤|大臣|的|皇上|并|开始|静心|休养。
皇上开始静心休养。N

G34 OOR

皇后|离开了|大臣|体恤|的|皇上|并|开始|静心|休养。
皇上开始静心休养。N

G35 SSR

痛恨|被告|的|原告|不满意|法官|并|要求|立即|休庭。
原告对法官不满意。Y

G35 SOR

被告|痛恨|的|原告|不满意|法官|并|要求|立即|休庭。
原告对法官不满意。Y

G35 OSR

法官|不满意|痛恨|被告|的|原告|并|要求|立即|休庭。
原告对法官不满意。N

G35 OOR

法官|不满意|被告|痛恨|的|原告|并|要求|立即|休庭。
原告对法官不满意。N

G36 SSR

感激|省长|的|官兵呼唤着|灾民|但却|听不到|回音。
官兵呼唤着灾民。Y

G36 SOR

省长|感激|的|官兵|呼唤着|灾民|但却|听不到|回音。
官兵呼唤着灾民。Y

G36 OSR

灾民|呼唤着|感激|省长|的|官兵|但却|听不到|回音。
官兵呼唤着灾民。N

G36 OOR

灾民|呼唤着|省长|感激|的|官兵|但却|听不到|回音。
官兵呼唤着灾民。N

附录 3-2 填充句

F1

长达 | 十小时 | 的 | 手术 | 在 | 专家 | 的 | 努力 | 下 | 顺利 | 结束。
手术长达十小时。Y

F2

以 | 美食 | 闻名 | 的 | 波尔多 | 是 | 法国 | 南部 | 的 | 重要 | 都市。
波尔多以美食闻名。Y

F3

中国 | 自古 | 以来 | 就 | 非常 | 重视 | 对 | 舆论 | 的 | 控制 | 力量。
中国重视舆论控制。Y

F4

好补 | 的 | 中国人 | 可能 | 有 | 世界 | 上 | 种类 | 最多 | 的 | 补酒。
中国人喜欢补身。Y

F5

球类 | 活动 | 是 | 青少年 | 普遍 | 喜爱 | 的 | 一种 | 体育 | 活动。
球类活动最受欢迎。N

F6

对 | 假冒 | 伪劣 | 商品 | 的 | 认定 | 要 | 严格 | 掌控 | 避免 | 随意。
认定程序应该执行。Y

F7

在 | 美国 | 一向 | 没有 | 关于 | 电视 | 广播 | 网 | 的 | 公共 | 规章。
美国拥有广电规章。N

F8

只要 | 两三 | 分钟 | 就能 | 享用 | 一道 | 美味 | 的 | 微波 | 菜肴。
微波炉方便快捷。Y

F9

现代 | 科学 | 在 | 人类 | 社会 | 活动 | 中的 | 地位 | 日益 | 重要。
社会活动日益重要。N

F10

气质 | 不能 | 决定 | 一个 | 人 | 的 | 成才 | 方向 | 和 | 成就 | 高低。
气质决定了未来。N

F11

科学|进步|使得|长生|不死|已|不再|是|大家|的|梦想。
不可能长生不死。N

F12

历史|悠久|的|语言学|就是|研究|人类|语言|的|科学。
语言学历史并不长。N

F13

大城市|的|白领|生活|看似|光鲜|其实|却|非常|苦闷。
白领们感觉苦闷。Y

F14

我|刚才|着急|找|的|那本|参考书|不知|被|谁|借去了。
不知谁借了那书。Y

F15

年代|久远|常常|使得|最|寻常|的|物体|具有|一种|美。
时间让事物变美。Y

F16

这|一天|果然|袭来了|入冬|后|最|强|的|大陆|冷|空气。
那天果然格外冷。Y

F17

为|适应|国内|顾客|的|需求|菜色|一定|要|求新|求变。
革新是为了适应。Y

F18

香槟|一向|被|当作|开胃酒|或|高级|宴会|中|的|饮酒。
香槟可为开胃酒。Y

F19

东北|的|冰天雪地|并|不如|内地人|想象|的|那样|冷。
东北不比内地冷。N

F20

健康|的|身体|在|很大|程度|上|可以|为|个人|所|控制。
健康完全可以自控。N

F21

第二期|技改|工程|将|利用|吸收|的|社会|资金|进行。
技改工程资金短缺。N

F22

人们|活得|分秒|必争|忙得|连|吃饭|的|时间|都|没有。
人们过得太忙碌。Y

F23

酒店 | 内 | 的 | 摆设 | 以 | 木质 | 桌椅 | 为主 | 十分 | 简洁 | 大方。
酒店摆设很华丽。N

F24
关键 | 是 | 改变 | 缺乏 | 技术 | 人才 | 所 | 导致 | 的 | 技术 | 落后。
关键是引进人才。Y

F25
言语 | 表达 | 能力 | 是 | 教师 | 必须 | 具备 | 的 | 基本功 | 之一。
教师表达能力都好。N

F26
政府 | 乐意 | 见到 | 国内 | 的 | 产业 | 如火如荼 | 发展 | 起来。
政府愿意见到发展。Y

F27
旅行 | 是 | 不少 | 人 | 休息 | 充电 | 恢复 | 活力 | 的 | 一种 | 方式。
旅行不能恢复活力。N

F28
企业 | 的 | 盈利 | 主要 | 是 | 靠 | 提高 | 产品 | 销售 | 价格 | 所得。
盈利靠提高产量。N

F29
他们 | 正在 | 进行 | 的 | 是 | 关于 | 这次 | 战役 | 的 | 热烈 | 检讨。
他们在讨论战略。N

F30
要 | 坚决 | 克服 | 不 | 量力而行 | 的 | 高 | 指标 | 的 | 错误 | 做法。
要坚持高指标做法。N

F31
那种 | 认为 | 雷锋 | 精神 | 过时了 | 的 | 说法 | 是 | 不 | 正确 | 的。
雷锋精神不正确。N

F32
住 | 医院 | 对 | 游客 | 来说 | 可能 | 是 | 心理 | 落差 | 最大 | 的 | 事。
住医院使心情变坏。Y

F33
有 | 许多 | 种 | 灰尘 | 对于 | 人类 | 的 | 生活 | 是 | 有 | 危害性 | 的。
灰尘都对健康有害。N

F34
在 | 意见 | 沟通 | 中 | 很多 | 障碍 | 是 | 由 | 心理 | 因素 | 引起 | 的。
沟通障碍源于语气。N

F35

一个|十四岁|的|女孩|在|乱砖|中|被|埋了|四天|四夜。
女孩被埋了四天。N

F36

瑜伽|运动|可|帮助|经常|久坐|的|上班族|提升|活力。
瑜伽会降低活力。N

F37

环山|抱水|的|十万亩|翠屏湖|是|游览|和|度假|胜地。
翠屏湖依山傍水。Y

F38

教师|同|教|四书|的|不苟言笑|的|老夫子|截然|不同。
老夫子就是教师。N

F39

企业|的|各级|领导|干部|都|要|经过|民主|选举|产生。
领导通过选举产生。Y

F40

春节|的|意义|不仅|在于|团圆|更|在于|传统|的|传承。
春节已失去传统。N

F41

我国|面临|的|干部|培训|任务|十分|迫切|十分|繁重。
干部培训任务繁重。Y

F42

去过|青岛|的|人|大都|为|那里|的|美好|风光|所|迷醉。
青岛美食使人迷醉。N

F43

汉语|标准语|是|在|北方|方言|的|基础|上|所|形成|的。
普通话源于北京话。N

F44

语言|在|人|的|认识|过程|中|起了|重要|的|杠杆|作用。
认识能力是杠杆。N

F45

科学|技术|价值|的|评价|只能|在|当时|水平|上|界定。
科学价值是不变的。N

F46

按摩师|把|温热|的|石头|放在|客人|背部|的|穴位|上。
石头放在手背上。N

F47

要|真正|了解|外国|文学|往往|是|一件|非常|难|的|事。

外国文学不难了解。N

F48

任何 | 一项 | 事物 | 都 | 具有 | 单纯 | 和 | 复杂 | 的 | 两个 | 侧面。

事物存在两面性。Y

F49

观众 | 对 | 中国 | 艺术团 | 的 | 演出 | 给予了 | 很高 | 的 | 评价。

观众很满意演出。Y

F50

大量 | 倾销 | 便宜 | 的 | 农产品 | 让 | 农地 | 废耕 | 农民 | 破产。

破产导致了倾销。N

F51

美味 | 的 | 食品 | 会 | 使 | 一个 | 味觉 | 饥饿 | 的 | 人 | 产生 | 食欲。

美食让人产生食欲。Y

F52

中国 | 使用 | 胎盘 | 的 | 历史 | 已经 | 有 | 千年 | 以上 | 的 | 时间。

胎盘使用历史不长。N

F53

护理 | 学校 | 毕业 | 的 | 护士 | 要 | 实习 | 三年 | 才 | 能够 | 转正。

三年内就能转正。N

F54

作家 | 写 | 剧本 | 的 | 那段 | 日子 | 生活 | 过得 | 很惬意 | 舒心。

作家感觉很惬意。Y

F55

物质 | 富裕 | 为 | 人们 | 提供了 | 开始 | 全面 | 发展 | 的 | 条件。

发展是富裕的条件。N

F56

研究 | 显示 | 长期 | 使用 | 胎盘素 | 真的 | 能 | 让 | 女性 | 美白。

胎盘素能美白肌肤。Y

F57

这个 | 心爱 | 的 | 酒馆 | 后来 | 因 | 生意 | 太 | 差 | 被迫 | 关门了。

这个酒店关门了。Y

F58

物体 | 受到 | 的 | 重力 | 是 | 由于 | 地球 | 的 | 吸引 | 而 | 产生 | 的。

重力源于地心引力。Y

F59

人口 | 因素 | 对 | 社会 | 的 | 发展 | 起着 | 不可 | 忽视 | 的 | 作用。

人口影响社会发展。Y

F60

捧着｜一本｜干干净净｜的｜书｜心情｜立即｜变得｜舒畅了。
书可以影响心情。Y

F61

改革｜的｜最终｜目标｜只能｜通过｜长期｜努力｜逐步｜实现。
改革需要长期努力。Y

F62

欧盟｜今天｜对｜英特尔｜的｜垄断｜处以了｜巨额｜的｜罚款。
英特尔被巨额罚款。Y

F63

高中｜学段｜的｜教育｜对｜成才｜具有｜举足轻重｜的｜作用。
高中教育影响成才。Y

F64

这家｜公司｜的｜雇员｜从不｜使用｜电梯｜而｜总是｜走｜楼梯。
这家公司没有电梯。N

F65

矛盾｜对立｜的｜双方｜无不｜依据｜一定｜条件｜互相｜转化。
矛盾可互相转化。Y

F66

我国｜汽车｜工业｜正｜面临着｜亟须｜大｜发展｜的｜新｜形势。
汽车工业亟须发展。Y

F67

与｜世界｜各国｜一样｜中国｜也｜面临｜新｜一波｜的｜全球化。
全球化影响了中国。Y

F68

厂长｜的｜权力｜是｜根据｜职工｜代表｜大会｜的｜决议｜办事。
厂长的职责是决策。N

F69

很多｜专家｜对｜猪流感｜的｜传播｜途径｜持有｜不同｜看法。
专家们看法一致。N

F70

这种｜不能｜规格化｜的｜产品｜是｜手工艺｜时代｜的｜特色。
不规格化是特色。Y

F71

在｜选拔｜后备｜干部｜时｜必须｜坚持｜德才｜兼备｜的｜标准。

德才兼备是标准。Y

F72

全｜世界｜所有｜人｜中｜没有｜两个｜人｜具有｜相同｜的｜指纹。
没有人指纹相同。Y

F73

人们｜所｜称｜的｜雨花石｜主要｜是｜指｜色彩｜斑斓｜的｜纹石。
雨花石色彩纯净。N

F74

人｜的｜思想｜性格｜经常｜会｜随着｜地位｜的｜改变｜而｜变化。
性格影响地位高低。N

F75

原子｜是｜在｜空间｜中｜向｜各个｜方向｜永恒地｜运动着｜的。
原子永远在运动。Y

F76

懂｜外文｜的｜助手们｜捧着｜原著｜把｜意思｜口述｜给｜他｜听。
助手口述给他听。Y

F77

都市｜里｜快｜节奏｜的｜生活｜步调｜让｜人人｜都｜行色｜匆匆。
快节奏让人匆忙。N

F78

电视｜文化｜是｜历史｜上｜享有｜人数｜最｜多｜的｜一种｜文化。
电视文化观众甚少。N

F79

如｜严格｜执行｜规章｜制度｜疫情｜能｜得到｜有效｜的｜遏制。
疫情很难被控制。N

F80

冶金｜工业｜利用｜氢气｜的｜还原性｜来｜冶炼｜某些｜金属。
氢气具有还原性。Y

F81

国家｜或｜地区｜的｜发展｜归根到底｜就是｜经济｜的｜振兴。
发展取决于科技。N

F82

我国｜北方｜的｜农村｜和｜城市｜普遍｜都｜感到｜用水｜紧张。
北方普遍用水紧张。Y

F83

艺术美｜是｜常常｜能｜帮助｜我们｜觅回｜已逝｜的｜青春｜的。
艺术美能唤回青春。Y

F84

高汤|绝对|是|使|一碗|汤|味美|汤鲜|的|关键性|因素。
鲜美的汤需要高汤。Y

F85

这个|菜场|中断了|五个|月|的|周末|夜市|又|恢复了。
周末夜市恢复了。Y

F86

年老|和|体质|衰弱|者|不大|适宜|做|全身|的|温泉浴。
老人不宜洗温泉。N

F87

高等|学校|从来|就是|一个|民族|精神|文化|的|殿堂。
高校是民主殿堂。N

F88

人|在|跟|他人|的|交往|中|形成|一种|独特|的|风格。
人的风格源于自身。N

F89

性格|是|人|在|适应|环境|的|相互|作用|中|形成|的。
人的性格影响环境。N

F90

首台|世界|公认|的|电子|数字|计算机|诞生|在|美国。
电脑诞生在英国。N

F91

只有|饱经|沧桑|的|人|才|能|领悟|真正|的|人生|哲理。
阅历造就了人生。Y

F92

西岳|华山|将|以|崭新|的|面貌|迎接|国内外|旅游者。
华山被大肆改造。N

F93

事物|总是|在|一定|条件|下|朝|相反|的|方向|起|变化。
事物发展需要条件。Y

F94

我们|并|没有|制定|过|限制|人民|读书|自由|的|法律。
人民享有读书自由。Y

F95

国家|对|企业|的|管理|体制|还|有待|进一步|的|完善。
管理体制需改革。N

F96

社会I舆论I对I人I的I道德I控制I有I很大I的I影响I作用。
道德受舆论影响。Y

F97

舟山I渔场I是I许多I种I经济I鱼类I洄游I的I必经I之处。
舟山渔场产量减少。N

F98

我们I有I责任I遵守I和I宣传I有关I环境I保护I的I法令。
保护环境人人有责。Y

F99

邻近I北部湾I的I关东I平原I即是I日本I最I大I的I平原。
关东平原属于日本。Y

F100

马来西亚I是I世界I上I生产I天然I橡胶I最I多I的I国家。
马来西亚盛产橡胶。Y

F101

刚果河I是I世界I上I水力I资源I最I丰富I的I河流I之一。
刚果河水力贫乏。N

F102

富饶I的I非洲I大陆I是I自然I资源I非常I丰富I的I大陆。
非洲大陆寸草不生。N

F103

西非I是I多种I重要I的I矿藏I分布I比较I集中I的I地区。
西非矿藏分布集中。Y

F104

北海I是I西欧I和I北欧I各国I海上I航运I的I重要I水域。
北海是东欧港口。N

F105

英国I现在I已经I成为I西欧I最I大I的I石油I生产I国家。
英国位于欧洲西部。Y

F106

无产I阶级I革命I导师I马克思I的I墓地I坐落I在I伦敦。
马克思是英国人。N

F107

马赛I是I地中海I沿岸I的I工业I中心I和I最I大I的I港口。
马赛是工业中心。Y

F108

资本|主义|大农场|是|美国|农业|的|主要|经营|方式。
美国奉行资本主义。Y

F109

有些|国家|正在|研究|如何|利用|南极|的|淡水|资源。
南极没有淡水资源。N

F110

太阳|的|光热|成为|人类|赖以|生存|和|活动|的|源泉。
人类生存依赖太阳。Y

F111

构成|地壳|的|物质|处于|不断|的|运动|和|变化|之中。
地壳在不断地运动。Y

F112

发电|是|地热能|利用|中|重要|而|具有|前途|的|领域。
地热可用来发电。Y

F113

水|是|一切|生命|活动|得以|正常|进行|的|生理|要素。
生命活动离不开水。Y

F114

目前|直接|利用|太阳能|的|技术|还|没有|圆满|解决。
太阳能不可利用。N

F115

我国|糖料|主要|来自|南方|的|甘蔗|和|北方|的|甜菜。
甜菜来自南方。N

F116

概率|统计法|在|气象|研究|中|得到了|广泛|的|应用。
概率统计应用广泛。Y

F117

全国|几个|多雨|中心|大都|分布|在|山地|的|迎风坡。
迎风坡更易下雨。Y

F118

我国|是|世界|上|季风|气候|最为|显著|的|国家|之一。
我国季风气候极少。N

F119

葡萄|一年|多次|结实|主要|是|由|夏季|修剪|实现|的。
葡萄多产源于嫁接。N

F120

正常｜的｜皮肤｜对｜维护｜人体｜健康｜起着｜重要｜的｜作用。

皮肤好坏影响健康。Y

练习句：

攻击｜政客｜的｜律师｜惹怒了｜法官｜自己｜却｜没｜意识到。

律师惹怒了法官。Y

记者｜采访｜的｜教授｜称赞了｜校长｜并｜做了｜精彩｜演讲。

校长称赞了教授。N

邮差｜撞倒了｜寻找｜孩子｜的｜母亲｜马上｜起身｜去｜道歉。

邮差撞倒了孩子。N

演员｜受不了｜观众｜推崇｜的｜小丑｜毅然｜离开了｜剧院。

演员受不了小丑。Y

冬季｜用｜火炉｜或｜暖气片｜取暖｜靠｜的｜是｜空气｜的｜流动。

空气流动传播热量。Y

一切｜物体｜的｜分子｜都｜在｜不停地｜做｜无规则｜的｜运动。

分子运动遵循规则。N

各种｜形式｜的｜能｜都｜可以｜在｜一定｜条件｜下｜相互｜转化。

能量不能相互转化。N

有效｜的｜沟通｜是｜解决｜群体｜间｜冲突｜和｜矛盾｜的｜良剂。

沟通可缓解矛盾。Y

附录 4-1 刺激句

expl 1 a

The | banker | that | irritated | the | lawyer | met | the | priest | and | talked | a | lot.

? The lawyer talked a lot to the priest. Yes or No? N

expl 1 b

The | banker | that | the | lawyer | irritated | met | the | priest | and | talked | a | lot.

? The lawyer talked a lot to the priest. Yes or No? N

expl 2 a

The | child | that | played_with | the | babysitter | ran_to | his | father | and | hugged | him.

? The father ran to the child and hugged him. Yes or No? N

expl 2 b

The | child | that | the | babysitter | played_with | ran_to | his | father | and | hugged | him.

? The father ran to the child and hugged him. Yes or No? N

expl 3 a

The | passenger | that | complimented | the | flight_attendant | made | the | pilot | angry | and | had | a | fight | with | him.

? The flight attendant made the pilot angry. Yes or No? N

expl 3 b

The | passenger | that | the | flight_attendant | complimented | made | the | pilot | angry | and | had | a | fight | with | him.

? The flight attendant made the pilot angry. Yes or No? N

expl 4 a

The | manager | that | hated | the | secretary | called | the | CEO | and | spoke_ill_of | her.

? Hating the secretary, the manager spoke ill of her. Yes or No? Y

expl 4 b

The | manager | that | the | secretary | hated | called | the | CEO | and | spoke_ill_of | her.

? Hating the secretary, the manager spoke ill of her. Yes or No? N

expl 5 a

The | businessman | that | married | the | secretary | invited | the | journalist | to | the | party | and | announced | a_piece_of | big | news.

? The secretary announced a piece of big news. Yes or No? N

expl 5 b

The l businessman l that l the l secretary l married l invited l the l journalist l to l the l party l and l announced l a_piece_of l big l news.

? The secretary announced a piece of big news. Yes or No? N

expl 6 a

The l doctor l that l ignored l the l nurse l lied l to l the l patient l and l pretended l nothing l serious.

? Ignoring the nurse, the doctor lied to the patient. Yes or No? Y

expl 6 b

The l doctor l that l the l nurse l ignored l lied l to l the l patient l and l pretended l nothing l serious.

? Ignoring the nurse, the doctor lied to the patient. Yes or No? N

expl 7 a

The l mechanic l that l divorced l the l waitress l married l a l doctor l and l leaded l a l happy l life.

? Divorcing the waitress, the doctor leaded a happy life. Yes or No? N

expl 7 b

The l mechanic l that l the l waitress l divorced l married l a l doctor l and l leaded l a l happy l life.

? Divorcing the waitress, the doctor leaded a happy life. Yes or No? N

expl 8 a

The l writer l that l complimented l the l photographer l wrote l a l letter l to l a l bar_owner l and l advised l them l to l work l together.

? The photographer advised the writer to work with the publishing house boss. Yes or No? N

expl 8 b

The l writer l that l the l photographer l complimented l wrote l a l letter l to l a l bar_owner l and l advised l them l to l work l together.

? The photographer advised the writer to work with the publishing house boss. Yes or No? N

expl 9 a

The l burglar l that l scared l the l crowd l pointed l his l gun l at l the l policeman l and l shouted.

? The policeman shouted to the burglar. Yes or No? N

expl 9 b

The l burglar l that l the l crowd l scared l pointed l his l gun l at l the l policeman l and l shouted.

? The policeman shouted to the burglar. Yes or No? N

expl 10 a

The l writer l that l made l the l editor l angry l showed l his l plans l to l the l secretary l and l left l with l no l word.

? The writer showed his plans to the editor. Yes or No? N

expl 10 b

The l writer l that l the l editor l made l angry l showed l his l plans l to l the l secretary l and l left l with | no | word.

? The writer showed his plans to the editor. Yes or No? N

expl 11 a

The | prisoner | that | attacked | the | guard | treated | his | inmates | poorly | and | provoked | the | riot.

? The prisoner provoked the riot. Yes or No? Y

expl 11 b

The | prisoner | that | the | guard | attacked | treated | his | inmates | poorly | and | provoked | the | riot.

? The prisoner provoked the riot. Yes or No? Y

expl 12 a

The | superstar | that | admired | the | dancer | paid_a_visit_to | the | director | and | brought | some | gifts.

? The director paid a visit to the dancer. Yes or No? N

expl 12 b

The | superstar | that | the | dancer | admired | paid_a_visit_to | the | director | and | brought | some | gifts.

? The director paid a visit to the dancer. Yes or No? N

expl 13 a

The | hiker | that | passed | the | fisherman | met | a | hunter | and | chatted | with | him | for | a | long | time.

? The fisherman chatted with the hunter for a long time. Yes or No? N

expl 13 b

The | hiker | that | the | fisherman | passed | met | a | hunter | and | chatted | with | him | for | a | long | time.

? The fisherman chatted with the hunter for a long time. Yes or No? N

expl 14 a

The | lodger | that | despised | the | landlord | phoned | the | agency | and | arranged | the | move-out.

? The landlord phoned the agency. Yes or No? N

expl 14 b

The | lodger | that | the | landlord | despised | phoned | the | agency | and | arranged | the | move-out.

? The landlord phoned the agency. Yes or No? N

expl 15 a

The | soldier | that | assisted | the | citizen | saved | the | general | and | received | a | medal | from | the | army.

? Saving the general's life , the soldier received a medal from the army. Yes or No? Y

expl 15 b

The | soldier | that | the | citizen | assisted | saved | the | general | and | received | a | medal | from | the | army.

? Saving the general's life, the soldier received a medal from the army. Yes or No? Y

expl 16 a

The | cowboy | that | insulted | the | governor | came | to | meet | the | priest | and | went | to | the | police_station | later.

? Having insulted the governor, the cowboy went to the police station. Yes or No? Y

expl 16 b

The | cowboy | that | the | governor | insulted | came | to | meet | the | priest | and | went | to | the | police_station | later.

? Having insulted the governor, the cowboy went to the police station. Yes or No? N

expl 17 a

The | professor | that | criticized | the | student | talked | with | the | parents | and | made | an | agreement.

? The student talked with his parents and made an agreement. Yes or No? N

expl 17 b

The | professor | that | the | student | criticized | talked | with | the | parents | and | made | an | agreement.

? The student talked with his parents and made an agreement. Yes or No? N

expl 18 a

The | plumber | that | helped | the | electrician | met | a | millionaire | and | became | his | friend.

? The electrician met a millionaire and became his friend. Yes or No? N

expl 18 b

The | plumber | that | the | electrician | helped | met | a | millionaire | and | became | his | friend.

? The electrician met a millionaire and became his friend. Yes or No? N

expl 19 a

The | client | that | confronted | the | psychologist | attacked | a | neighbour | and | apologized.

? The neighbour attacked the client and apologized. Yes or No? N

expl 19 b

The | client | that | the | psychologist | confronted | attacked | a | neighbour | and | apologized.

? The neighbour attacked the client and apologized. Yes or No? N

expl 20 a

The | golfer | that | liked | the | assistant_player | treated | all | the | staff | well | and | often | has | dinner | with | them.

? The assistant player liked the golfer. Yes or No? N

expl 20 b

The | golfer | that | the | assistant_player | liked | treated | all | the | staff | well | and | often | has |

dinner | with | them.

? The assistant player liked the golfer. Yes or No? Y

expl 21 a

The | hunter | that | saw | the | guard | whistled | to | the | companion | and | ran _ off | into | the | forest.

? The hunter ran off into the forest. Yes or No? Y

expl 21 b

The | hunter | that | the | guard | saw | whistled | to | the | companion | and | ran _ off | into | the | forest.

? The hunter ran off into the forest. Yes or No? Y

expl 22 a

The | historian | that | criticized | the | freshman | called | the | president | and | felt | really | bad | afterward.

? The president felt really bad afterward. Yes or No? N

expl 22 b

The | historian | that | the | freshman | criticized | called | the | president | and | felt | really | bad | afterward.

? The president felt really bad afterward. Yes or No? N

expl 23 a

The | actor | that | visited | the | director | was | going | to | call | the | author | and | make | a | few | changes | in | the | script.

? The director wanted to change the script. Yes or No? N

expl 23 b

The | actor | that | the | director | visited | was | going | to | call | the | author | and | make | a | few | changes | in | the | script.

? The director wanted to change the script. Yes or No? N

expl 24 a

The | wolf | that | approached | the | deer | smelt | a | lion | aro und | and | hid | itself | at | another | place.

? The lion smelt the wolf and hid itself at another place. Yes or No? N

expl 24 b

The | wolf | that | the | deer | approached | smelt | a | lion | around | and | hid | itself | at | another | place.

? The lion smelt the wolf and hid itself at another place. Yes or No? N

expl 25 a

The musician that injured the audience visited the doctor and talked a lot.

? The musician talked a lot to the doctor. Yes or No? Y

expl 25 b

The musician that the audience injured visited the doctor and talked a lot.

? The musician talked a lot to the doctor. Yes or No? Y

expl 26 a

The performer that amused the boy met Emily in the afternoon.

? Emily amused the boy. Yes or No? N

expl 26 b

The performer that the boy amused met Emily in the afternoon.

? Emily amused the boy. Yes or No? N

expl 27 a

The actor that annoyed the teacher talked to the director and left the theatre.

? The actor left the theatre. Yes or No? Y

expl 27 b

The actor that the teacher annoyed talked to the director and left the theatre.

? The actor left the theatre. Yes or No? Y

expl 28 a

The employee that sued the boss invited the reporter to his place and had an interview.

? The employee had an interview with the reporter. Yes or No? Y

expl 28 b

The employee that the boss sued invited the reporter to his place and had an interview.

? The employee had an interview with the reporter. Yes or No? Y

expl 29 a

The farmer that rescued the tourist quarreled with the officer and got injured.

? The farmer rescued the officer. Yes or No? N

expl 29 b

The farmer that the tourist rescued quarreled with the officer and got injured.

? The farmer rescued the officer. Yes or No? N

expl 30 a

The lifeguard that saved the swimmer fell in love with a young lady and got married.

? The swimmer fell in love with a young lady. Yes or No? N

expl 30 b

The lifeguard that the swimmer saved fell in love with a young lady and got married.

? The swimmer fell in love with a young lady. Yes or No? N

expl 31 a

The actress that had_a_dinner_with the president sued the director and won the case.

? The actress sued the director. Yes or No? Y

expl 31 b

The actress that the president had_a_dinner_with the president sued the director and won the case.

? The actress sued the director. Yes or No? Y

expl 32 a

The athlete that thrilled the fans upset the coach and left.

? The fans upset the coach. Yes or No? N

expl 32 b

The athlete that the fans thrilled upset the coach and left.

? The fans upset the coach. Yes or No? N

expl 33 a

The doctor that visited Mike's grandmother married the secretary and moved to New York.

? The doctor visited the sectary. Yes or No? N

expl 33 b

The doctor that Mike's grandmother visited married the secretary and moved to New York.

? The doctor visited the sectary. Yes or No? N

expl 34 a

The scientist that collaborated with the professor chatted with students and had fun.

? The scientist chatted with the professor. Yes or No? N

expl 34 b

The scientist that the professor collaborated with chatted with students and had fun.

? The scientist chatted with the professor. Yes or No? N

expl 35 a

The employee that realized the boss pretended to talk to the customer and ignored the accident.

? The customer realized the boss. Yes or No? N

expl 35 b

The employee that the boss realized pretended to talk to the customer and ignored the accident.

? The customer realized the boss. Yes or No? N

expl 36 a

The child that talked to the psychologist hurt the woman and ran away.

? The child hurt the woman and ran away. Yes or No? Y

expl 36 b

The child that the psychologist talked to hurt the woman and ran away.

? The child hurt the woman and ran away. Yes or No? Y

附录 4-2 填充句

Filler 1 -

The origin of the Internet can trace to the late 1950s and it becomes popular today.

The internet starts late 1950s# Y

Filler 2 -

There are libraries of information that stay open 24 hours a day with millions of books.

The libraries of information can be open for 24 hours# Y

Filler 3 -

Disneyland is the most famous amusement park in the world, which opened to the public in 1955.

The most famous amusement park in the world opened to the public in 1955. Y

Filler 4 -

There was a kindly nobleman whose wife had died of illness leaving him in despair.

The death of his wife made the nobleman hopeless# Y

The nobleman's wife had died of illness? Y

Filler 5 -

During the holiday season, some people feel sad or depressed.

Not all the people feel happy during the holiday season# Y

Some people feel unhappy during the holiday season? Y

Filler 6 -

Sherry made a call to the hotel to get more information about it.

The reason why Sherry called the hotel is to get its information# Y

Sherry called the hotel to get more information?

Filler 7 -

The machine will work fine if you oil it.

The way to make the machine work smoothly is to oil it# Y

Filler 8 -

When I said that, I was not thinking of her feeling.

The speaker didn't care much about her feeling# Y

Filler 9 -

He spoke the words firmly and clearly.

His speech was clear enough to understand# Y

Filler 10 −

Jack left a very good impression to me because of his easygoing character.

The speaker found that Jack is a person who is easy to get along# Y

The speaker had a good impression about Jack?

Filler 11 −

In formal situations, there are special rules for introducing two people.

There are two ways for introducing two people in formal situations# Y

Special rules are applied for introducing people in formal situation?

Filler 12 −

Part-time refers to an activity or a job which is done for only a portion of a normal work week.

The notion of part-time is a kind of activities or a particular job# Y

Filler 13 −

Many immigrants remained unemployed during the Great Depression and led a miserable life.

The living situation of many immigrants during the Great Depression was not good# Y

Many immigrants were unemployed and led a miserable life?

Filler 14 −

Neil Armstrong, born in 1930, is the first human to set foot on the moon.

The name of the first person who set foot on the moon is Neil Armstrong# Y

Neil Armstrong set foot on the moon?

Filler 15 −

Teacher explains the purpose of making an outline and tells students to make an outline.

The order given by the teacher to the students is to make an outline# Y

Teacher asks students to make an outline?

Filler 16 −

Only to press one button, two or three minutes late, you will enjoy a delicious course prepared by microwave.

Microwave is used to prepare a course in a very simply way# Y

You will like a delicious course prepared by microwave?

Filler 17 −

A traditional Chinese wedding ceremony begins with the groom and his party meeting the bride in her home.

Meeting the bride in her home is the beginning of a traditional Chinese ceremony# Y

The groom meets the bride in her home first at a traditional Chinese wedding?

Filler 18 −

Many parents are too tired when they come home at the end of the day to discuss children's problem.

Many parents fail to discuss their children's problem because they are too tired# Y

Many parents are too tired to discuss children's problem?

Filler 19 −

Some studies show that the sooner kids learn how to budget the more successful they will be at avoiding debt later in life.

The kids who learn how to use money may protect them from getting in a debt# Y

Filler 20 −

Banks usually charge interest to credit customers who do not settle their bills within a month.

Customers will be charge interest by banks if they don't pay for their bills in time# Y

Filler 21 −

After a period of time money which is made of paper is easily damaged.

Paper money is subject to be damaged after being used a period of time# Y

Filler 22 −

The company is looking for someone with experience in management.

The requirement of the position in company is a management experience# Y

Filler 23 −

As every other countries of the world, China faces a new wave of globalization.

The new wave of globalization has influenced every country of the world including China
Y

Filler 24 −

I assure you that this medicine will not harm you after you're taken an operation.

The medicine recommended by the speaker is safe enough for the hearer# Y

Filler 25 −

Born into poverty, Abraham Lincoln was faced with defeat throughout his life.

Abraham Lincoln was born in a poor family and met many difficulties all the time# Y

Filler 26 −

I keep the picture where I can see it every day as it reminds me of my university days.

The function of placing the picture there is to remind the speaker his life in middle school
N

The picture cannot remind me of my university life?

Filler 27 −

In some countries, what is called ''equality'' does not really mean equal rights for all people.

The word "equality" has the same meaning around the world to mean equal rights for all
N

Filler 28 –

He is used to keeping a dictionary at hand so that he can find the meaning of new words he comes across.

His English book is the tool he used to consult new words meanings# N

He doesn't use dictionary to learn new words?

Filler 29 –

It is revealed by study that using Vitamin for long run can indeed whiten women's skin.

Women's skin whitening is impossible only by using Vitamin C for long run# N

Vitamin cannot whiten women's skin?

Filler 30 –

If you study the food history of the countries all over the world carefully, it is not difficult to find out the importance of soup.

The importance of soup could be found all along the history of all parts of the world# Y

Soup is important all along the history of all parts of the world?

Filler 31 –

To cook a soup with delicious and fresh flavor, soup-stock is absolutely a key factor.

Soup-stock is one of the factors to cook a soup with delicious and fresh flavor# N

Soup-stock is not important to cook a delicious soup?

Filler 32 –

If you want to stop him misbehaving, you should punish him.

The way to stop him from wrong-doing is to give him punishment# Y

You should punish him to stop him misbehaving?

Filler 33 –

The game I played in the classroom is downloaded from the Internet.

The game I played in the classroom is an online game# N

Filler 34 –

The chief promised to reveal his plan at a proper time.

The release of the plan by the chief is promised to be realized at an proper time# Y

The chief agreed to tell his plan at a proper time?

Filler 35 –

I thought the painting was old but it had been faked.

In the speaker's opinion the old painting had not been faked# N

The painting had not been faked?

Filler 36 –

Hamlet is the main hero in the famous tragedy of Hamlet written by Shakespeare.

Hamlet is the main hero in the famous comedy of Hamlet written by Shakespeare# N

Hamlet is not the main hero in the tragedy of Hamlet written by Shakespeare?

Filler 37 −

The university is famous for the size and quality of its library.

The size and quality of the library makes the university famous# Y

The university is well known for the size and quality of its library?

Filler 38 −

The students can always come up with the right answer no matter how difficult the question is.

Some difficult questions is impossible for the students to answer# N

Filler 39 −

They read the whole test quickly and focus their attention to finish the part that they know best.

They read the whole test quickly and focus on the part they don't know well# N

Filler 40 −

Our goal is to involve the workers in the decision-making process.

The goal we try to achieve is to let workers involved in the decision-making process# Y

Our goal is to let workers involved in the decision-making process?

Filler 41 −

Tom couldn't explain where he was at the time the robbery was committed.

Tom explained his location when the robbery was committed# N

Filler 42 −

The research committee received regular feedback and verified the data prior to formal approval.

Regular feedback were needed and the data were verified prior to formal approval# Y

Filler 43 −

Mike felt so unfit after Christmas that he decided to join a gym.

Mike did not join a gym even though he felt so unfit after Christmas# N

Filler 44 −

The X-ray showed that Sue had cracked a bone in her foot.

A cracked bone in Sue's foot was found in the X-ray report# Y

Filler 45 −

A college is going to assess a student's ability based on grades.

The ability of a college student will be assessed based on grades# Y

Filler 46 −

My husband is always tasting the food while I am cooking it.

My husband is cooking the food while I am tasting it#　N

Filler 47 −

Jane apologized for her husband's rudeness at the party.

Jane's husband was rude at the party and she apologized# Y
Filler 48 -

Jake think he should take the doctor's advice and go home.
The doctor suggests Jake go home and Jake takes the advice# Y
Filler 49 -

The accountant that works for my father's company was arrested and then released.
The accountant was arrested but not released# N
Filler 50 -

No man will ever know how it changed from shape to shape.
Someone knows how it changed from shape to shape# N
Filler 51 -

A success in either of these kinds is quite unexpected so that it should be celebrated.
A success is expected, but it should still be celebrated# N
Filler 52 -

Whether Jesse would ever awake seemed to depend upon an accident.
Jesse will awake after an accident# N
Filler 53 -

The reader ought to be reminded that Joanna was subject to an unusually unfair trial.
Joanna was subject to a fair trial# N
Filler 54 -

There is good reason why we should prize this liberation.
There is no reason why we should prize this liberation# N
Filler 55 -

I no longer wish to meet a good I do not earn, for example, to find a pot of buried gold.
I wish to find a pot of buried gold# N
Filler 56 -

Nowhere else on the Mount of Olives is there a view like this.
A view like this is unique on the Mount of Olives# Y
Filler 57 -

In the sands of Africa the camel is a sacred and precious gift.
The camel is a gift in the sands of Africa# Y
Filler 58 -

Because the bridge was not properly maintained by the government, it fell down.
The government maintained the bridge, but it still fell down# N
Filler 59 -

Because of the rain, the museum cancelled the picnic.
The museum cancelled the picnic for the rain# Y

汉英关系从句加工研究

Filler 60 ‒

If we had gone to a good restaurant, we would have had a better dinner.

We had a good dinner at a good restaurant# N

Filler 61 ‒

Lying on the sofa watching old films is my favourite hobby.

I like lying on the sofa and watching old films# Y

Filler 62 ‒

Although he ate a really big dinner, now Joe wants to eat cake for dessert.

Joe does not want to eat dessert because he ate a big dinner# N

Filler 63 ‒

Before giving a test the teacher should make sure that the students are well-prepared.

The teacher does not need to make sure that the students are well-prepared before a test# N

Filler 64 ‒

Mary arrived at the bus station before noon, and she left on the bus before I arrived.

Mary arrived at the bus station before noon and waited for me until I arrived# N

Filler 65 ‒

The judges had an extremely hard time deciding whose painting was the best.

The judges easily decided whose painting was the best# N

Filler 66 ‒

Chris will be able to maintain a healthy weight if he keeps exercising.

Chris will not maintain a healthy weight if he does not exercise# Y

Filler 67 ‒

One of Jane's favorite subjects in school is drama because she really enjoys being part of it all.

Jane enjoys being part of drama, so she likes it in school# Y

Filler 68 ‒

This new service will be available to all users that signed up for paid membership.

This new service will be available to members who have paid# Y

Filler 69 ‒

Because the world is getting warmer, polar bears are in danger of becoming extinct.

Polar bears are in danger of becoming extinct because of global warming# Y

Filler 70 ‒

How he complete this task is a mystery, and I wish that I could ask him.

I did not ask how he complete this task# Y

Filler 71 ‒

In spite of getting the highest result in the class, John still had problems with the teacher.

John had no problems with the teacher because he got the highest result in the class# N

Filler 72 −

I think Jane deserved to be fired for her totally irresponsible behavior.

Jane should not be fired because this was not her responsibility# N

Filler 73 −

Although Michael was seen to be an aggressive politician, Michael was a quiet and loving family man at home.

Michael was an aggressive politician, and he was also aggressive at home# N

Filler 74 −

It is said Jake was a man, who appeared to have the vision of an eagle and courage of a lion.

Jake is like a man that has the vision of an eagle and courage of a lion# Y

Filler 75 −

A gifted scientist, Newton discovered some of the most fundamental laws in the history of science.

Newton is a talent scientist, who discovered some fundamental scientific laws# Y

Filler 76 −

Susan called a doctor that works at a hospital in London.

Susan called a doctor who went to London# N

Filler 77 −

The policeman runs after the criminal while the crowd gives way to him.

The policeman runs after the criminal even though there is the crowd# N

Filler 78 −

If you give your details to our secretary, we will contact you when we have a vacancy.

We will contact you to ask your details when we have a vacancy# N

Filler 79 −

After he finishes two papers for Business, Brent has one course left to take before his graduation.

Brent has finished all the courses for this graduation# N

Filler 80 −

The mobile phone that is broken cannot be fixed.

The broken mobile phone is fixed# N

Filler 81 −

A soldier hated a diplomat for political reasons.

The soldier hated the diplomat for personal reasons# N

Filler 82 −

An FBI agent pursued a kidnapper for two years but failed.

The FBI agent caught the kidnapper# N

Filler 83 −

The owner of a mansion hired a sculptor for a fountain.

The owner of a mansion hired a sculptor to build a fountain# Y

Filler 84 −

A clerk helped a customer at the register and got some tip.

The clerk got some tip for giving a customer some help# Y

Filler 85 −

An art professor read a paper in the library and wrote a book review in a pub.

The art professor wrote a book review in the library# N

Filler 86 −

A passenger met a navigator and talked to the pilot.

The passenger talked to a navigator# N

Filler 87 −

A bear chased a dog up a tree by scratching the cubs.

The dog scratched the cubs and chased a bear# N

Filler 88 −

Being punched in the nose by a plumber, the carpenter yelled at the painter.

The carpenter was punched in the nose by a plumber# Y

Filler 89 −

A soccer coach scolded a player for being late.

A player was scolded by the coach for being late# Y

Filler 90 −

The student who the bully hit with a rock received treatment from a nurse at the high school.

The student received treatment from a nurse# Y

Filler 91 −

With a baby in her arm, a young lady waved to a ticket agent at the gate.

The young lady waved to a ticket agent at the gate# Y

Filler 92 −

The movie studio sued a producer over a contract last week.

A producer sued the movie studio over a contract last week# N

Filler 93 −

A talk show host interviewed a celebrity and a politician in his show.

The talk show host interviewed only a politician in his show# N

Filler 94 −

An actor from an action movie insulted the director at a banquet during an interview.

An actor from an action movie was insulted by the director# Y

Filler 95 −

The clerk who the manager disliked very much turned to be an FBI agent.

The clerk was actually an FBI agent# Y

Filler 96 −

The thief is hitting the man and robbing the old lady at the same time.

The thief is hitting the lady and robbing the man at the same time# N

Filler 97 −

The man is holding the baby cautiously because he has never done this before.

The man is holding the baby casually# N

Filler 98 −

When the truck drove through the intersection the traffic light was red.

The traffic light was red when the truck drove through the intersection# Y

Filler 99 −

The teacher yelled at the naught children for spilling juice on the floor.

The teacher yelled at the children for spilling juice on the floor# Y

Filler 100 −

Morris informed us that the history course would be probably difficult.

The history course would be probably easy# N

Filler 101 −

It is unforgivable that there was nobody at the station to meet us.

It is forgivable that nobody met us at the station# N

Filler 102 −

It is annoying that they don't sell beer or hard liquor on Sundays.

They don't sell hard liquor on Sundays# Y

Filler 103 −

I was told that the boys enjoyed playing in the mud after the rain.

The boys enjoyed playing in the mud after the rain# Y

Filler 104 −

Due to the time limitation the coach cannot remember the names of all the players.

The coach can remember the names of all the dancers# N

Filler 105

They refused to publish Mailer's new novel about the scandal.

They agreed to publish Mailer's new novel about the accident# N

Filler 106 −

The plumber took a long time to finish the job.

The job was finished by the plumber# Y

Filler 107 –

The man persuaded Mary to donate the book to the library.

Mary was persuaded by the man to donate the book to the library# Y

Filler 108 –

The priest helped the girl to find a job in the neighborhood.

Without the priest's help the girl found a job in the neighborhood# N

附录 4-3 准备阶段的生词词汇表

priest   *n.* 牧师;神父;教士 *vt.* 使成为神职人员;任命……为祭司

compliment   *n.* 恭维;称赞;问候;致意;道贺 *vt.* 恭维;称赞

pretend   *vt.* 假装;假扮;伪称 *vi.* 假装;伪称 *adj.* 假装的

mechanic   *n.* 技工,机修工 *adj.* 手工的

burgle   *vt.* 进行夜盗;破门盗窃(某处);撬窃,撬门,偷窃(某家)

inmate   *n.* 居民;同住者

lodger   *n.* 房客;寄宿人;投宿者

despised   *adj.* 受轻视的 *v.* 轻视(despise 的过去分词);看不起

companion   *n.* 同伴;朋友;指南;手册 *vt.* 陪伴

script   *n.* 脚本;手迹;书写用的字母 *vt.* 把……改编为剧本 *vi.* 写电影脚本

collaborate   *vi.* 合作;勾结,通敌

附录 5 刺激句

1 a. 电视新闻中,憎恶权贵的画家接受了采访。
   b. 电视新闻中,画家憎恶的权贵接受了采访。
   c. 电视新闻中,憎恶谣言的画家接受了采访。
   d. 电视新闻中,画家憎恶的谣言引起了热议。
2 a. 众志成城,守护岛民的勇士阻挡了土匪。
   b. 众志成城,勇士守护的岛民不畏惧土匪。
   c. 众志成城,守护城墙的勇士阻挡了土匪。
   d. 众志成城,勇士守护的城墙阻挡了土匪。
3 a. 这张照片中,挡住乞丐的厨师很吸引路人。
   b. 这张照片中,厨师挡住的乞丐很吸引路人。
   c. 这张照片中,挡住招牌的厨师很吸引路人。
   d. 这张照片中,厨师挡住的招牌很吸引路人。
4 a. 由于这场纠纷,状告院长的讲师丢掉了工作。
   b. 由于这场纠纷,讲师状告的院长丢掉了工作。
   c. 由于这场纠纷,状告剧校的讲师丢掉了工作。
   d. 由于这场纠纷,讲师状告的剧校失掉了声誉。
5 a. 案发之后,抢劫贵妇的歹徒被带到警察局。
   b. 案发之后,歹徒抢劫的贵妇被带到警察局。
   c. 案发之后,抢劫银行的歹徒被带到警察局。
   d. 案发之后,歹徒抢劫的银行通知了警方。
6 a. 秘书告诉我们,迷恋美女的总裁很追求时尚。
   b. 秘书告诉我们,总裁迷恋的美女很追求时尚。
   c. 秘书告诉我们,迷恋跑车的总裁很追求时尚。
   d. 秘书告诉我们,总裁迷恋的跑车花费了高价。
7 a. 危急时刻,背负伤员的战士跌倒在桥上。
   b. 危急时刻,战士背负的伤员跌倒在桥上。
   c. 危急时刻,背负弹药的战士跌倒在桥上。
   d. 危急时刻,战士背负的弹药掉落在桥下。
8 a. 文章发表不久,揭露贪官的作家成了焦点。
   b. 文章发表不久,作家揭露的贪官成了焦点。
   c. 文章发表不久,揭露内幕的作家成了焦点。

d. 文章发表不久,作家揭露的内幕震惊了民众。

9　a. 返程途中,遇到朋友的游客错过了火车。

　　b. 返程途中,游客遇到的朋友错过了火车。

　　c. 返程途中,遇到暴雨的游客错过了火车。

　　d. 返程途中,游客遇到的暴雨延误了飞机。

10　a. 项目关键时刻,识破间谍的工程师销毁了数据。

　　b. 项目关键时刻,工程师识破的间谍销毁了数据。

　　c. 项目关键时刻,识破机密的工程师销毁了数据。

　　d. 项目关键时刻,工程师识破的机密震惊了当局。

11　a. 命悬一线之际,找来专家的医生挽救了患者。

　　b. 命悬一线之际,医生找来的专家挽救了患者。

　　c. 命悬一线之际,找来药品的医生挽救了患者。

　　d. 命悬一线之际,医生找来的药品起到了奇效。

12　a. 节目录制现场,误解嘉宾的主持人感觉到尴尬。

　　b. 节目录制现场,主持人误解的嘉宾感觉到尴尬。

　　c. 节目录制现场,误解问题的主持人感觉到尴尬。

　　d. 节目录制现场,主持人误解的问题逗笑了观众。

13　a. 会议期间,反对候选人的议员没获得支持。

　　b. 会议期间,议员反对的候选人没获得支持。

　　c. 会议期间,反对预算的议员没获得支持。

　　d. 会议期间,议员反对的预算没获得批准。

14　a. 电影扣人心弦,追踪杀手的侦探消失在树林。

　　b. 电影扣人心弦,侦探追踪的杀手消失在树林。

　　c. 电影扣人心弦,追踪脚印的侦探消失在树林。

　　d. 电影扣人心弦,侦探追踪的脚印引向了山洞。

15　a. 小说当中,羡慕千金的女佣找到了伴侣。

　　b. 小说当中,女佣羡慕的千金找到了伴侣。

　　c. 小说当中,羡慕爱情的女佣找到了伴侣。

　　d. 小说当中,女佣羡慕的爱情充满着浪漫。

16　a. 非常幸运,熟悉经理的职员指引了路线。

　　b. 非常幸运,职员熟悉的经理指引了路线。

　　c. 非常幸运,熟悉园区的职员指引了路线。

　　d. 非常幸运,职员熟悉的园区安排了班车。

17　a. 特护病房里面,看管婴儿的护士进入了梦乡。

　　b. 特护病房里面,护士看管的婴儿进入了梦乡。

　　c. 特护病房里面,看管仪器的护士进入了梦乡。

　　d. 特护病房里面,护士看管的仪器监控着病人。

18　a. 法庭之上,审查证人的律师道出了真相。

　　b. 法庭之上,律师审查的证人道出了真相。

　　c. 法庭之上,审查文件的律师道出了真相。

　　d. 法庭之上,律师审查的文件提供了证据。

19　a. 迫于压力,质疑教授的学生推迟了报告。

　　b. 迫于压力,学生质疑的教授推迟了报告。

　　c. 迫于压力,质疑实验的学生推迟了报告。

　　d. 迫于压力,学生质疑的实验推迟了时间。

20　a. 比武大会上,挑战壮士的少年很精通剑法。

　　b. 比武大会上,少年挑战的壮士很精通剑法。

　　c. 比武大会上,挑战擂台的少年很精通剑法。

　　d. 比武大会上,少年挑战的擂台围满了观众。

21　a. 游行声势浩大,拦阻示威者的警察围住了大门。

　　b. 游行声势浩大,警察拦阻的示威者围住了大门。

　　c. 游行声势浩大,拦阻警车的示威者围住了大门。

　　d. 游行声势浩大,示威者拦阻的警车被困在原地。

22　a. 目击者称,投诉服务员的顾客表现得无礼。

　　b. 目击者称,顾客投诉的服务员表现得无礼。

　　c. 目击者称,投诉商场的顾客表现得无礼。

　　d. 目击者称,顾客投诉的商场违反了规定。

23　a. 未曾料到,跟随导演的助理遭遇了车祸。

　　b. 未曾料到,助理跟随的导演遭遇了车祸。

　　c. 未曾料到,跟随剧组的助理遭遇了车祸。

　　d. 未曾料到,助理跟随的剧组碰上了台风。

24　a. 拥挤之下,躲闪酒鬼的孕妇碰到了栏杆。

　　b. 拥挤之下,孕妇躲闪的酒鬼碰到了栏杆。

　　c. 拥挤之下,躲闪巴士的孕妇碰到了栏杆。

　　d. 拥挤之下,孕妇躲闪的巴士撞上了护栏。

25　a. 这家人和睦美满,照顾孩子的父亲感觉到幸福。

　　b. 这家人和睦美满,父亲照顾的孩子感觉到幸福。

　　c. 这家人和睦美满,照顾家庭的父亲感觉到幸福。

　　d. 这家人和睦美满,父亲照顾的家庭没遭受苦难。

26　a. 为了支援灾区,响应主席的慈善家召集了义工。

　　b. 为了支援灾区,慈善家响应的主席召集了义工。

　　c. 为了支援灾区,响应活动的慈善家召集了义工。

　　d. 为了支援灾区,慈善家响应的活动筹措到资金。

27　a. 这些年以来,想念亲人的男子生活得艰辛。

b. 这些年以来,男子想念的亲人生活得艰辛。

c. 这些年以来,想念家乡的男子生活得艰辛。

d. 这些年以来,男子想念的家乡摆脱了贫穷。

28 a. 任务没能完成,丢下同伴的飞行员逃回了基地。

b. 任务没能完成,飞行员丢下的同伴逃回了基地。

c. 任务没能完成,丢下战机的飞行员逃回了基地。

d. 任务没能完成,飞行员丢下的战机落入了敌手。

29 a. 匆忙之间,筛选宾客的秘书弄错了日期。

b. 匆忙之间,秘书筛选的宾客弄错了日期。

c. 匆忙之间,筛选作品的秘书弄错了日期。

d. 匆忙之间,秘书筛选的作品未达到要求。

30 a. 议事会上,支持宰相的大臣提出了方案。

b. 议事会上,大臣支持的宰相提出了方案。

c. 议事会上,支持改革的大臣提出了方案。

d. 议事会上,大臣支持的改革确立了方案。

31 a. 难得的机缘下,歌颂隐士的诗人取悦了皇上。

b. 难得的机缘下,诗人歌颂的隐士取悦了皇上。

c. 难得的机缘下,歌颂美酒的诗人取悦了皇上。

d. 难得的机缘下,诗人歌颂的美酒传遍了街巷。

32 a. 园中景色宜人,绕过导游的观光者惊叹于美景。

b. 园中景色宜人,观光者绕过的导游讲解着景观。

c. 园中景色宜人,绕过围墙的观光者惊叹于美景。

d. 园中景色宜人,观光者绕过的围墙装饰着书画。

33 a. 比赛紧张激烈,低估对手的参赛者拼尽了全力。

b. 比赛紧张激烈,参赛者低估的对手拼尽了全力。

c. 比赛紧张激烈,低估试题的参赛者拼尽了全力。

d. 比赛紧张激烈,参赛者低估的试题增大了难度。

34 a. 愤怒之下,推倒记者的保镖夺过了话筒。

b. 愤怒之下,保镖推倒的记者夺过了话筒。

c. 愤怒之下,推倒展板的保镖夺过了话筒。

d. 愤怒之下,保镖推倒的展板砸到了摄像师。

35 a. 今晚的节目中,模仿歌星的演员颇有些名气。

b. 今晚的节目中,演员模仿的歌星颇有些名气。

c. 今晚的节目中,模仿方言的演员颇有些名气。

d. 今晚的节目中,演员模仿的方言逗笑了观众。

36 a. 前线发来战报,违抗长官的士兵遭遇了埋伏。

b. 前线发来战报，士兵违抗的长官遭遇了埋伏。

c. 前线发来战报，违抗命令的士兵遭遇了埋伏。

d. 前线发来战报，士兵违抗的命令很不利战局。

附录 6-1 刺激句

1 a. 熟识富人的经理遇见了牧师所以心里很高兴。
  b. 富人熟识的经理遇见了牧师所以心里很高兴。
  c. 牧师遇见了熟识富人的经理所以心里很高兴。
  d. 牧师遇见了富人熟识的经理所以心里很高兴。
2 a. 配合家属的警察恨透了嫌犯并打算跟他拼命。
  b. 家属配合的警察恨透了嫌犯并打算跟他拼命。
  c. 嫌犯恨透了配合家属的警察并打算跟他拼命。
  d. 嫌犯恨透了家属配合的警察并打算跟他拼命。
3 a. 批评校长的学生很信任父母并决定支持他。
  b. 校长批评的学生很信任父母并决定支持他。
  c. 父母很信任批评校长的学生并决定支持他。
  d. 父母很信任校长批评的学生并决定支持他。
4 a. 讨好老板的男子看不起专家并且讨厌他。
  b. 老板讨好的男子看不起专家并且讨厌他。
  c. 专家看不起讨好老板的男子并且讨厌他。
  d. 专家看不起老板讨好的男子并且讨厌他。
5 a. 打扰院长的少女撞到了议员而感到不好意思。
  b. 院长打扰的少女撞到了议员而感到不好意思。
  c. 议员撞到了打扰院长的少女而感到不好意思。
  d. 议员撞到了院长打扰的少女而感到不好意思。
6 a. 欣赏董事长的女秘书暗恋着主任而且谁都不知道。
  b. 董事长欣赏的女秘书暗恋着主任而且谁都不知道。
  c. 主任暗恋着欣赏董事长的女秘书而且谁都不知道。
  d. 主任暗恋着董事长欣赏的女秘书而且谁都不知道。
7 a. 责怪市长的居民问候着总理并安慰着他。
  b. 市长责怪的居民问候着总理并安慰着他。
  c. 总理问候着责怪市长的居民并安慰着他。
  d. 总理问候着市长责怪的居民并安慰着他。
8 a. 带来警察的商人怒骂着农民并打了他。
  b. 警察带来的商人怒骂着农民并打了他。
  c. 农民怒骂着带来警察的商人并打了他。

     d. 农民怒骂着警察带来的商人并打了他。

9   a. 打昏店员的坏人见到了记者并立刻报警。

     b. 店员打昏的坏人见到了记者并立刻报警。

     c. 记者见到了打昏店员的坏人并立刻报警。

     d. 记者见到了店员打昏的坏人并立刻报警。

10 a. 敬佩教练的选手招呼着市长并为他倒酒。

     b. 教练敬佩的选手招呼着市长并为他倒酒。

     c. 市长招呼着敬佩教练的选手并为他倒酒。

     d. 市长招呼着教练敬佩的选手并为他倒酒。

11 a. 聘请员工的律师斥责了经理并起诉他。

     b. 员工聘请的律师斥责了经理并起诉他。

     c. 经理斥责了聘请员工的律师并起诉他。

     d. 经理斥责了员工聘请的律师并起诉他。

12 a. 陪伴厂长的职员打伤了闹事者还谩骂了厂长。

     b. 厂长陪伴的职员打伤了闹事者还谩骂了厂长。

     c. 闹事者打伤了陪伴厂长的职员还谩骂了厂长。

     d. 闹事者打伤了厂长陪伴的职员还谩骂了厂长。

13 a. 责怪家长的老师误导了学生并要求停课。

     b. 家长责怪的老师误导了学生并要求停课。

     c. 学生误导了责怪家长的老师并要求停课。

     d. 学生误导了家长责怪的老师并要求停课。

14 a. 投诉厂商的市民逼疯了官员还得意扬扬。

     b. 厂商投诉的市民逼疯了官员还得意扬扬。

     c. 官员逼疯了投诉厂商的市民还得意扬扬。

     d. 官员逼疯了厂商投诉的市民还得意扬扬。

15 a. 保护商人的政客小看了部长因而后悔不已。

     b. 商人保护的政客小看了部长因而后悔不已。

     c. 部长小看了保护商人的政客因而后悔不已。

     d. 部长小看了商人保护的政客因而后悔不已。

16 a. 巴结队长的老人赶走了医生结果反而不好。

     b. 队长巴结的老人赶走了医生结果反而不好。

     c. 医生赶走了巴结队长的老人结果反而不好。

     d. 医生赶走了队长巴结的老人结果反而不好。

17 a. 杀死台商的少年不认识医生因而没有注意他。

     b. 台商杀死的少年不认识医生因而没有注意他。

     c. 医生不认识杀死台商的少年因而没有注意他。

     d. 医生不认识台商杀死的少年因而没有注意他。

18　a. 照顾奶奶的男子吵醒了队长因而感到不好意思。

　　b. 奶奶照顾的男子吵醒了队长因而感到不好意思。

　　c. 队长吵醒了照顾奶奶的男子因而感到不好意思。

　　d. 队长吵醒了奶奶照顾的男子因而感到不好意思。

19　a. 救活游客的农民很尊敬老板还答谢了他。

　　b. 游客救活的农民很尊敬老板还答谢了他。

　　c. 老板很尊敬救活游客的农民还答谢了他。

　　d. 老板很尊敬游客救活的农民还答谢了他。

20　a. 联系电视台的画家很爱歌手还决定娶她。

　　b. 电视台联系的画家很爱歌手还决定娶她。

　　c. 歌手很爱联系电视台的画家还决定娶她。

　　d. 歌手很爱电视台联系的画家还决定娶她。

21　a. 伤害老板的劳工看望了贵宾还带了礼品。

　　b. 老板伤害的劳工看望了贵宾还带了礼品。

　　c. 贵宾看望了伤害老板的劳工还带了礼品。

　　d. 贵宾看望了老板伤害的劳工还带了礼品。

22　a. 欺骗女子的商人看到了警察并抓住了他。

　　b. 女子欺骗的商人看到了警察并抓住了他。

　　c. 警察看到了欺骗女子的商人并抓住了他。

　　d. 警察看到了女子欺骗的商人并抓住了他。

23　a. 找来工人的民众没见到市长非常失望。

　　b. 工人找来的民众没见到市长非常失望。

　　c. 市长没见到找来工人的民众非常失望。

　　d. 市长没见到工人找来的民众非常失望。

24　a. 不见客户的小姐找到了律师并进行了询问。

　　b. 客户不见的小姐找到了律师并进行了询问。

　　c. 律师找到了不见客户的小姐并进行了询问。

　　d. 律师找到了客户不见的小姐并进行了询问。

附录 6-2　填充句

1 在旅馆写剧本的那段时间日子过得很愉快。

2 这种不能规格化的产品本来就是手工艺时代的特色。

3 比利时酿制啤酒的历史开始于罗马帝国时代。

4 合理地养育后代需要男女双方结婚。

5 这个心爱的酒馆后来因为生意太差自然关门了。

6 这个城市发展的根本问题是水。

7 中国人好补可能有世界上最多种的补酒。

8 香槟一向惯常当作开胃酒或高级宴会中的饮酒。

9 波尔多是法国西南部重要的都市以美食闻名。

10 意大利葡萄酒的产量是世界第一出口量也是世界第一。

11 懂外文的助手们捧着原著把文章的意思口述给他听。

12 为适应国内消费者的需求口味必须要求新求变。

13 可惜这几本文集不知谁借去了刚才还找得心急火燎。

14 捧着一本干干净净的书自己的心情也立刻变得舒服了。

15 住医院对一个旅行者来说可能是心理反差最大的一件事。

16 只要按一个键两三分钟就能享用一道美味可口的微波饭菜。

17 颐和园是北京众多公园中最美的一个。

18 他们两人去过欧洲并考察了环境保护的情况。

19 巴黎人在咖啡厅聊天纽约人在咖啡厅用计算机。

20 生活在分秒必争的现代人有时忙起来连吃饭也没时间。

21 一月五日这天果然一股入冬后最强烈的大陆冷气团到来。

22 由于台湾挑不到他们想要的石头还特别进口一万颗鹅卵石。

23 中国与世界各国一样都面临新一波全球化。

24 长达十小时的手术终于在专家们协力下顺利结束。

25 政府乐意见到国内的生物产业越来越好。

26 当国际企业越成功世界各国对他们要求的法律性和道德性越弱。

27 时至今日因为科学进步长生不死已经不再是大家追求的目标。

28 中国使用火药的经验已有千年以上的时间。

29 研究显示长期使用化妆品确实能够让女性皮肤美白。

30 如果细究世界各国的饮食历史其实不难发现汤的重要性。

31 想做好一碗味美汤鲜的汤品高汤绝对是关键因素。

32 做高汤的要诀在于要以同锅开水烫煮所有的食材。

33 店内以木质桌椅地板为主摆设十分简洁纯朴。

34 以特殊烘烤的方式制作而成使面包外皮又脆又香。

35 二次世界大战后全球经济重新建立而且财富得到重新分配。

36 十年前国内出现过数十个电影城从东北长春市到西北银川市。

37 在这两个城市之中全部都有过去沿海城市开发的情况。

38 这么多的投资终究要面临生产效率和回报的问题。

39 从科技产业到传统产业全部都需要输入活力和配套措施。

40 美白保养品不一定是同一品牌整套使用效果最好。

41 家中布置完成后主妇们就得提前准备团圆饭中要吃的饺子。

42 都市里快节奏的生活步调让每个人都行色匆匆。

43 简单的太极动作可帮助经常久坐的上班族提高活力。

44 去外地旅行也是不少人休息充电恢复活力的必需品。

45 旅行能将自己从熟悉的环境抽离暂时离开令人焦虑的事物。

46 长期累积的心理压力会造成自律神经疾病。

47 唯有能够让你觉得恢复能量和活力的舒压疗法才是最好的疗法。

48 哈哈大笑是舒压疗法中最简易最经济的方法。

49 医生会把温热的石头放在后背两边的穴位。

50 关于色彩每个人都有天生的直觉与感受。

51 春节的意义不仅在于家家户户团圆更在于文化传统的传承。

52 都市里快餐文化的流行让很多人都失去了思考的机会。

53 火车站的红帽子服务队是为了那些需要帮助的旅客设置的。

54 去外国旅游已经成了不少中阶阶级享受生活的表现形式之一。

55 我们不能将自己与社会的进步完全分开。

56 护理学校毕业的护士要实习三年才能转正。

57 大学生的就业问题是今年两会代表关注的中心话题之一。

58 大城市的白领的生活看似美好其实也很苦闷。

59 美国的经济危机造成的影响是十分深远的。

60 对这种流感的传播方式很多专家都谈了各自不同的想法。

61 温总理在清华大学的图书馆和学生们亲切交谈。

62 由于汽车业面临的严峻形势通用汽车考虑破产。

63 网站的汽车栏目为您提供最新最全的车市行情。

64 人们难以用语言形容姚明所表现的完美的进攻和防守。

65 政府乐意见到《南京》这样的电影体现出青少年的爱国热情。

66 上海世博会将是讨论人类城市生活的盛会。

67 伦敦开办的第一条客运的地铁越过了泰晤士河。

68 语言学历史悠久是研究人类语言的科学。

69　世界公认的第一台电子数字计算机诞生在美国。

70　软件学院将在教学的方式上有所改革。

71　山东省报告的甲型流感患者已经被确诊。

72　北京电影节将举行开幕礼很多大牌明星将会出席。

73　上海虹桥站作为京沪高铁的终点站地下工程非常庞大。

74　金融危机与甲型流感的双重压力使很多人难以承受。

75　美国政府今天对英特尔公司处以巨额的罚款。

76　只要严格按照医生的要求做病情就能好转。

77　只有加快改革老工业基地才能恢复活力。

78　乘坐没有营运资格的出租车权利得不到保证。

79　人们对于电影的热情并不因为经济危机而减少。

80　在市区繁华路段发生的一起交通事故引起全国的关注。

附录 7 实验刺激

低比例组块

20 个相关性目标刺激

互赠礼物的浪漫	爱情
洗着衣服的妈妈	爸爸
摆上餐桌的茶碟	杯子
观众参与的竞猜	测试
拿在手中的勺子	叉子
居民居住的小镇	城市
经过稀释的果汁	橙子
人潮涌入的入口	出口
摆放盆栽的窗台	窗户
布料缝成的褥子	床铺
等待解决的问题	答案
公转运行的行星	地球
工人挥动的锤子	钉子
需要解释的名词	动词
可以转动的把手	房门
因故取消的航班	飞机
水面漂浮的泡沫	肥皂
容易擦拭的黑板	粉笔
目前从事的职业	工作
碾盘加工的皮壳	谷物

20 个非相关性目标刺激

正在修建的码头	母亲
经过加工的燃料	男孩
存在争议的地区	葡萄
准备上班的父亲	旗帜
机床加工的木材	女儿
整理头发的女孩	汽车
球场打球的儿子	书籍
继承财产的男性	食品
盘绕生长的藤蔓	妻子
准备下班的丈夫	轮船
工人悬挂的横幅	树木
交警指挥的交通	铅笔
灌入墨水的钢笔	面积
国外制造的武器	睡椅
不停运转的钟表	煤气
打折贩卖的杂货	叔叔
印在纸上的文字	枪械
整理书房的阿姨	木头
掉进土壤的树叶	时间
搬到客厅的沙发	女性

20 个动物词探测刺激

物资储备的丰富	袋鼠
大片上映的影院	鼹鼠
盛情款待的客人	刺猬
闪现灵光的意识	熊猫
激烈对抗的阵营	金鱼

营养摄入的缺乏	鸽子
标识月份的日历	兔子
缺少帮助的情况	鲸鱼
大致考虑的想法	山羊
出席活动的艺人	斑马

汉英关系从句加工研究

公众保持的注意	骆驼		呈上饭菜的碟子	猴子
颜料调和的粉色	大象		参加搏击的拳手	松鼠
意见存在的分歧	老虎		裁撤员工的部门	老鼠
隐藏身份的面具	公牛		模拟现实的游戏	马驹
发出响声的警笛	狐狸		欢庆节日的狂欢	狮子

140 个非相关性填充刺激

灌入溶液的瓶子	乐队		储存食物的碗柜	纸币
原先定下的目标	愤怒		针对企业的管理	刀片
蓬勃发展的亚洲	无聊		小孩表现的淘气	酒精
难以平复的心情	顽童		鱼刺卡住的喉咙	盒子
赠送聘礼的订婚	志向		蘸上颜料的画笔	管乐
总裁签署的支票	美国		含入口中的软糖	笼子
冲突引发的争吵	纤维		水凝结成的冰块	呼吸
电视播放的广告	预约		整修枝条的树剪	刺毛
排放废气的烟囱	审批		进行生产的工厂	褐色
执行当中的任务	论据		装修精妙的房间	水桶
全力给予的支持	条款		平缓流动的条纹	灌木
参加比赛的外行	灰烬		气体膨胀的爆炸	商业
外界营造的环境	分配		装饰时装的羽毛	社团
内心表现的自负	助手		下达命令的司令	糖果
农民种植的草莓	选手		经过修剪的草坪	大炮
负责统筹的总监	气氛		安葬逝者的坟墓	盖帽
盖到头上的风帽	态度		皇帝建立的帝国	上尉
装入弹夹的手枪	香蕉		近期入住的社区	关心
队友捧起的奖杯	罪行		线条串起的小珠	棺材
富含水分的水果	匪盗		命题建立的基础	城堡
放在公园的长凳	轰隆		春季绽放的花朵	中心
装入热水的浴缸	棒球		事故造成的残疾	链子
士兵吹响的军号	篮子		黏土烧制的盘子	慈善
适合社交的风度	篮球		镶嵌珠宝的珍珠	樱桃
准备正餐的厨房	浴室		堆叠成墙的砖块	儿童
采光理想的状况	战斗		全天营业的餐馆	瓷器
影响舆论的观点	秀丽		双方建立的友谊	黏土
塞入机器的硬币	卧室		欣赏歌剧的听众	绿色
刺向敌人的匕首	大陆		过度满足的自我	学院
偶尔尝试的冒险	前额		规划管线的图纸	伙伴

对外开放的国家	歌会	独立创作的作家	宴餐
要求填写的表格	自信	流星划出的曲线	双脚
燃烧产生的木炭	建设	用于中药的肉桂	偏见
自然形成的峡谷	蠢货	着凉导致的发烧	小说
警察逮捕的窃贼	合同	不分场合的胡闹	数字
失去家园的创伤	野餐	条件满足的界限	味道
植物生长的草地	裂缝	表示反对的皱眉	流感
实施抢劫的匪徒	假日	帮助行走的拐杖	傻瓜
可以考证的事实	危机	包扎伤口的绷带	天性
留下回忆的毕业	雏菊	水平表现的普通	骨折
渴望赢取的成就	危险	海浪拍打的海角	行为
暗流涌动的海洋	数据	解决债务的能力	爱好
军人守卫的边境	日期	筹备事务的晚上	纱布
展示商品的柜台	程度	接受培训的学校	上帝
打乱生活的混乱	深度	绘制图案的画布	政府
面粉制成的蛋糕	沙漠	天上降下的阵雨	等级
难以消除的差异	桌子	熊熊燃烧的火焰	教育
详细阐述的说明	破坏	获得胜利的战争	组群
水路阻塞的运河	饮食	传递扭矩的齿轮	头部
城区施工的建筑	困难	遭到辞退的仆人	热度
细心装扮的玩偶	论述	令人讨厌的杂务	地狱
施展魔法的精灵	垄沟	沿着行走的道路	智力
脂肪对应的热量	图画	海水冲刷的卵石	帮手
学习知识的学生	礼服	玩家发出的纸牌	喇叭
分布整齐的一排	耳朵	笼罩大地的雾气	支架
水汽侵蚀的铁器	吃饭	焦虑导致的紊乱	睡衣
符合退休的年龄	训练	用作调味的辣椒	荣誉
体现趋势的图表	鸡蛋	延伸室内的阳台	亢奋
运动造成的抽筋	元素	作为零食的腰果	医院
下达指示的大师	时代	渴望成功的兴奋	热狗
不停摩擦的双手	示例	表现另类的怪人	旅馆
展现身姿的舞者	恐惧	事前通告的缺席	小屋
叙述哲理的寓言	专家	长久留存的印象	鬼魂
草率作出的决定	面部	错误下达的指令	盔甲
教师准备的考试	名望	违背本意的强迫	病症
果实成熟的收获	幻想	社会提供的福利	图像
系在腰间的绳索	天才	诉诸法律的理性	夏天

轻轻吹拂的微风	保险	护理幼儿的盆浴	夏天
钉进地板的螺钉	鬼魂	耗尽电量的电池	盔甲
擦去笔迹的橡皮	病症	胃液作用的消化	旅馆

高比例组块

20 个相关性目标刺激		**20 个非相关性目标刺激**	
准备移植的骨髓	骨头	牧师主持的葬礼	外套
落入凡间的仙女	故事	闪耀周围的光环	晚餐
开关打开的电灯	光亮	春季穿着的夹克	血液
随风流动的沙子	海滩	食客享受的夜宵	屋顶
塞入瓶身的木塞	红酒	用人服侍的公主	炸弹
重新固定的脊柱	后背	准备铺设的木瓦	死亡
放进炒锅的食盐	胡椒	语篇用到的双关	烟雾
经过修剪的腮须	胡子	球员脱掉的袜子	天使
发表演讲的国王	皇后	身穿婚纱的新娘	医生
雨水冲刷的污秽	灰尘	学者研究的天文	银行
工人铺设的铁轨	火车	题目提供的选项	鞋子
经过运算的加法	减法	机器分离的血浆	王子
未经讨论的结论	结尾	细菌引起的龋洞	泳池
失散多年的兄弟	姐妹	绅士吸食的雪茄	星星
经过打磨的钻石	戒指	光线穿过的透镜	笑话
经营所得的利润	金钱	照顾病人的护士	选择
映在水面的倒影	镜子	处理收支的出纳	婴儿
阳光照亮的天空	蓝色	奶奶摇晃的摇篮	新郎
正在授课的教授	老师	用作消毒的氯气	牙齿
举行演习的海军	陆军	产生裂变的原子	眼睛

20 个动物词探测刺激

律师出示的证据	犀牛	敲打出声响的鼓	天鹅
带上首饰的脖子	河马	巡视中的列车员	鹌鹑
涂抹黄油的面包	河狸	做礼拜的大教堂	鸵鸟
不可避免的结果	猩猩	用心排练的女星	海鸥
走势呈现的惯例	蝙蝠	针对指控的评论	鹦鹉
技术带来的效果	海豹	干旱造成的饥荒	乌鸦
预示潜力的增长	秃鹰	饮用红茶的乐趣	麻雀
想出名的建筑师	火鸡	代表公司的分社	蟒蛇
安装好的广告牌	孔雀	无法掩饰的悲伤	蜥蜴

大夫问诊的诊所　壁虎　　　　　　　不可描述的无物　鳄鱼

80 个相关性填充刺激

化身邪恶的黑暗　月亮　　　　　　　提琴奏出的节奏　诗歌
承担重物的肩膀　肌肉　　　　　　　贴身穿着的织物　污染
邀请前往的聚会　音乐　　　　　　　缓缓流淌的小溪　池塘
间谍发报的代码　奥秘　　　　　　　广泛播撒的种子　花盆
穿戴身上的宝石　项链　　　　　　　吸收肥料的豆荚　土豆
邮局发送的邮件　新闻　　　　　　　包容众生的圣人　教士
免费阅览的报纸　报摊　　　　　　　偶然遇见的机会　概率
装置引爆的炸药　噪声　　　　　　　诠释价值的品牌　产品
张口进食的嘴巴　鼻子　　　　　　　馅料填充的馅饼　布丁
配置花卉的花园　苗圃　　　　　　　寻求救赎的悔悟　惩罚
储藏蔬菜的地窖　气味　　　　　　　传为佳话的美德　质量
驱动机械的引擎　石油　　　　　　　畜牧为生的农夫　牧场
午餐烹调的番茄　洋葱　　　　　　　离间友情的嫉妒　关系
不断完善的计划　行动　　　　　　　医治疾病的医疗　缓解
分析刺激的大脑　器官　　　　　　　服用药品的禁忌　限制
装进箱子的东西　包裹　　　　　　　现场围观的人群　暴乱
几笔勾勒的草图　便笺　　　　　　　黑人流行的蓝调　摇滚
文章分成的章节　页面　　　　　　　岩体脱落的石头　滚动
结识恋爱的女友　痛苦　　　　　　　借助器械的健身　跑步
增值处理的工艺　油漆　　　　　　　背去教室的书包　大袋
加工木器的木匠　画家　　　　　　　强盗撬开的锁具　安全
暂时封闭的边界　巡逻　　　　　　　刀具创造的切口　锯条
标示位置的图钉　模式　　　　　　　竭尽资源的枯竭　稀少
栽种果树的果园　桃子　　　　　　　巫师身披的斗篷　围巾
引起反应的阈值　峰值　　　　　　　指挥部队的上士　中士
成为风气的节俭　便士　　　　　　　举止自若的女士　性别
持续进化的生命　人类　　　　　　　匹配脸型的发型　香波
打过交道的联系　电话　　　　　　　期末提交的论文　纸张
手绘制作的卡通　电影　　　　　　　事件发生的瞬间　沉默
资金投入的数量　大堆　　　　　　　刻苦钻研的勤奋　技能
阻塞流通的障碍　管道　　　　　　　仔细熨烫的裤子　松弛
野外准备的烧烤　大坑　　　　　　　疏于清洗的短袜　球鞋
住房占用的空间　地方　　　　　　　席卷海滨的风暴　积雪
煅烧而成的陶瓷　塑料　　　　　　　驾驶船只的水手　战士

竭力压抑的情绪	歌曲	私人收藏的古董	存储
负起责任的道歉	哀痛	深深陷入的困境	压力
振奋士气的欢呼	精神	船舶停靠的港口	潜艇
吸食成瘾的烟草	唾液	精心烘焙的咖啡	食糖
圆领设计的衣领	浆粉	商议国是的国会	诉讼
炭火熏制的火腿	牛排	毛线编织的手套	手术

60 个非相关性填充刺激

游客散步的海岸	材料	积累经验的新手	液体
皮肤代谢的头屑	物品	逐步增加的费用	列表
享受不起的奢侈	海岛	出乎意料的真相	输家
经营企业的世家	瘙痒	姑娘携带的手袋	许多
烤炉烘焙的饼干	金属	恋人表达的喜爱	长度
集体凝聚的信念	小丑	熟练技巧的技师	皮箱
协调动作的体操	果冻	报社发表的社论	情热
演绎喜剧的笑星	耶稣	不能脱逃的迷宫	设备
电脑生成的日志	健将	亲友祝福的生日	杂志
元旦筹备的庆祝	模型	开展外交的渠道	魔术
唤起回忆的阁楼	头脑	经历构成的纽带	三月
贩卖百货的商店	手段	恒星组成的星系	标记
渔船撞击的礁石	旧货	车辆运行的地面	婚姻
背负外债的负担	喜悦	织成衣物的棉花	火星
紧随猎物的追踪	钥匙	滥用职权的损害	饲料
吸引关注的魅力	老板	倒入试剂的烧杯	忠诚
军舰航行的海湾	凶手	检修电线的电工	孩子
手中掷出的木球	仁慈	赢得冠军的荣耀	测量
互相融合的文化	湖泊	养育后代的家庭	技工
歌手录制的光盘	球道	会议召开的背景	奖牌
铁链锁住的大门	语言	佩戴胸前的徽章	日记
指引信徒的教皇	激光	论坛探讨的主题	记忆
学科覆盖的范围	门闩	容易打碎的玻璃	功劳
演奏乐曲的钢琴	领袖	原本居住的方式	消息
电台发布的公告	日本	烘烤肉类的烤箱	成员
拌入沙拉的菜花	教训	小店销售的副食	方法
插入泥土的棍子	信函	结束劳动的轻松	微波
偿还债务的信用	莴苣	开采矿石的矿工	牛奶
存放物体的容器	肢体	无可挑剔的细节	摘要
登记在册的条目	限额	行家拍摄的相片	矿藏

附录 8-1   刺激句

主语特殊疑问词前置短句

1. Who did the client mention shot the banker?
2. Who does your mother doubt amuses your friend?
3. Who does the police fear saw the killer?
4. Who did the director hear trained the assistant?
5. Who did the coach believe beat the champion?
6. Who did the detective suspect kidnapped the scientist?
7. Who did the principal remember annoyed the student?
8. Who did the attorney mention misled the witness?
9. Who did the judges forget surpassed the gymnast?
10. Who did the police know killed the pedestrian?
11. Who did the CIA director guess saw the spy?
12. Who did the attorneys accept terrorized the man?
13. Who did the nurse overhear lied to the patient?
14. Who did the mayor conceal blackmailed the governor?
15. Who did the agent check talked to the prisoner?
16. Who did the jury disclose murdered the athlete?
17. Who did the editor notice pressured the writer?
18. Who did your mother remember embarrassed the teacher?
19. Who did the nurse observe visited the woman?
20. Who did your sister announce married her friend?
21. Who did the teacher recognized kissed the boy?
22. Who did the editor acknowledge annoyed the reader?
23. Who did the show host worry insulted the contestant?
24. Who did the investigator discover killed the hunter?
25. Who did the hostess fear poisoned the cook?
26. Who does the teacher know confused the student?
27. Who did the man believe hit the player?
28. Who did the press announce crushed the actress?
29. Who did the reporter mention kidnapped the anchorman?
30. Who did the producer hear entertained the comedian?

31. Who did the attendant observe followed the girl?
32. Who did the painter imagine chased the children?

宾语特殊疑问词前置短句

1. Who did the client mention the banker shot?
2. Who does your mother doubt your friend amuses?
3. Who does the police fear the killer saw?
4. Who did the director hear the assistant trained?
5. Who did the coach believe the champion beat?
6. Who did the detective suspect the scientist kidnapped?
7. Who did the principal remember the student annoyed?
8. Who did the attorney mention the witness misled?
9. Who did the judges forget the gymnast surpassed?
10. Who did the police know the pedestrian killed?
11. Who did the CIA director guess the spy saw?
12. Who did the attorneys accept the man terrorized?
13. Who did the nurse overhear the patient lied to?
14. Who did the mayor conceal the governor blackmailed?
15. Who did the secret agent check the prisoner talked to?
16. Who did the jury disclose the athlete murdered?
17. Who did the editor noticed the writer pressured?
18. Who did your mother remember the teacher embarrassed?
19. Who did the nurse observe the woman visited?
20. Who did your sister announce her friend married?
21. Who did the teacher recognize the boy kissed?
22. Who did the editor acknowledge the reader annoyed?
23. Who did the host worry the contestant insulted?
24. Who did the investigator discover the hunter killed?
25. Who did the hostess fear the cook poisoned?
26. Who does the teacher know the student confused?
27. Who did the man believe the player hit?
28. Who did the press announce the actress crushed?
29. Who did the reporter mention the anchorman kidnapped?
30. Who did the producer hear the comedian entertained?
31. Who did the man observe the girl followed?
32. Who did the painter imagine the children chased?

主语特殊疑问词前置长句

1. Which one did the client who had been killed believe shot the banker?

2. Which one does your mother who has been divorced say amuses your friend?

3. Which one does the policeman who has fully prepared fear saw the killer?

4. Which one did the director who has been criticized hear trained the assistant?

5. Which one did the coach who had just retired suppose beat the champion?

6. Which one did the detective who had technical expertise suspect kidnapped the scientist?

7. Which one did the principal who acted as politician remember annoyed the students?

8. Which one did the attorney who joined the partners mention misled the witness?

9. Which one did the judges who had been challenged forget the gymnast surpassed?

10. Which one did the police who were all assembled know killed the pedestrian?

11. Which one did the director who had been invited deny saw the spy?

12. Which one did the attorneys who had got qualifications accept terrorized the man?

13. Which one did the nurse who had been instructed overhear lied to the patient?

14. Which one did the mayor who survived many scandals conceal blackmailed the governor?

15. Which one did the agent who was quite sensitive check talked to the prisoner?

16. Which one did the jury who were selected carefully disclose murdered the athlete?

17. Who did the editor who his colleagues respected noticed pressured the writer?

18. Who did your mother who your grandparents educated think embarrassed the teacher?

19. Who did the guard who the leader praised observe visited the woman?

20. Who did your sister who boys dated with announce married her friend?

21. Who did the teacher who her students respected recognize kissed the boy?

22. Who did the editor who the press sued acknowledge annoyed the readers?

23. Who did the host who the children adored worry insulted the contestant?

24. Who did the investigator who the journalist knew discover killed the hunter?

25. Who did the hostess who herself dressed up fear poisoned the cook?

26. Who does the teacher who the headmaster promoted know confused the student?

27. Who did the man who his neighbor saw believe hit the player?

28. Who did the press who the conference refused suppose crushed the actress?

29. Who did the reporter who had revealed scandals mention kidnapped the anchorman?

30. Who did the producer who had committed harassment hope entertained the comedian?

31. Who did the attendant who the manager trained observe served for you?

32. Who did the painter who the critics appreciated imagine chased the children?

宾语特殊疑问词前置长句

1. Which one did the client mention the banker who had been killed shot?
2. Which one does your mother doubt your friend who has live nearby amuses?
3. Which one does the police fear the killer who has committed crimes saw?
4. Which one did the director hear the assistant who was quite experienced trained?
5. Which one did the coach believe the champion who had been well-known beat?
6. Which one did the detective suspect the scientist who had won prizes kidnapped?
7. Which one did the principal remember the student who had been dispelled annoyed?
8. Which one did the attorney mention the witness who was terribly frightened misled?
9. Which one did the judges forget the gymnast who had been injured surpassed?
10. Which one did the police know the pedestrian who had met friends killed?
11. Which one did the director guess the spy who had been suspected saw?
12. Which one did the attorneys accept the man who had led demonstrations terrorized?
13. Which one did the nurse overhear the patient who had an operation lied to?
14. Which one did the mayor conceal the governor who took many bribes blackmailed?
15. Which one did the agent check the prisoner who had been released talked to?
16. Which one did the jury disclose the athlete who joined in gambling murdered?
17. Who did the editor notice the writer that the readers welcomed pressured?
18. Who did your mother remember the teacher that his students liked embarrassed?
19. Who did the nurse observe the woman that her husband divorced visited?
20. Who did your sister announce her friend that an accident killed married?
21. Who did the teacher recognize the boy that the girls favored kissed?
22. Who did the editor acknowledge the readers that the writer thanked annoyed?
23. Who did the host worry the contestant that the audience disliked insulted?
24. Who did the investigator discover the hunter that the gangster threatened killed?
25. Who did the hostess fear the cook that the hotel recruited poisoned?
26. Who does the teacher know the student that the terrorists kidnapped confused?
27. Who did the man believe the player that his teammates teased hit?
28. Who did the press announce the actress that the director married cursed?
29. Who did the reporter mention the musician that the president interviewed kidnapped?
30. Who did the producer hear the comedian that the princess admired entertained?
31. Who did the attendant observe the girl that her parents abandoned followed?
32. Who did the painter imagine the children that the entrepreneur sponsored chased?

附录 8-2 填充句

语法正确的疑问句

1. When did the CEO who had been appointed claim to establish new divisions?
2. When did the general who had been nominated hope to buy some weapons?
3. When did the singer who had learned acting open her own cosmetic company?
4. When did the peasants who had been deceived demand to change their tools?
5. When did the supervisor who found students cheating announce the punishment for them?
6. Where did the journalist who was sued for distort reports publish her autobiography?
7. Where did the committee who reformed the present system hold their press conference?
8. Where did the doctor who had performed operations get his first doctor's degree?
9. Where did the staff who had experienced the layoff march to demand insurance?
10. Where did the headmaster who would retire plan to have a school trip?
11. Why did the teacher who was totally disabled teach you a memorable lesson?
12. Why did the public who had concerned the trial think the judgment is unfair?
13. Why did the salesgirl who never lost her temper argue with the consumer?
14. Why did the administrator who had prevented the country from going bankrupt quit?
15. Why did Kate who had been dumped reckon her husband as a cheater?
16. Why did your roommate who was badly hurt determine to dump her boyfriend?

语法不正确的句子

1. Which movie did Amanda have dinner before Jerry saw?
2. Who did you meet Tom after you met?
3. Who did Alison do after she took to school?
4. Who did Chloe gasped because Tim had kissed?
5. Who did you quit school because you hated?
6. Who did the boys beat because Tom broke?
7. What did Tom fall when he slipped on?
8. What did Jane who knew me for years give me some flowers after she heard about?
9. What did Tom get exited because Ann who in the end agreed to forgive him bought?
10. Who did you say Mary who had learnt to paint before that bought a picture of?
11. Who was a picture of bought by Maria who had been adopted since she was born?

12. What does Mother wonder where Eric will go?

13. Which show did Kim wonder who wanted to see?

14. How did you wonder which book Justin could buy?

15. Who do you wonder which present will give?

16. How did you wonder whether we would help Alan?

17. What did the FBI agent wonder who saw?

18. Which movie did John wonder whether Bill who seldom went out with his best friend like?

19. Which book did Zack who had come back from France not know how sunny had finished?

20. Which movie did the actor who had been robbed of his phone as if was playing?

21. Who remember where the shopping assistant who is eloquent and persuasive for lots of consumers sold?

22. Who do you believe that saw the suspect?

23. Who does it seem cooked the smelly meat?

24. Who do the police believe that attacked the man?

25. Who do you think that bought a radio?

26. Who does the dean think that favors America?

27. What do you know that caused a misunderstanding?

28. Who did you think that would attend the meeting that had been delayed for many reasons?

29. What did Joe who had nothing in common with his little brother think that Mary bought?

30. What did Susan who had a good relationship with her students believe the boy who pinched?

31. Who did you say that interviewed Leo who made people always feel cold and remote yesterday?

32. Who was a story about written by Edward?

33. What did the truck of fascinate many biologists?

34. Which politician did an article about appear in newspaper?

35. What does the news about astonish the citizen?

36. What was a dish of cooked by Granny?

37. Who thinks the pictures of are on sale?

38. Who did you say my picture that won an international prize of would make everyone upset?

39. Which book did that Sandy read surprise Kim who is fond of gossiping with other girls?

40. Where is that Jason who has the hobby of going hiking and travelling around went likely?

41. Who was that Alex who grew up in a village and felt himself inferior liked obvious?

42. How expensive did he buy the luxurious boat?

43. Whose did the learned doctor shake hand hard?

44. Whose are you having a date with girlfriend?

45. Whose did our mentor talk about new books?

46. Which did the girl choose dress in Hollywood?

47. How was the airhostess sick of the captain?

48. How is your supervisor who thinks high of you in the bilingual conference happy with it?

49. How does your partner who is named after his mother work independently of his leader now?

50. What did Tiffany who had become easily to fall into a rage tear of the book?

51. Whose did a friend who accomplished study on basis of self-supporting through hard work of arrive?

52. Who did the guide see the boy and?

53. What did Tom ride and whistle a song?

54. Who did Tom pinch Susan and Mary kiss?

55. What did the baby eat the beans and?

56. Who did you buy a picture of Sue and?

57. Which magazines did you find and review of?

58. What did the professor who had worked as a librarian before buy an expensive dictionary and?

59. What did Colleen read and listen to the radio that was received as a birthday present?

60. Who will Carol photograph Mary and Sue who are twins but never see each other interview?

61. Which rock legend that is widely spread among people would it be ridiculous to compare and?

62. What did Leslie regret the fact that people like?

63. What can't Mark stand people who like best?

64. Who did Joanna believe the claim that Brad killed?

65. What did you hear the announcement that Alfred received?

66. What did Susan believe the boy who pinched?

67. What did Bill believe the absurd story that Ann stole?

68. Who does Sam deny the story that he cheated?

69. What do you believe the claim that Ann who grew up in a noble family stole?

附录8-2 填充句

307

70. Which bridge that collapsed in 1900 did Bill meet the engineer who had constructed the sink?

71. What did Tom believe the claim that Ann who promised never to meet her ex-boyfriend saw?

72. Who does Sam who had fallen in love surprised at the news that his girlfriend met?

73. What did Sam see the man who stole?

74. What did your classmate order the dessert which contained?

75. Which article did you criticize the man who wrote?

76. Which album did Victoria recommend the producer who made?

77. Who did Tom who couldn't endure his picky coworker any longer meet the man who married?

78. Who does Thomas who knows how to live with his moodiness love the woman who divorced?

79. What does Jennifer who has fainted in the strong sunlight love a romantic man who makes?

80. What does Jane visit the architect who designed for her friend who is fascinated about buildings?